問題発見プロフェッショナル
構想力と分析力

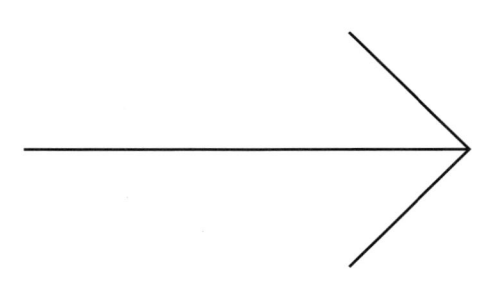

工作的原理
发现问题篇

[日] 斋藤嘉则 著
魏维 译

后浪

民主与建设出版社
·北京·

前言　如何具备发现问题的能力

这为什么会成为问题

我在面向企业举办的经营课题的咨询或问题解决技能的培训课上，经常会遇到这样的情况：在思考解决方案之前，经常有人对于问题的认识不全面，或者没有找到真正的问题，甚至一门心思思考毫无意义的问题。总而言之，就是他们根本无法切实且具体地发现问题。

例如，你问一个苦于找不到解决方案的人："这真的是必须要解决的问题吗？"他会惊讶地回答："当然，上司说了要迅速解决。"那么，你继续追问他："为什么这会成为问题？"他便无法回答了。但是，过了几天，他可能会得意地说："在那之后我认真思考了一下，原来那件事并不是问题，问题在其他的地方。"像这样，当事人认真思考了我提出的"为什么那会成为问题"这个问题，并且得出"原来那并不是问题"的答案，这样的结果已经很好了。

急于得到答案会适得其反

然而，事实上大部分人既不会被人问道"这为什么会成为问题",也很少有人会自问自答。比起质疑问题本身,他们只是一味思考应该如何解决问题。极端地说,只要有了解决方案一切皆可。因此,对于没有必要解决的问题,他们也常常花费大量时间寻找解决方案,又或者过于在意一些根本就无法解决的小问题,并深陷其中。除此之外,也有很多人只解决容易解决的问题。

面对被给予的问题,没有任何怀疑,也不考虑是否有解决的必要性,只是一味地思考解决方案,或者只解决一些容易解决的问题,这种思维方式跟日本的教育方式有很大关系。因为从小学、初中到高中、大学,日本一直都贯彻"高效解决被给予的问题"这一原则。为了在有限的时间内获得最高分,我们逐渐养成了先从会做的题做起,以及不质疑题目本身就开始努力答题的习惯。除此之外,还会在难以解决的问题上耗费大量时间,却从不自己提出问题、解决问题。

说到日本的教育,这跟攻读美国的MBA(工商管理硕士)有相似之处。无论是褒义还是贬义,总而言之就是热衷于追求"解决方案",即先分析现状,然后设定课题,最后解决问题。有人可能会认为认真思考问题,寻找解决方案这种做法并没有什么问题。事实上只要运用作为知识掌握的各类框架,再根据框架认真分析,必然能够发现"设定的课题"(问题本身)是否有误。然而,这样的处理方式往往容易忽略掉那些框架或分析中遗漏的问题,导致这些问题会被排除。从表面上看,这是发挥了主观能动性的思考方式,但其实只在被给予的信息中思考问题,本质上是被动思考。如果只是获得了MBA证书,掌握了一些解决表面问题的能力,那么即便熟悉大量的分析工具、拥有力压对手的雄辩技巧，也无法成为真正的问题解决者，并且也不适合做彻底思考企业固有问题的咨询顾问。

全方位共享问题

找到了真正的问题后，还需要在企业内部，以及组织中的不同立场的相关人员之间共享这个问题，这样才能够有效解决问题。在各部门工作人员之间的共享问题，并专注于该问题，那么几乎等同于已经找到这个问题的解决方案。接下来只要运用有限的经营资源和技能，集中所有智慧解决问题即可。

如果不共享问题，解决方案会分散到不同的问题上。并且，如果分配给每个解决方案的资源不均衡的话，那势必会导致执行不到位，进而增加了失败的概率。尽管企业内部网络不断完善，数据库信息共享进程在不断加速，但是，目前能够做到问题共享的企业少之又少。从这个意义上来说，这和过去的非互联网时代几乎没有差别。

发现问题、分析问题，并在此基础上系统地提出解决方案的方向性是咨询顾问应当具备的最基本的能力。从某种程度上来说，这种能力是可以通过训练获得的，咨询顾问也可以提出关于"全方位共享问题"的建议。但是在此之后，各个公司的负责人必须积极地推进问题的共享，否则有可能会一直沿用完全偏离方向的解决方案。

掌握发现问题的能力

发现问题、分析问题的能力是可以通过训练掌握的。但是，首先我们必须要掌握一定的技巧。和前文中提到的日本推行的教育方式也有关系，日本人的思考容易局限于当前的解决方案。例如，我会经常听到有人说："既然事情已经发生了，还是想想接下来应该怎么办吧。"从某种程度上来说，日本人的这种思考方式也可以说是积极层面上的。因为在苦难的年代，这种忘记痛苦的过去，用美好的心态迎接未来的思考方式，确实可以让人心生斗志。

但是，持续思考"为什么"，其实在思考"接下来应该如何做"这一问题时也十分重要。那些引起社会轰动的事件的企业和组织，领导者在记者会上口口声声地说"一定会彻底调查原因"，但事后又有几个企业公布能够让人信服的理由呢？

日本人和日本企业在分析出现错误的原因的时候，有"否定人格"的倾向。那是因为日本人习惯于将问题、立场和人格看作一个整体，无法分开考虑。但是，在追究出现错误的原因，探讨如何规避错误的解决方案时，并不应该对犯下错误的人进行人格方面的否定。

美国电视连续剧里有这样一个情节：在某医院，一个经验丰富的实习医生，在连续工作36小时之后，给患者开错了用药的剂量。虽然最后患者被抢救回来，脱离了生命危险，但医院还是召开了事故调查委员会。于是，实习医生坦诚交代，并深刻反省自己犯了一个医生不应该犯的错误。不仅如此，他还分析了自己犯错的原因。并指出自己的失误和连续工作36小时有关，最后提倡改革医院制度。虽然这只是电视剧，但是电视剧一定是在深入考察医疗现场后制作而成的，实际上应该也发生过类似的事情。

如果在日本的医院发生同样的事情会怎样呢？想必一定会有人斥责："不反省自己的错误，还要追究医院的制度问题！"但指出制度上的问题绝对不是"推卸责任"。试着认真思考一下，这件事情发生的原因或许和当事人的能力有关系，但是"医院的36小时工作的制度"也确实存在问题。如果忽视制度上的缺陷，那么将永远无法解决问题。无论是将失误作为个人责任问题处理，还是作为组织和制度的问题处理，只是不断地重复"非常抱歉"，日后还是出现相同的错误。只有正确认识现状，才能发现问题。

首先应该考虑"问题是什么"

那么，什么是问题？探讨这个话题的书籍非常少。大多数讲述如何解决问题的书籍，就如同参考书一样，习惯从"现有问题"开始讲述。并且，由于这种书籍往往侧重于教你如何解决设定好的问题，从而忽略了一个非常关键的步骤，即在解决问题之前，应该对问题本身持怀疑的态度。

对于接下来要解决的问题，我们首先应该思考的是问题本身是否正确。如果没有重新设定或修正错误问题，那么无论怎样努力都是浪费精力。

你面对的"问题"是真正的"问题"吗？或者应该如何设定要解决的问题或者课题呢？认真考虑这两点非常重要。而想要做到这两点，首先需要思考"问题是什么"，以及如何准确地发现问题。

本书结构

本书主要分为两个部分。前半部分为发现问题的设想，讲述从整体上构思所有问题，后半部分为发现问题与分析问题，讲述如何深度挖掘问题。整本书涵盖了有结构性地分解问题的所有技巧。由于发现问题和解决问题二者密不可分，所以本书后半部分的分析篇，除了讲述如何发现问题之外，还会提到在发现问题后引出解决方案的分析方法。

根据我以往的经验，很多时候只要能够准确地把握问题的关键，那么在确定问题的阶段就已经有很多的解决方案了，或者自然而然地会看到解决方案。从这一点来看，也可以将后半部分看作是为了推导解决方案的分析篇。

总而言之，只要明确"分析的目的"，那么通过分析得出的信息也会逐渐变得清晰。漫无目的地使用分析工具是不可取的做法，不要成为持续地为了分析而分析、盲目信赖信息量的分析师。应当时常提醒自己分析的目的。

当你读完本书前半部分，进入后半部分的时候，也许会觉得内容突然出现了180度的大转变。这是因为本书前半部分讲述的是从零开始改变以往的思考问题的立场，即思维重组的必要性。后半部分则是具体改变立场时所必备的技巧集锦。也许有人会觉得这需要具备领导者的视线，以及掌握现场工作人员的执行能力。

但是，真正的战略家需要均衡地掌握各种技巧。

刚才也提到过，发现问题与解决问题，就如同硬币的正反两面。如果能够准确地把握问题，那么问题就迎刃而解了。从这个层面来说，我的另一本书《工作的原理·解决问题篇》，是一本讲述解决问题的书。如果给这两本书定位的话，本书侧重于发现问题，另一本侧重于制定解决方案。前文中提到发现问题与解决问题二者密不可分，同一个工作框架并不是只能用于发现问题或是解决问题，关键在于"从零开始在结构上正确把握问题，思考解决对策"。希望大家能够牢记这一点，并灵活运用这两本书中的知识，对此我将深感荣幸。

斋藤嘉则
2001年初秋

目 录

前言　如何具备发现问题的能力　1

第一部分　发现问题的能力

第一章　发现问题的能力决定解决问题的质量　3

　　1　合理的解决方案从准确设定问题开始　5

　　2　无法发现问题的4个原因　13

第二部分　发现问题应有的状态

第二章　提高战略性发现问题的设想能力　51

　　1　战略性发现问题的设想能力　53

　　2　设想应有的状态的战略性"发现问题的4P"　67

　　3　"发现问题的4P"的相互作用　102

第三部分　发现问题分析篇

第三章　假说思考和分析能力相辅相成　129

　　1　在二次元层面上看待问题

　　　　认真思考X轴和Y轴所代表的含义　　136

　　2　从分析中获取的信息

　　　　深入思考SO WHAT？（所以呢？）　　139

　　3　灵活运用定量分析和定性分析

　　　　解析问题的结构和框架　　142

第四章　从"扩展"中找出产生差距的主要原因　　**145**

　　1　MECE

　　　　锁定问题的"扩展"的基本要素　　147

　　2　趋势分析

　　　　从时间轴的扩展，掌握结构变化的时机　　160

　　3　＋／－差异分析

　　　　锁定产生差距的＋／－之间的变化与主要原因　　169

　　4　集中与分散分析

　　　　从差异与偏差中检查管理者的控制能力　　176

　　5　附加价值分析（成本分析）

　　　　从顾客的角度判断成本是否合理　　185

　　6　CS／CE分析（价值分析）

　　　　从顾客角度提高当下和未来的价值　　195

第五章　把握深度，掌握问题的结构并将问题具体化　　**207**

　　1　逻辑

　　　　通过追求深度的逻辑，掌握因果关系　　212

2 因果关系分析

　　从恶性循环中找出应该解决的真正原因　　220

3 相关性分析

　　从相关关系推测商务上的因果关系　　231

4 市场份额分析

　　运用逻辑与定量化的联动，深入挖掘结构　　243

第六章　设定重要性　253

1 敏感性分析

　　评价因素对结果产生的振幅，设定问题的"重要性"　　258

2 帕累托分析（80/20定律）

　　是否应该根据贡献度进行差别化管理　　268

3 ABC分析

　　在关键领域排列优先顺序　　278

4 峰值分析

　　商业活动应该集中化还是平均化　　288

5 风险与期待值分析

　　在不确定的情况下做出决策　　298

后记　解决问题者之路　310

第一部分

发现问题的能力

第一章

发现问题的能力决定解决问题的质量

发现问题的过程,与设计解决方案的过程有直接联系。
在准确找出问题关键的过程中,
会自动浮现应该解决的课题和解决问题的方向。

1 合理的解决方案从准确设定问题开始

为什么无法解决问题？为什么原本以为已经解决了问题，实施解决方案后却没有得到相应的结果？为什么无法解决的问题堆积如山，却不知该如何开始下一个步骤？

这是因为在思考解决方案之前，弄错了问题的关键。在感叹问题难以解决之前，首先应该认真思考问题本身。

（1）问题是应有的状态与现状之间的差距

问题到底是什么？诺贝尔经济学奖获得者赫伯特·西蒙在《管理决策新科学》中提到："解决问题就是设定目标，发现现状与目标（应有的状态）之间的差异，并且选择恰当的、已知的，或者通过探索获得的、在探索过程中适当的某种方式，让这些特定的差异逐渐减少。"简而言之，问题就是"目标（应有的状态）与现实之间的差距"（图1-1）。

问题＝应有的状态－现状

因此，如果现状与目标之间没有差距，那么就不会出现问题。不可能填补的目标与现状之间的差距，理论上来说就是不可

图 1-1

问题就是应有的状态与现实之间的差距。
解决方案则是填补差距的处方笺。

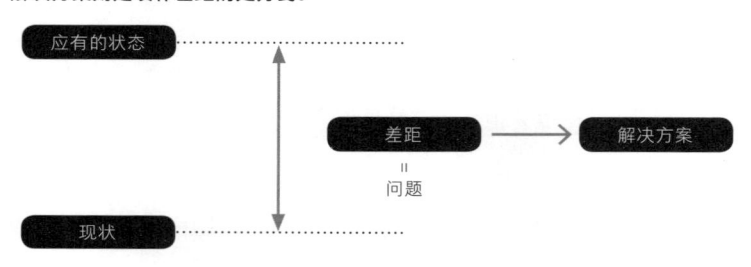

```
应有的状态 ┄┄┄┄┄┄┄┄┄┄┄┄┄┄┄┄┄
              ↕         差距  ──→  解决方案
                        ＝
                        问题
现状     ┄┄┄┄┄┄┄┄┄┄┄┄┄┄┄┄┄
```

能解决的问题。

发现问题应该从把握应有的状态与现状之间的差距的构造开始。总体来说，只要观察是什么带来了差距并抓住其本质，就可以找出解决问题的方向。

因为可实现的应有的状态与现状之间有差距，所以才存在"问题"

例如，在世界跳高比赛中取得2.3米成绩的选手，一定不会给自己设定一个2米的目标（问题）。当然也不会设定一个2.9米的目标，因为目前世界最高纪录是2.45米，因此，这个目标（问题）是无论怎样努力都无法达到的。也就是说，商务领域中的解决方案必须以能够实现为基本前提，即便和需要挑战的等级有差距，但也必须是一个实现的可能性较高（而不是可能性为零）的目标。

举一个生活中常见的例子。大多数肥胖的人，认为苗条的人没有问题。在他们看来，苗条的人拥有最理想的身材（应有的状态）。也就是说，苗条的人处于应有的状态－现状＝0，即没有问题的状态。

然而换个角度来看，苗条的人则认为应有的状态应该是再丰满一点、看起来更健康的身材。这样一来，苗条的人的问题就产生了。于是，苗条的人为了增加体重，在健身房运动，增加肌肉，通过游泳增强体力，努力实施解决方案以达到应有的状态。

像这样，问题是应有的状态与现状之间的差距，并且隐藏在产生差距的结构之中。

无法发现问题是因为看不到应有的状态

和他人商量事情时常常会遇到这样的情况：当事人提出很多问题，同时还会说出自己思考的一些解决方案，以及执行解决方案过程中可能出现的一些障碍。但是，当你听完他的诉求之后，反问他："你到底想要怎样做？"他们就无法回答。

这种情况通常是当事人忽视了应有的状态。这时，我通常建议对方先考虑能够成为自己的目标的应有的状态。当事人把注意力集中在应有的状态上，就会暂时忽略其他的阻碍因素。当他们明确应有的状态后，应有的状态与现状之间的差距也会逐渐变得清晰。于是，也就自然会找到解决方案。之后只需在能力范围之内处理问题即可。虽然我只是提出了"应有的状态是什么"这个问题，但事实上，很多人在发现问题的阶段很难注意到这个问题。

问题会因立场而发生改变

即使是相同的状况，如果当事人所处的立场和位置不同，看待问题的角度也会不一样，那么解决方案的方向也会发生180度的转变。如果不给问题排列优先顺序，只是零散地解决问题，这样也会造成企业的经营资源过度分散，最后很可能导致无法解决任何问题。

在初级阶段发现问题至关重要

由于商务环境复杂且变化激烈，所以发现问题的最初的阶段十分重要。首先，明确自己到底想做什么？在确定目标和应有的状态后，把握现状。二者之间的差距就是今后应该解决的问题，那么无论遇到怎样复杂情况，都不会迷失解决问题的方向。

案例 S公司的问题究竟是什么？

S公司是一家制造并生产复印机和打印机的大型电子产品制造公司，以其X事业部门为例，目前S公司在经营管理方面存在各种问题。虽然每一个问题并非是无法解决的问题，但是大部分问题仍没有得到解决。并且，销售额已经连续3个季度呈负增长状态，连续两个季度出现财政赤字。领导层和部门经理迟迟无法找到解决对策。

首先，为了找出本质上的经营问题，我们分别采访了部门负责人、中层干部、各个现场负责人，甚至是公司的老客户。然后，问题逐渐浮出水面了。

　　市场环境和竞争环境不断变化，生产技术不断更新换代，开展事业的商务规则也出现了巨大的变化。因此，与创业初期相对单纯且稳定的商务环境不同，当前的商务模式需要经营者在所有地方都能够做出迅速且大胆的应对，难度非常高。

　　还有一个问题就是虽然商务环境已经发生了巨大的变化，但解决经营课题的技术还尚未成熟，看待问题的方式也没有统一。并且，即便针对同一个课题，因部门或管理职位的层级不同，处理的方式也完全不同。有时甚至无法采取找出问题，应该从哪方面着手处理等这类方向性的对策。

　　公司面临的问题涉及很多方面，日本国内工厂的间接员工的过剩导致成本增加、进军海外的企业的低成本竞争力的威胁、新产品开发遭遇技术瓶颈等。此外，对于同一个问题，不同的负责人做出的判断也截然不同，甚至已经无法相信公司的经营数据。在这种情况下，新上任的部门经理也无法指出问题出在哪里，更无法做出正确的决定。

　　对于核心技术的水平、技术人员的能力，能否获得专利这些事项，有人会认为具备这些条件能够在竞争中获得胜利，还有人会认为这样完全没有竞争力。没有人知道事情的真相究竟是怎样的。在存在大量真正的问题，并且中间还混杂着一些表面的问题的情况下，S公司的领导层无法找出问题的源头，也看不到会产生问题的机制。在制定解决方案之前，甚至不知道应该从哪一个问题开始解决，如何分配经营资源。

这并不是S公司特有的经营现象。那些迟迟无法解决问题的企业往往存在一个通病：由于商务环境的复杂，以及职务不同造成立场的不同，"在何处出现了怎样的问题，无法明确其构造和机制"，加之公司内部没有"全方位共享问题"，所以无法整合应该解决的课题。

根据实际情况正确把握复杂的现状，并弄清楚问题发生的机制与构造。此外，在组织体制层面上建立一套完整的体制和系统，让内部的人员能够摆脱职位的束缚，共享具体的问题。然后，全面贯彻经营理念，让所有员工都能理解应有的状态。这样，才能够看到S公司应该关注的问题。

（2）一旦明确问题，就能大幅提升解决方案的准确度

很多时候，在发现问题的阶段就已经决定了商务场合的解决方案的质量。合理地设定问题，是决定解决方案的方向性和质量的必要条件。然而，很多人会忽略这一点，不断地想要提升解决方案的准确度。如果做出了很多尝试仍无法获得相应的结果，那么首先需要重新审视问题。只有明确问题，才能大幅提升解决方案的准确度。

作为一名商务人士和领导，必须具备的一项重要技能就是基于企业的应有的状态的经营理念和发展方向，设定公司近期将要面对和待解决的新问题的能力。

如果经营者只是关注于已经发生的、很明显的现实问题，然

后对症下药寻求解决方案，这样很难带领一个企业。真正的经营者，会大胆描绘企业的"未来应有的状态设想"，并将应有的状态与现状之间的差距视为应解决的问题。

从"KNOW-HOW"到"KNOW-WHY"

当今社会所必需的是能够明确"接下来需要解决的重要问题是什么"这一针对未来设定全新的问题的能力。其实这也是一种能够基于展现事业的蓝图（应有的状态）和现状之间的差距的发现问题的能力。不仅如此，无论是对于已经开展的事业，还是即将开展的事业，这种能力还关系着改革能否成功、事业能否迈入新台阶。

图 1-2 错误问题的扩大连锁反应

错误的问题设定不仅会浪费资源，
还会连锁式地引发新的问题。

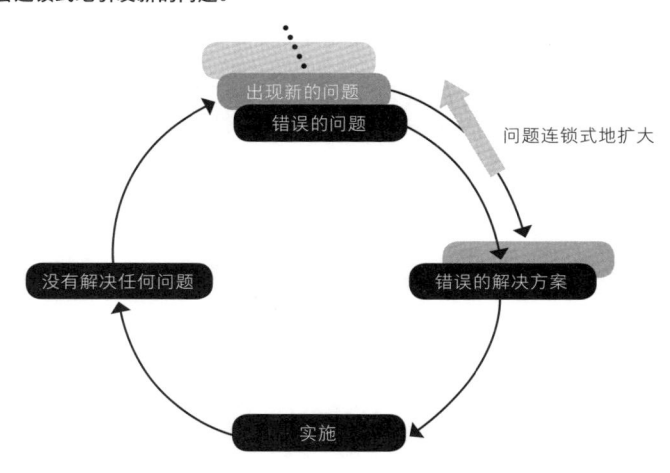

也就是说，经营者必备的重要资质，并不是在现场事无巨细地指导"KNOW-HOW"（技术知识），而是要具备能够找出为什么、什么才是接下来应该处理的问题和课题的"KNOW-WHY"（原理知识）能力。这也是发现问题的能力。

现场的商务人士也是同样，需要具备在既定的规则内完成上司吩咐的"KNOW-HOW"，并从完成既定目标的改善型问题发现中脱离，设定接下来的问题的能力。

2 无法发现问题的4个原因

即便深刻理解问题的重要性,也无法发现正确的问题,更无法找到解决方案,这样的事例也屡见不鲜。无法发现问题的原因,可以整理成以下4种类型(图1-3)。

① 无法正确描绘作为定义问题的前提的应有的状态
② 缺乏认识和分析现状的能力,没有正确认识现状
③ 没有弄清楚差距的结构,无法具体分析问题的本质,也无法排列待解决问题的优先顺序

图1-3 无法发现问题的4种类型

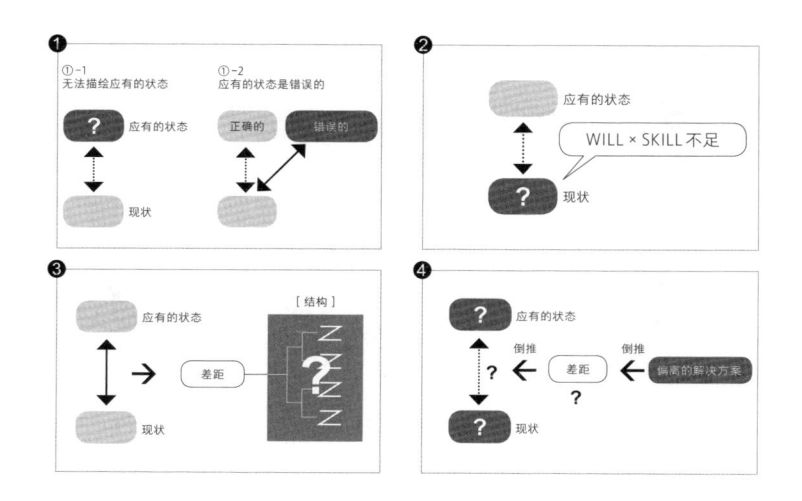

①-1 无法描绘应有的状态
①-2 应有的状态是错误的
正确的 / 错误的

② WILL × SKILL 不足

③ [结构] 差距

④ 倒推 差距 倒推 偏离的解决方案

④ 从可以实行的解决方案倒推，武断地判断问题，忽视了问题会连锁式扩大的情况

（1）无法正确描绘作为定义问题的前提的应有的状态

问题就是应有的状态与现状之间的差距。如果在最初无法正确描述"应有的状态设想"这一发现问题的前提，也就无法设定问题。那么，有关无法描绘应有的状态的原因可以分为以下两种类型：

①-1 缺乏战略性构想力和设定目标的能力，无法设想应有的状态

①-2 缺乏对范式的认知能力，导致应有的状态本身出现问题

图1-4 无法发现问题的类型1

① 无法正确描绘作为定义问题的前提的应有的状态

①-1 无法描绘应有的状态

①-2 应有的状态是错误的

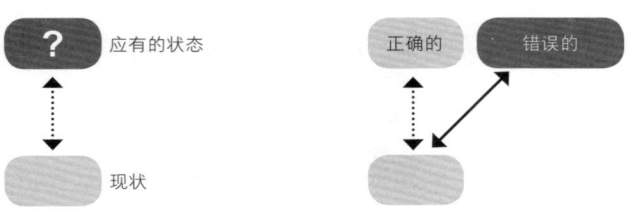

简而言之，就是无法设想应有的状态的情况，或是想要设想却出现了错误，关于这一点我会稍做详细的说明。

①-1 缺乏战略性构想力和设定目标的能力，无法设想应有的状态

应有的状态是指企业或个人应该达成的"愿景"和"目标"。如果不能设想和设定愿景与目标，那么就无法意识到与现状之间的差距，也无法找出接下来应该解决的问题。即便对现状有不安或不满，但如果无法设想应有的状态，也就无法看到应有的状态和现状之间的差距，自然也就无法发现问题。

这样一来，问题变得明显后，只能被动地处理问题，延误了解决本质且重要的问题的时机，最后会无法解决任何问题，陷入无可挽回的境地。

案例　无法设想应有的状态的建筑行业

为了救助经营不善的建筑公司，日本各大银行主动免除了相关债务。可是，像这种债务免除的救助措施真的能从根本上解决问题吗？原本，建筑行业、银行和政府就应该统一战线，共同设想建筑行业的应有的状态，并找出问题。

从1997年7月处理飞鸟建筑公司的泡沫经济时期的问题开始，到2000年9月放弃熊谷组的4500亿元的债权为止，各大银行对7家建筑公司放弃的债权总额高达1兆9000亿日元。这些债务，只不过是这7家建筑公司在泡沫经济时期和银行合作争取到的一

部分贷款而已。

全球发达国家在建筑行业的投资额度基本保持在GDP的10%左右。按照这个比例计算，日本的GDP约500兆日元，可以推测出在建筑行业的投资额度应该在50兆日元左右。但是，日本政府在建筑行业的投资金额在1992年达到顶峰，高达84兆日元，几乎占了GDP的20%。然而，这种异常状态随着泡沫经济的破灭而终结，预计到2010年，日本在建筑行业的投资额度将会与其他发达国家的标准持平，维持在55兆日元左右。虽然，政府通过调整在公共事业方面的投资预算保住了建筑行业的命脉，但是接下来恐怕又将进入下一个危险区域了。

今后，建筑市场将会逐渐缩小，而下一步应该解决什么问题却不得而知。这是因为无法设想应有的状态。

那么，今后的建筑行业的任务是什么呢？在硬件建设和基础设施建设的规模都在不断缩小的情况下，今后建筑行业的应有的状态是怎样的？以熊谷组和安藤狭间公司为代表的大多数建筑公司，接受了银行放弃债权的决定。然而，他们只是提出想要重建土木建筑行业却没有发现真正的问题。这样看来，他们仍旧认为建筑行业是依赖政府的公共事业投资的行业。不仅如此，这种做法本身就是与将来的公共基础设施的结构变化背道而驰，根本无法真正地解决问题。无法设想应有的状态，只关注眼前的问题，或者将因为没及时处理而引发的问题当作问题，这样的处理方式永远无法发现问题，更无法从根本上解决问题。

> **案例** 无法描绘作为职业目标的应有的状态

从个人层面考虑，一个人无法展望将来想要做什么、想要成为怎样的人，对现状经常有莫名的不满或不安，从而感到焦虑、烦恼。这样的状态就是无法描绘应有的状态。

G是某个大型啤酒生产公司地区分公司的市场负责人。在成熟、饱和的啤酒市场中陷入苦战，公司业绩一直不是很理想。因此，公司慢慢地开始裁员，大幅度精简支出和人员费用。在这种情况下，G对自己的未来焦虑不安，却又不知所措。他深知自己目前的工作方式谈不上良好，也明白自己不应该一直保持这样的状态。但是，他也不确定5年之后自己在这个公司会发展到何种程度，或者应该到达什么样的层次，如果选择离开现在的公司自己会变得怎样，这一切都是未知数。

如果在这个时候选择跳槽，也未必能够找到适合自己的职位。因为他根本不知道想要成为一个怎样的人，所以去到一家认可自己工作经验的公司，也不能从根本上解决自身问题。也许在短时间内，可以缓解一些对于裁员的不安，但是如果没有具体且深入地挖掘自身的问题，恐怕在新的公司也同样会对未来感到不安。

总而言之，跳槽既不是工作目标，也不是职业愿景，只不过是手段和方式而已。如果并没有描绘出应有的状态，也就无法设定今后应该挑战的课题的目标。

这就和完全不会被问及个人的目标和愿景的考试竞争一样。

比起未来想成为怎样的人，大部分人更想进入难考的大学，误将原本不过是手段、方法的事物视作自己应该达到的目的。完全没有思考过到底想成为怎样的人，度过怎样的人生。于是，在进入大学后就逐渐迷失方向，又或者和之前一样，完全没有任何目的就开始加入求职的大军中。当遇到公司裁员时，就会感到不安，想要跳槽。

如何逃离公司重组的恶性循环

现在，日本很多企业都面临着事业停滞不前的问题。尝试分析会造成这种局面的因果关系就可以发现，其中存在当前的经济、社会结构的不断变化，相对的竞争力低下引发的事业规模缩小低迷的恶性循环。如果这些企业想要切段这个恶性循环，则可以在短时间内施行能够看到成效的企业重组。通过减少人工费、关闭工厂等方法削减固定支出，在短时间内保障公司收益。但是，众所周知这样做并不足以维持公司长期收益。

如果不能尽快确定公司短期内的发展方向和应有的状态，设定接下来要解决的问题、落实各项解决方案，那么这些企业依旧无法起死回生（图1-5）。

甚至通过缩小经济规模而采取的裁员中获取的收益，也会因为无法转化成公司下一步计划的投入资本而变得毫无意义。

这时，就需要企业管理层人士发挥战略设想能力。业绩低迷的企业可以通过重组获得短期的收益增长。但是，在此之后就必须围绕公司未来的成长计划和发展阶段，提出具体的发展战略和

图1-5 资源重组的恶性循环

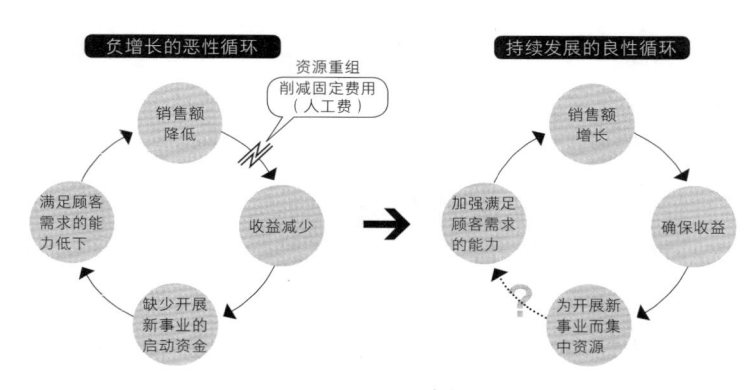

负增长的恶性循环：销售额降低 → 收益减少（资源重组 削减固定费用（人工费））→ 缺少开展新事业的启动资金 → 满足顾客需求的能力低下 → 销售额降低

持续发展的良性循环：销售额增长 → 确保收益 → 为开展新事业而集中资源 → 加强满足顾客需求的能力 → 销售额增长

但问题是……
什么才是接下来应该解决的重要课题？

课题。如果不这样做，公司收益将会再次恶化，只能再次通过重组维持收益，最终陷入缩小经营规模的恶性循环中。

为什么很多企业即便明白这一点，却只能发现现有框架内的问题？因为很多企业无法明确一点，那就是只根据和过去相同的模式来定义问题、解决问题，这种做法并无法展望新的未来。

案例 马自达与日产的发展

马自达公司在加入福特集团后，迎来了新任英籍董事长亨利·华莱士。新任董事长实施的第一项改革就是进行大规模的资产重组，这一举动成功扭转了马自达公司经营赤字的局面，实现利润增长。但是，在这之后马自达公司也陷入了资产重组的恶性循环。马自达公司无法解决新的战略课题，只能在生产规模不断缩小的状态下，通过资产重组和裁员来维持经营状况，在看不到出路的低迷状态中挣扎。

日产汽车公司通过大胆且彻底的资产重组，以及大规模的缩减成本，在2001年度的结算中成功扭亏为盈。日产公司当前面临的课题是如何确定下一阶段的发展目标，以及如何顺利实现这一目标。特别是，如果能够成功执行有关产品战略和营销战略方面的成长方案，那么日产公司就能实现名副其实的复兴。如果日产公司一旦失败，那么就会跟马自达公司一样不得不再次进行资产重组。到目前为止，我十分看好卡洛斯·戈恩社长所采取的方针。此前在媒体报道中了解到他关于设计战略的核心——应有的状态的发言，我相信日产公司一定会成长为优秀的企业。但今后必须要实现这些战略目标。

日产公司要实现真正意义上的复兴，必须要设想企业应有的状态，正确认识这个状态与现状之间的差距，分析差距的构造并解决问题。

无论是针对已经开展的事业，还是即将开展的新事业，很多公司都无法开始新的改革。这是因为他们缺乏改革所必需的战略性设想能力和实现战略设想的魄力。

①-2 缺乏对范式的认知能力，导致应有的状态本身出现问题

伴随着范式的变化，应有的状态也会发生变质。范式是指作为把握问题的前提的结构与框架。随着范式的变化，新旧范式之

间会出现差异。如果不能准确认识这些差异，那么所有问题都会遗留下来。应该随着范式的变化，相应地调整课题（问题）。但很多时候却又无法做到这一点。

如果范式这一大前提都已经发生了改变，而设想的应有的状态却没有任何变化，那么，应有的状态是错误的，那么，应有的状态和现状之间的差距的问题也会发生偏离。在范式已经改变的状况下，继续将已经偏离的应有的状态和现状之间的差距视为问题看待，并且也没有意识到这是没有意义的问题设定，这样做可能会导致不幸的结果。

即便社会、产业、消费者意识、行动模式、规则等大环境的结构已经发生变化，也要在原有的结构内思考问题，才会出现解决错误的问题这种情况。其最典型的例子就是日本的政府机关的解决问题的方式。当今的日本政府仍在解决一些5年前、10年前，甚至是几十年前的问题。直到2001年，日本政府才承认之前公布的有关麻风病患者的政策有误。日本在已经发现治疗麻风病药物的近50年的时间里，仍旧对麻风病患者采用强制隔离的治疗方法。日本政府为何在如此长的时间里，都在无视现实状况解决问题，无论是从伦理道德方面还是从逻辑方面来考虑，都让人感到无法理解。

胜利者的困境

优秀的企业无法应对商务规则的改变，即范式的变化，重复设定错误的问题，逐渐失去企业的成长能力，这样的案例并不少见。可以说，这是几乎所有大型企业都会遇到的"胜利者的困境"。

例如，那些凭借各式各样的出色产品或者具备出色理念的商务模型涌入市场并且大获成功的企业普遍存在这样一个问题：即便自身的品牌影响力和商品竞争力不断衰退，还是选择无视品牌和商品自身的问题，而是将资源浪费在强化销售渠道和销售能力上。

以外资家庭用品生产商T公司的董事长为例。这位社长原本是一名出色的销售员，通过不断的努力，攀升到了今天的位置。仔细分析T公司的销售额可以发现，该企业早已过了事业成长的S曲线的最高点，并且连续5年营业额、收益呈下降趋势，并且这个趋势仍在持续（图1-6）。

虽然品牌影响力和商品竞争力已经大不如前，但在看待问题时仍旧无意识地关注自身能看到的范围和过去的优势，这样无法发现本质性的问题。确实，T公司的产品曾拥有压倒性的优势，并且建立了一套独特的销售体系，在竞争中也拥有让其他企业望尘莫及的强大竞争力。董事长在担任销售员时，公司正处于鼎盛时期，他将自己过去的光辉业绩和公司的成功轨迹重叠在一起，这导致他从情感上无法抓住问题的本质。

董事长拼尽全力试图加强销售执行能力和扩大销售渠道，但无论怎样努力都无法扭转营业额和公司收益下滑的趋势。如果不解决品牌影响力和商品竞争力在不断下降这一根本性的问题，那么无论怎样加强销售执行能力和销售渠道，都无法让状况变得好

图1-6 S曲线和结构变化

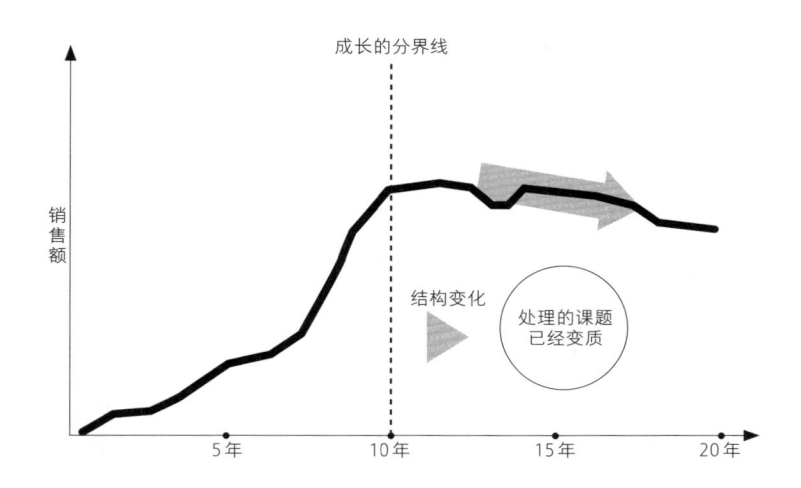

成长的分界线

销售额

结构变化

处理的课题已经变质

5年　10年　15年　20年

转。总而言之，如果无法随着范式的变化而适当地调整应有的状态就会导致失败。

中年危机

像这样，凭借优秀产品、优秀理念的商务模式进入市场并迅速成长，随后因后劲不足而转入低迷期的现象，被称为"Middle Life Crisis"（中年危机）。用人类来作比喻的话，则是认为自己还很年轻，还拥有年轻时充沛的体力，实际上却正在与进入中年期后才会患有的疾病斗争。这类人在初中、高中时代是学校田径队的活跃分子，在孩子的小学运动会上过度逞强，在奔跑的途中摔倒受伤的概率非常高。

除此之外，还有些人并不是意气风发的20岁或30岁的年轻人，却还是固执地认为自己还很年轻，并将这种自以为的年轻当成优势。当有人夸他们："您看起来好年轻啊。"他就会感到非常开心。根本不会留意到其实没有人会对年轻人说"您看起来很年轻"这样的话。这是因为他们害怕承认自己是中年人的那一刻就必须要面对自己已经老了的事实。如果他们自己无法注意到中年人特有的美好、漂亮、魅力，其他人也就更加无法注意到。因此，对于直面中年危机的人来说最重要的并不是设定"如何让自己看起来更年轻"这样的课题，而是彻底改变现有的规则，并想出"如何让自己在这个年纪变得更有魅力"这个问题的解决方法。

回到企业的话题，那些能够成功避开中年危机的企业和陷入中年危机的企业之间的差别在于能否正确意识到问题的变化。也就是说，在时间轴上公司本身与环境的相对关系、行业的结构和技术、竞争中的定位等事项发生改变时，是否能够冷静且客观地看待过去的问题和现在的问题之间的差异。

案例　成功的复仇：大荣和伊藤洋华堂

图1-7是销售额相似的大荣集团和伊藤洋华堂集团的超市部门的利润率的对比图。这张图完整地反映出了有着巨额负债、无法阻止业绩不断下滑的大荣集团与销售业绩良好的伊藤洋华堂集团的盈利差距。

"聆听顾客的心声"，这是大荣集团创业的宗旨，也是企业理念。在"价格是由顾客决定的，而非生产者"这一信念和行为规范的引导下，大荣集团以彻底贯彻低价格销售路线为目标。

而想要实现这个目标，最关键的就是与供货商交涉的能力，也就是采购能力。想要让采购能力发挥最大的作用，就必须在稳步增长的经济环境下用土地的利润做抵押，加速扩张店面，扩大公司规模。然后，以强大的采购能力为武器，和生产商在价格方面做交涉，从而实现以最低的价格销售商品。然而，这是日本经济高速增长时期，以及仍留有其余韵的时期的应有的状态，并不适用于因泡沫经济崩坏而导致社会、消费结构产生变化的当今日本社会。"顾客经常寻求价格更加低廉的商品，要尽可能地满足这一需求"，这个设想已经成为大荣集团过去所追求的应有的

图1-7 大荣VS伊藤洋华堂 销售额和经常利润率（1996.3—2001.2）

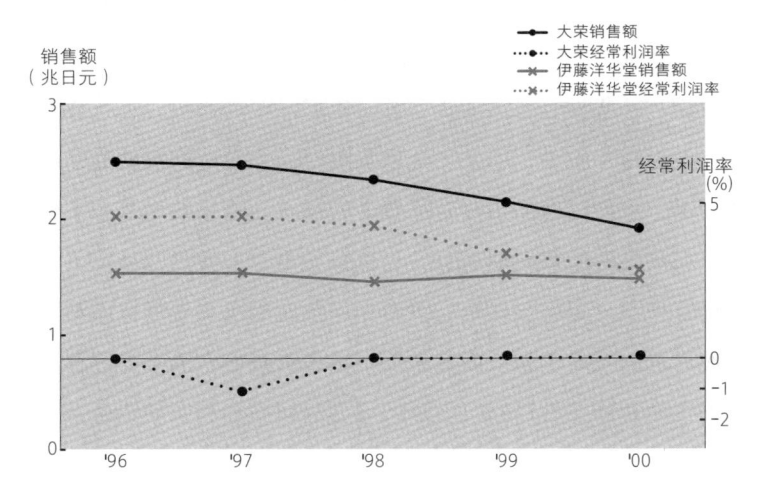

资料：大荣、伊藤洋华堂HP。

状态。

但是，由于业绩恶化，大荣集团不得不放弃Everyday Low Price(每日低价)的模式，从提升销售额转变为重视收益的模式。在这种情况下，消费者对于大荣集团的意识逐渐从"品类齐全、价格便宜、有购买欲的商店"变为"品类齐全，但无法激发购买欲的商店"。因为消费者所追求的超市的应有的状态已经发生了改变，所以以超大的采购能力为武器的低价格路线已经成为大荣集团过去的应有的状态。因此，即便各个部门和店铺仍旧依照此前的应有的状态来设定接下来要处理的问题，得出的解决方案也只不过是偏离主题的产物。

这就是在停止思考问题的状态下，没有意识到范式的变化，抓住过去的应有的状态的"成功的复仇"。这个"成功的复仇"据说已经开始袭击常胜集团伊藤洋华堂。比如，与生产商联合策划、开发商品的团队MD（merchandising，即销售计划）已经形同虚设。一些没有自信的买手为了规避滞销的风险，在选择商品时并没有仔细思考，而是完全依赖生产商和批发商进购商品。这样一来，采购的商品不符合消费者的需求，滞销的产品也不断增多。在产品的生命周期短暂，且价格竞争愈加激烈的环境下，价格便宜并不一定就会热销。伊藤洋华堂对于所有进货商品都采取全额付款的方式，如果商品销售不出去就只能变成不良库存。如果销售额和商品价格同时下降的话，利润率和利润额势必会受到影响。

因此，当考虑问题的前提，即结构与框架（范式）发生了变化，却依旧使用原有的范式考虑问题的话，那么就会在错误的设定的基础上解决问题。这样一来，接下来的解决方案当然就会变得毫无意义。

（2）缺乏认识和分析现状的能力，无法正确认识现状

即便能够正确地认识到应有的状态，也有可能会将错误的问题设定成待解决课题。造成这样的情况或许是因为对现状的认识较为肤浅或是存在误差。阻碍正确把握现状的主要因素可以分为以下两点：

②-1 WILL：缺乏正视现状的问题意识
②-2 SKILL：缺乏把握现状的分析技巧

②-1 WILL：缺乏正视现状的问题意识

通常，人们在感觉到现状出现异常或者反常时，才会开始尝试解决问题。然而，想要正确把握"什么是问题"，首先必须正确地理解现状。即便对问题有大概的了解，但没有正视现状，也就无法正确地设定问题。这是因为虽然感到这是"问题"，但缺乏正视现状的意识（WILL）。

例如，外出之前看一下天空，感觉可能今天会下雨。虽然想着"如果下雨就麻烦了"，但是还是会固执地认为"不会的，今

天肯定不会下雨的",没有带伞出门。结果几个小时后,突然开始下起了大雨……其实判断是否下雨的一个重要标准就是天气预报,如果感觉到今天可能会下雨,那么只要查一下天气预报就可以了。但是如果你绕过这一环节,而直接无视"看起来快要下雨了"这一现状,做出"今天应该不会下雨"这个结论。这就是缺乏正视现状的问题意识的表现。为什么不正视现状呢?可能会有"带伞很麻烦""万一不下雨的话容易丢失雨伞""查天气预报很麻烦"等种种理由。总之就是某些原因阻碍了想要正视现状的意识。

正视现状的问题意识的欠缺和麻痹这一现象,从21世纪初的2000年开始变得十分常见。特别是那些原本应该非常擅长改善流水线业务的制造业的生产车间,以及一些大型企业中频频发生类似的事情。

以日本雪印乳业的食物中毒事件为开端的一系列食品制造

图1-8 无法发现问题的类型2

② 缺乏认识和分析现状的能力,无法正确认识现状

应有的状态

WILL × SKILL 不足

现状

业在生产过程中的卫生管理问题，让日本的制造业在此前经营的TQC（Total Quality Control，全面品质管理）神话瞬间崩塌。雪印乳业通过了严格的品质管理标准HACCP（危害分析的临界控制点）的资格认证，该集团原本应该已经建立了一套完美的体系。无论公司高层还是工厂流水线的员工，所有人对产品应该持有绝对的自信。然而，从第一次被报道"食物中毒"的丑闻，到不断地接到消费者的腹痛投诉，雪印集团并没有想要正视现状。而造成这个问题的最大原因就是盲目自信。

并且，其他的食品品牌也会因出售的商品中混入了虫子、爬虫类、异物、杂菌等，几乎每天都在新闻报纸"道歉栏"里公开道歉，这也让人觉得不可思议。

对现状过度自信，蒙蔽了正视现状的眼睛

事实上，这类问题不仅局限在食品生产行业。在汽车行业的全球性合纵连横的环境下，三菱汽车整个集团长期隐蔽召回缺陷汽车的事件，最后发展成为了求生只能投入戴姆勒公司旗下这样关乎事业发展根基的问题。

某位原三菱汽车公司的高层人员也表示："自己曾坚信被称为'世界的三菱'的企业绝对不可能制造出劣质产品。"就如同他所说的，正是因为对产品的过分自信，才蒙蔽了正视现状的眼睛。更糟糕的是，由于过度重视销售日程表，所以才会出现无视和隐瞒问题，无法定义真正需要解决的课题这样的事。

过度追求应有的状态，反而会忽略现状

任何一个企业，都应该充分地认识到对于消费者来说的安全、放心，以及产品应该具备的品质标准这一应有的状态是怎样的。并且，对于自身产品的品质及性能的现状也应该具备充足的认知。具有标准化的生产制造，以QC（Quality Control，品质控制）循环为中心，像这样处理日常问题的体系应该已经十分完善了，为什么还会发生这样的问题呢？

是否因为在自动化、机械化不断发展的制造现场，作为优良系统的现状已经深入到每个人的心中，人们并不会亲自确认现状，才会导致在发现问题方面出现重大的遗漏？或者是过于重视其他问题而将这些问题视为小问题，从而有意识地隐瞒？又或者是过度追求优良的系统而无法正视真实发生的问题？

虽然很难用一句话总结发生这些问题的原因，但是至少很清楚的一点是这些企业没有明确现状，也没有将其视作一个需要解决的重要问题。

雪印就是因为过度信赖HACCP而忽视了现状。三菱汽车则是因为受到其应有的状态，即"三菱"这个品牌的影响，导致无法正确认识产品质量这一现状。因此，潜在的问题只是在发展成为对消费者和企业而言最糟糕的社会问题前没有暴露出来而已。

个人也容易落入这样的陷阱。无论怎样描绘应有的状态，如果没有正确把握现状就急于解决问题，势必会造成解决一个错误的问题这样的结果。由于应有的状态的形象过于强大，以至于无法正确评价现在的自己,所以过于迫切地想要靠近应有的状态,最终在解决问题的过程中遭遇重大挫折。

无法客观看待维持现状会对未来的状态造成的影响

当过于在意应有的状态的形象往往就会忽视现状,即无法正确认识"将来的自己"。

以糖尿病为例。糖尿病是因不良生活习惯引起的三大疾病(糖尿病、高血脂、高血压)之一,如果不及时治疗很容易诱发其他疾病。如果不幸同时患上这三大疾病并且还伴有肥胖症,那么引起动脉硬化的概率则会大大提高,这4种疾病也被称为"死亡四重奏"。1998年,据日本厚生省(现厚生劳动省)的调查结果显示,日本的糖尿病患者人数有690万人,而隐性糖尿病患者则有1370万人。据悉,在医院接受检查的40岁以上的人群当中,平均每10人就有1人是隐性糖尿病患者。然而,数据显示1996年实际在医院接受治疗的人数为217.5万人,仅占包含隐性患者在内的总人数的16%。事实上,糖尿病患者,以及隐性糖尿病患者只要及时去医院接受治疗,并且在日常生活中采取适当的饮食疗法和运动疗法,大部分都是可以治愈的。

那么,剩余的"拒绝接受治疗"的80%以上的患者不愿意去医院的原因究竟是什么呢?归根结底,很多被诊断为糖尿病和隐性糖尿病的患者并没有真正了解什么是糖尿病,或者是根本不想了解。因为糖尿病在转为重病之前几乎没有任何症状,所以患者本人并不认为自己已经患病。也就是说,糖尿病是一种很难让人将"被诊断为糖尿病"这个现实视为问题的疾病,自然无法进入到解决问题的阶段。

大多数人在考虑选择药物治疗或者饮食、运动疗法这类解决方法之前,并不知道拒绝治疗的话在不久的将来究竟会造成怎样的结果。也就是说,如果没有明确问题=接下来要解决的问题,是无法确定解决问题的方向性的。当然,这种情况下的应有的状态就是"健康的身体",现状就是"已患有糖尿病"或者"患糖尿病的概率非常高"。然而,他们并没有完全理解这个现状在将来将会引发怎样的问题。

为何无法正视现状

像这样,由于没有正确认识现状导致问题无法解决的案例,在个人和企业中都是十分常见的。有关不想正视的理由,具体可分为以下几种情况。

a. 隐瞒问题

即便在一定程度上认识到现状,但是主观上并不准备着手解决问题,从企业的社会道德层面来说这是最坏的一种情况。三菱汽车正是因为隐瞒了存在缺陷的汽车,才会遭受社会上的谴责,陷入企业存活的根基出现动摇的境地。或许三菱集团有很多不得不隐瞒的理由,但是更多的原因可以归结为应有的状态的影响力过于强大而导致无法正视现状这一点。

b. 当事人自以为很了解现状，并没有客观地把握事实

以食品生产商为例，食品生产商通常认为食品的安全是应有的状态，任何生产商都会否认自己的产品中混入了异物。但是，他们忽略了现状。雪印公司正是因为通过了HACCP的质量检测，所以认为所有的产品都很安全。这正是因为缺乏对现状的正确认知，或者说应有的状态的影响力太大，才会认为产品不可能发生问题，从而在认识问题上出现了错误。

c. 虽然已有应有的状态，但没有正确把握现状，或者对接下来的现状毫不关心，回避问题

这种情况十分常见，那就是推迟解决问题的时间，用"再观察看看"这句话来延后处理问题。日本的政治家在处理问题时经常采取这种方式。因为讨论政治方面的问题往往很容易停留在表面，所以这也和应有的状态的不确定性，以及缺乏设想愿景的能力有关。

d. 有回避根本问题的倾向

特别是个人的情况，想要尽可能地维持现状，从而拒绝面对本质问题，也就是"有意识的问题回避"。还有一种情况是，对于应有的状态与现状的差距的认识还停留在表面，从而无法找出真正的原因。或者，对于已经出现的问题认识得不够清楚，而后也没有深入探究。

②-2 SKILL：缺乏把握现状的分析技巧

伴随着销售标准化、制造标准化、投诉处理标准化的不断发展，有意将现状标准化的趋势也越发明显。这导致员工在遇到问题时只想按照标准操作处理，而不是认真分析现状，把握问题的本质。这样一来，就逐渐失去了把握问题所必需的分析技巧。

> **案例** 能否彻底分析并把握现状决定能否准确发现问题

我一位朋友的太太，想买一辆"方便倒入车库的汽车"，于是便前往一家汽车销售店。一位经验丰富的销售员和她说："如果是您经常使用这辆车的话，有一款车非常适合您。"于是给她推荐了一辆小型汽车。销售员的服务态度非常好，在试驾的过程中还特意把车开到朋友家，确认了一下停车场的入库情况。销售员说道："停车位的前后都有很大空余。而且车库前面的道路开阔，这辆车绝对合适您，停车十分简单。"

朋友考虑到太太并不满意自己目前使用的大型汽车，于是就接受了销售员的建议购买了小型汽车。然而，就在使用这辆汽车的第二天，太太在停车入库时出现了问题，汽车尾部严重受损。不仅如此，她自己也被医生诊断为颈椎挫伤症。

为什么会发生这样的事情呢？简单说一下这起事故的基本情况。朋友家的车库和人行道在同一高度，但是，人行道和车道存在近10厘米高的路阶。想要跨过这个路阶，就需要让车保持一定的惯性力然后顺势开上去，然而由于妻子技术生疏，在上台阶之前就停车了。于是为了跨过这个路阶，她加大油门和发动机转数，结果惯性力过大，汽车直接冲进车库狠狠地撞到了墙上。

如果单纯考虑车库的宽度和深度，以及车库前的路宽，小型汽车入库本身是没有任何问题的。但是，车型较小的话意味着车轮也会相对变小，而这一点才是跨越路阶的障碍。相反，如果考虑路阶的情况，销售员并没有意识到小型车比大型车更难入库这个问题。在事故发生之前，销售员完全没有意识到路阶的存在。在能够熟练驾驶看来并不是很大问题的路阶，对于新手来说是一个大难关。

尽管销售员已经认真了解了客户的需求，还亲自检查了停车入库的情况，但对"停车入库难"这个现状的分析仍然过于肤浅。

总体来说，由于没有彻底分析"为什么难以停车入库"这个问题，所以销售员只得出了"停车场太窄了，购买小型汽车就能解决问题"这一错误的结论。虽然销售员的判断有误，但我这位朋友轻易相信了他人的判断，同样也属于判断失误。我们无法得知是因为接待客户的标准过于完美才会出现这样的死角，还是因为销售员过于专业才会导致其分析过于肤浅。随后，我的那位朋友还是在其他的销售员那里买了一辆车轮很大的中型汽车。

> **案例**　因为没有足够的时间分析现状，所以既无法提升分析技巧，也无法学习

虽然信奉顾客至上主义的企业有很多，但想要做到真正的顾客至上，首先需要认真分析顾客的现状，从了解顾客开始做起。包括购买动机、购物模式、消费者的个人情况，等等。只有多方位地了解顾客信息，才能真正把握顾客的现状。

某外资女性时装生产销售商，在公司高层的"迅速解决问题"的号召下，遇到任何问题都会首先考虑具体的解决方案。于是，现场的工作人员在面对课题时，甚至没有时间思考什么是问题，以及问题的本质和问题的结构，更没有分析现状的余地。只能想出一些"销售业绩开始下滑了，立即想办法强行销售货物"这种解决表面问题的方法。

为了扩展新的销售渠道，这个公司从很久之前就大力开拓直销渠道，但是过程并不顺利。该公司企图通过建立多层次的销售组织和报酬体系，建立一种推进式的网络销售模式。由于商品特性的关系无法顺利开展。事实上，销售现场的经理并没有充足的时间思考计划受阻的原因和机制。他们背负着上司规定的销售目标的压力，比起构建销售体系，只能选择强行将库存处理给当前的销售人员，让销售额在短期内上涨的解决方法。

即便这样，这位销售经理还是成功升职。其原因就在于他在这个时间段内成功达成了销售目标。但是，没有人考虑过这样会造成什么样的后果。总之，无论是失败还是走上了错误的方向，

不断采取行动，营造一种充满活力的氛围就是这个公司的企业文化。

如果还没来得及思考失败的原因就寻求下一步的解决方案，更没有从原因和结果中汲取教训，这样只会重复经历同样的失败。最重要的是要掌握正确分析现状，以及把握正确分析现状的方法。只有这样，才能提高解决方案的质量，孕育出更多的创意。

关于无法直视现状的理由，我列举了"WILL"（意志）的问题和"SKILL"（技巧）的问题，但也可以说是意志和技巧存在互补的关系。有意志，缺乏技巧就无法解决问题，而有技巧，缺乏干劲也无法看清现状。不需要将二者分开考虑，而是需要通过零基思考来看待现状。

（3）无法分析差距的结构，则无法看透问题的本质，决定优先顺序

如果看待问题的方法过于表面化，而无法深入挖掘应该解决的问题，则无法进入具体的解决问题的阶段。此外，即便深刻且具体地分析问题，却没有给现状与应有的状态之间产生差距的各种原因排列优先顺序，那么解决方案也会过于分散。这样一来，公司的战略方向，以及为了解决各种问题而分配的经营资源就会过于分散，从而无法解决任何问题。

这种情况通常可以分为以下两种类型：

③-1 没有明确成为问题的现状与应有的状态的差距，就急于解决问题

③-2 没有对问题产生的各种原因排列先后顺序，试图解决所有问题

③-1 没有明确成为问题的现状与应有的状态的差距，就急于解决问题

原本问题并不明确，也无法判断解决问题的方案是否合适。并且，解决方案越是具体，就越是在没有讨论问题和解决方案的关联性状态下，急于开始解决问题。但是，这样的解决方案并不会起到任何作用，反而会引发很多新的问题。

只从表面上看待问题会导致解决方案过于肤浅

以企业的销售额和市场份额为例。最近，某商品的市场份额

图 1-9 无法发现问题的类型 3

③ 没有弄清楚差距的结构，无法具体分析问题的本质，
也无法给待解决的问题排列优先顺序

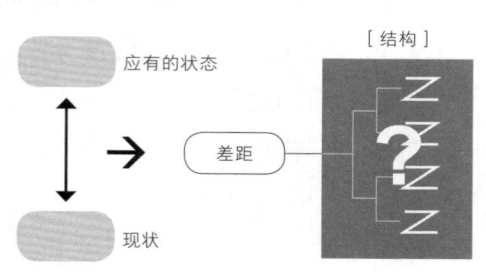

和销售额呈下降趋势。如果你只看到问题的表面，那么也只能得出"提高市场份额""提升销售额"这样的解决方案。大家是否也接到过上司的"销售额减少了会导致库存增多，立即清理库存"这样的命令（图1-10）？如果只从表面上看待销售额和市场份额降低这样的现象，那么也只能找出表面的解决方案，无法真正地解决问题。

　　试想一下这样一个场景。你对刚进公司的新人说"市场份额下降了，要想办法提升市场份额"，但是对方并不知道从哪方面开始着手，以及采取什么样的对策。如果新人因不知道应该采取什么对策而没有立即开始行动，这种情况还是有补救余地的。如果是职场老手，即便内心认定"这样根本解决不了问题"，却还是会给你一个可以提高市场份额的方案并执行。这样的解决方案，很

图1-10　肤浅的解决方法

不具备足够的深度也就无法反映在行动上

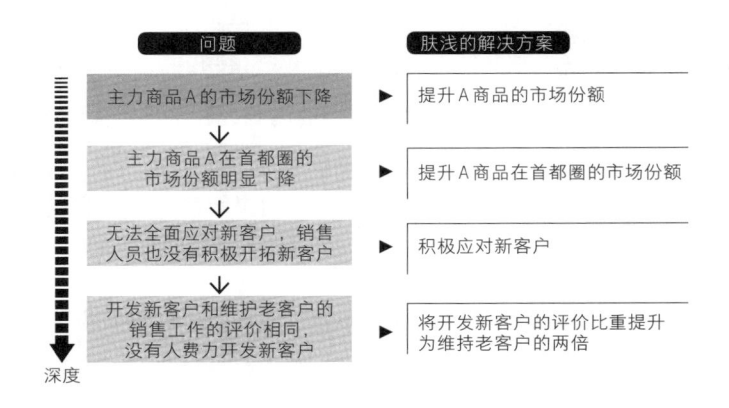

问题	肤浅的解决方案
主力商品A的市场份额下降	提升A商品的市场份额
主力商品A在首都圈的市场份额明显下降	提升A商品在首都圈的市场份额
无法全面应对新客户，销售人员也没有积极开拓新客户	积极应对新客户
开发新客户和维护老客户的销售工作的评价相同，没有人费力开发新客户	将开发新客户的评价比重提升为维持老客户的两倍

深度 ↓

可能会给公司带来更大的损失。这样的话，没有采取任何对策的新人或许还更好一些。

像这样，没有深入思考为什么市场份额下降了这个本质性的问题，只是因为接到提高市场份额的命令，就制定各种可以完成目标的解决方案，这样的情况也十分常见。

只有让问题的本质变得具体，才能看到真正的解决方案

在把握问题时，有一些问题只有关注细节才能看到其真相。如果无视偏差和分布不均的情况，从平均值的角度看待这样的问题，或是从宏观的视角分析数据，则无法看到问题的本质。每个问题都各具特色，将所有问题都混为一谈只会让事态变得更加混乱。见到黑色，就认为"黑色是问题的根源，就将黑色改为白色"，像这样的解决方案是没有任何意义的。问题的本质可能在于构成黑色的元素的红色或绿色。如果没有将问题分解到这个层面的话，自然无法找出解决对策。

没有抓住本质而只求平均值式的处理问题的方法，常见于解决宏观问题的情况。那些缺乏洞察力的宏观经济学家，正是因为没有深入地剖析问题的结构，只解决表面的问题，几乎都以失败告终。

> **案例** 发放地域振兴券，究竟是用来解决什么差距的手段？

1999年，为了打破日本经济不景气的局面，日本实施了一系列的经济振兴政策。其中有一项方案就是在全国范围内发放价值约7000亿日元的地域振兴券。其目的是为了"支援年轻一代的育儿活动,以及减轻老年福祉年金领取者和低收入高龄人群的经济负担,并以此刺激个人消费、带动地区经济发展,帮助地区经济振兴"。总之,这项措施意在关注经济负担重的弱势、低收入人群,刺激经济发展。

然而这样处理问题的方式未免过于简单,真正的受众人群也并不明确。另外,这一政策既没有彻底掌握如何提高低收入人群的个人消费的机制,也没有充分利用低收入人群的消费增长给整体经济带来的效益。发行地域振兴券的理由在于其背后的政治因素。出于政治方面的原因,只采取了一些表面的解决方法,但是,事实上原本应该发配给社会弱势群体的振兴券,却偏离其原本的主旨,到了一些高收入人群的手中。除此之外,这项措施不仅没有达到刺激连锁消费的目的,对于经济状况的恢复也没有起到任何帮助。据当时的经济企划厅的关于自我申告基准的分析显示,发放振兴券之后,刺激的消费额度仅占整体的三成,提高的消费程度也仅占GDP中个人消费的0.1%而已。

此外,偏离或遗漏了原本的主旨的解决方案,最后还引发了政策执行过程中不公平的问题。这件事最后以日本增加7000亿日元负债告终,造成了让人民感到不快的混乱局面,无法将其称为解决对策。

仅处理眼前的差距,并不是从根本上解决问题

一些官僚和政治家在处理问题时,经常采用这种只解决表面问题的解决方法，这是因为他们误以为快速解决一些表面上的问题能够安抚人心。但其实，日本国民也应该反省自己过于迫切地想要看到解决方案的态度。目前日本存在的很多问题已经根深蒂固，排查、探讨这些深刻的问题，思考解决对策并执行需要花费大量的时间。如果是企业处理这些问题甚至要花上整整一年的时间。为此，必须要忍过这段痛苦的时期。有时虽然想要忍耐也会忍不住立即催促："怎么还没有处理好？"如果能够立即解决问题当然应该立即解决，并且在解决问题时要注重合理安排优先顺序。

③-2 没有明确差距的结构，既无法具体分析问题的本质，也无法给待解决的问题排列优先顺序

这种情况可以看作是"打地鼠"游戏。在完全不了解地鼠出现规律和机制的情况下胡乱敲打，或者无法判断应该先敲打哪一个，想要敲打所有地鼠，则无法打到任何地鼠。

究竟什么才是最重要的问题？不清楚应该从哪里开始解决问题这种状况特别在组织的规模变大后变得尤为常见。因为各组织和部门的立场不同，所以看待问题的角度也不一样，这样一来会让局面变得更加难以收拾。

(案例) 想要解决所有问题，导致每个解决方案都存在缺陷

以某家电生产商的全线产品开发战略为例。这家企业的销售额一直呈增长状态，而在技术研发的过程中相关的市场环境却逐渐发生变化。以某个时期为临界点之后的四五年时间里，市场环

境发生了激烈动荡。为此，如果这家企业无法长期保持技术方面的优势，就会陷入非常不稳定且无法取得附加价值的事业环境。事实上想要长期保持技术上的优势，实施起来很难。从市场环境来看，如果没有关注能够作为强项的技术，就很难保持在市场中的优越性。

但是，这家公司并没有关注技术开发方面的工作，而是决定向市场提供所有类型的产品，包括低端低价产品和高端高附加价值的产品。这样就导致资源过于分散，最终陷入无法解决任何问题的局面。

想要解决所有问题，势必会导致各个解决方案都不完善，产品自身也会因为质量问题而被迫回收和改良。好不容易完成产品又遭遇市场价格急剧下降，最终导致产品卖得越多反而损失越大。还有一个问题就是，即便公司为了降低成本把生产基地转移至海外，最终也会因为时效问题导致难以完成目标。与此同时，竞争对手早已在这段时间研发出了新型产品。

即便想要处理市场、竞争对手、公司本身等方面的问题，也会被公司接二连三的高难度的经营问题所束缚。从市场方面来看，如果不能满足市场需求的技术和成本，那么研发出的产品必然会失去优质的消费者。从竞争方面来看，公司并不清楚应该如何应对，并且以何种程度应对专利的竞争和价格竞争。从公司本身来看，想要提高成本的竞争力，应该考虑如何推进有关工厂迁移海外，以及整合剩余员工等事项。并且，新技术获得许可认证之后是否可以获得投资盈利等。上述问题的不确定性非常高。

如果在这些方面完全没有竞争力，也没有足够的利润可以转化为新一轮的投资资金的话，那么最后企业很可能会取消所有业务。考虑到资源有限的情况，如果不集中精力应对关键性问题，那么想要从根本上解决问题是非常困难的。

没有解决的问题可能造成机会损失

　商务场合，在无法解决的问题上花费大量精力的这种做法，不仅会引发新的问题，还会错过新的机会，也就是造成机会损失。之所以无法解决问题，可能是解决方案本身存在逻辑问题，但更多的是因为"看待问题的角度不正确"，或是"没有对需要处理的问题排列优先顺序"。只要准确地把握问题，并且在合理安排优先顺序的基础上共享问题，接下来就只需要充分利用企业和部门的资源和能力最大限度地发挥杠杆作用，制定和设计解决方案，然后执行即可。

　像这样，没有将问题具体化，也没有合理安排先后顺序的情况，也常常发生在个人处理问题的时候。比如一个人在处理问题的时候，想要尽量把问题简化后再锁定要解决的课题，但是中途不断提醒自己："不不不，现实没那么简单的，这个因素要考虑，那个因素也有影响……"，结果不仅没有明确任何问题，反而需要处理的问题的范围不断扩大，到最后无法解决任何问题。像这样，因"无法将问题的本质变得具体化，也不会合理安排问题的先后顺序"而引起的资源浪费的现象，并非单纯地"排列问题的优先顺序"就能够解决。遇到这样的情况，应该像本书的第三部分提及的那样,在兼顾可扩展性与深度的基础上深入挖掘出现问题的原因,并为了排列优先顺序而彻底分析原因。

(4)从可以实行的解决方案开始倒推,武断地判断问题,忽视了问题的扩大

销售业绩一旦持续恶化,很多企业就会开始寻找"能够执行的解决方案"。然而,一旦过度关注执行方案,就会不断偏离抓住问题本质的初衷。换个角度来看,也可以说这是一种缺乏挑战精神的表现。

错误解读假说思考,只注重解决方案

我在《工作的原理·解决问题篇》这本书中提出了一种叫作"假说思考"的思考方法。所谓假说思考,简单来说就是"依照当前的时间节点得出的结论开展行动"。即便在有限的时间内、依靠有限的信息,也能够在当前的时间节点得出结论后立即付诸行动,尽快验证这个结论然后进入到下一个环节。在瞬息万变的当今社会中,速度决定命运。

或许有很多人误解了假说思考的思维方式。将其理解成为了尽快行动,只关注自己能够完成的解决方案。大家是否有过从一开始就只关注解决方案,用不正确的眼光看待问题这样的经历呢?在假说思考的概念中,"经常持有能够付诸行动的结论"固然重要,但这是建立在"认真思考引导出结论的理由和结构"基础上的。

图1-11 无法发现问题的类型4

④ 从可以实行的解决方案开始倒推，武断地判断问题，从而失去了扩展这一要素

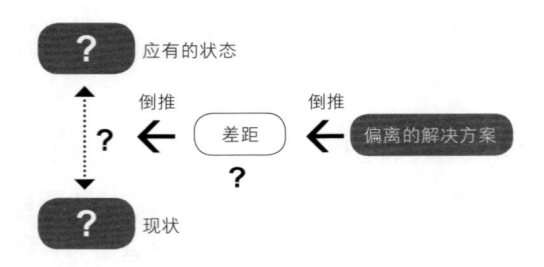

假说思考并不是提倡要将没有经过深度思考、一时兴起的想法当成结论。同时，我建议大家，与其过度执着"最佳方案（Best）"，应该先执行"次优的方案（Better）"，然后在执行的过程中"边行动，边思考"。

无法立即确定解决方案的课题设定是否有意义

在某个企业，以"未来公司要成为业界第一的企业，需要做哪些准备？"为大课题之下，各部门又召集成员分组讨论，然后提出"思考自己部门最想实现的课题"这个问题。而这个项目的负责人给各个组成员发送了邮件："不要提出无法找出解决方案的课题，尽量想一些能够找出具体的解决方法的课题吧。"看到这种情况我立即给负责人打电话，和他说："先考虑具体的解决方案、再设定课题这种做法存在问题。"

听到这件事后，你的观点是什么呢？是认为"从一开始就考虑解决方案的话，会导致无法正确看待问题"？还是认为"一直思考无法解决的问题是浪费时间，应该在思考解决方案的同时，思考什么才是问题"？又或者是认为"问题和解决方案是有关联的，无法将二者分开考虑"？虽然没有一种万能的解决问题的步骤能够用于每一个案例，但至少可以确定的是，如果从一开始就思考解决方案，会导致思维范围变得狭窄，看不到解决方案本身的扩展性，后期发现解决方案存在漏洞。

首先要区分问题和解决方案，从零思考

为什么要这样做？例如，企业A对于X这个问题，采用了z这一解决方案。方案z是以企业A的系统部门为核心思考出来的解决方案。但是，企业A将X看作必须要解决的问题时，该系统部门正好面临缩减，无法执行方案z。而在公司内部无法执行方案z的企业A，原本不应该将X当作问题来看待。其实在处理问题时，如果太过于在意解决方案，就会遇到这样的问题。但是，如果抛开解决方案，比如首先从企业A目前所处的环境考虑，将问题X当作是一个必须要解决的难题，并在此基础上思考解决方案。这样一来，即使公司内部没有系统部门，应该也可以通过业务外包的方式解决问题X。

当然，这种情况是还处于一边思考对策，一边处理问题的阶段，"业务外包"这个方式很可能得到一个与方案z有很大不同的解决方案。因此，并不是在所有情况下，都需要分开考虑问题和

解决方案。但是，如果只是单纯地认为解决方案＝自己能做到的事、部门能做到的事、公司能做到的事，并且用这种思维方式来处理问题的话，那么需要意识到这种想法本身就存在很大的漏洞和陷阱。首先，用零基思考正确地看待问题，才是找出解决方案的捷径。

第二部分

发现问题应有的状态

第二章

提高战略性发现问题的设想能力

在变化剧烈的环境中,
能够从零开始设想应有的状态,
将应有的状态与现状之间的差距视作问题,
这种战略性发现问题的设想能力不可或缺。

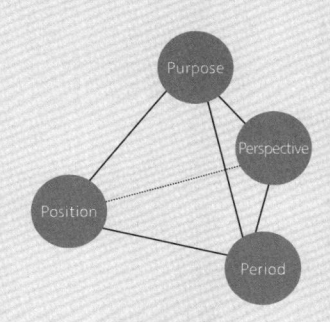

1 战略性发现问题的设想能力

（1）操作式发现问题的局限

在上一章，我分析了无法正确地发现问题和找出解决方案的4个原因。事实上，很多时候这4个原因错综复杂，并且会相继发生，从而阻碍发现问题。在变化剧烈的时代背景下，尤其在当今社会，或许是因为应有的状态是错误的，又或许是丝毫不怀疑应有的状态，并将其视为已知的前提，因此被时代淘汰，然后在不知不觉中迷失现状，从而无法准确地发现问题。这种情况十分常见。

像这样，不改变应有的状态，在以过去的模式为基础创造的框架内看待现状，将固定的应有的状态与现状之间的差距作为问题来处理，我将这样的发现问题的方法称为"操作式发现问题法"。即便应有的状态随着时代的变迁已经发生变化，但采取操作式发现问题法的人却没有改变范式，并且看待现状的框架也仍旧延续过去的操作模式，从而无法发现现在的问题。

追求效率阻碍零基思考

在被视为日本企业强项的生产制造现场中，工厂车间的作业标准会被制作成手册，原本只是为了达成目的方法论的操作上的准则被看作应有的状态，与标准之间的偏差就会被当成是差距和问题。用Plan-Do-See(PDS)的管理循环图来分析这类为了改善生产效率的发现、解决问题的过程，我们就会明白这类发现问题的方式的特点就是需要解决的课题通常是已经设定好的（图2-1）。

因此，发现问题者不需要考虑解决问题的初衷是什么，只要时刻意识到现状与标准之间的差距，然后高效率地完成工作就可以了。也就是说，想要发现问题，就必须比较现状与标准，一旦发现有差距，立即分析产生差距的原因即可。这也可以说是在迭代型的框架内，以及在过去和经验值的延长线上的框架内来发现问题。

这种情况下，只要抓住关键就能够高效地解决问题。但是，这也会导致难以大胆地转换方向。因为在这个管理循环里，根本没有质疑出现问题的原因这一步骤。

总而言之，过度追求工作效率的Plan-Do-See，会阻碍从零开始重新看待应有的状态，以及开展大胆的变革。

从现场执行的持续性这一角度来说，这种操作式发现问题还有一个方面不容忽视。那就是在执行操作现场，必须严格执行规定的作业标准。因为如果执行者不断为了实现应有的状态而改变操作指南，那么就永远无法执行解决方案，也就无法生产出好的产品或服务了。

但是，由于这种方式很难孕育出由新素材、新技术、新方式所产生的革新性的生产线这样的想法，所以这种生产模式无法孕

图2-1 操作式解决问题的循环

PDS 的管理循环

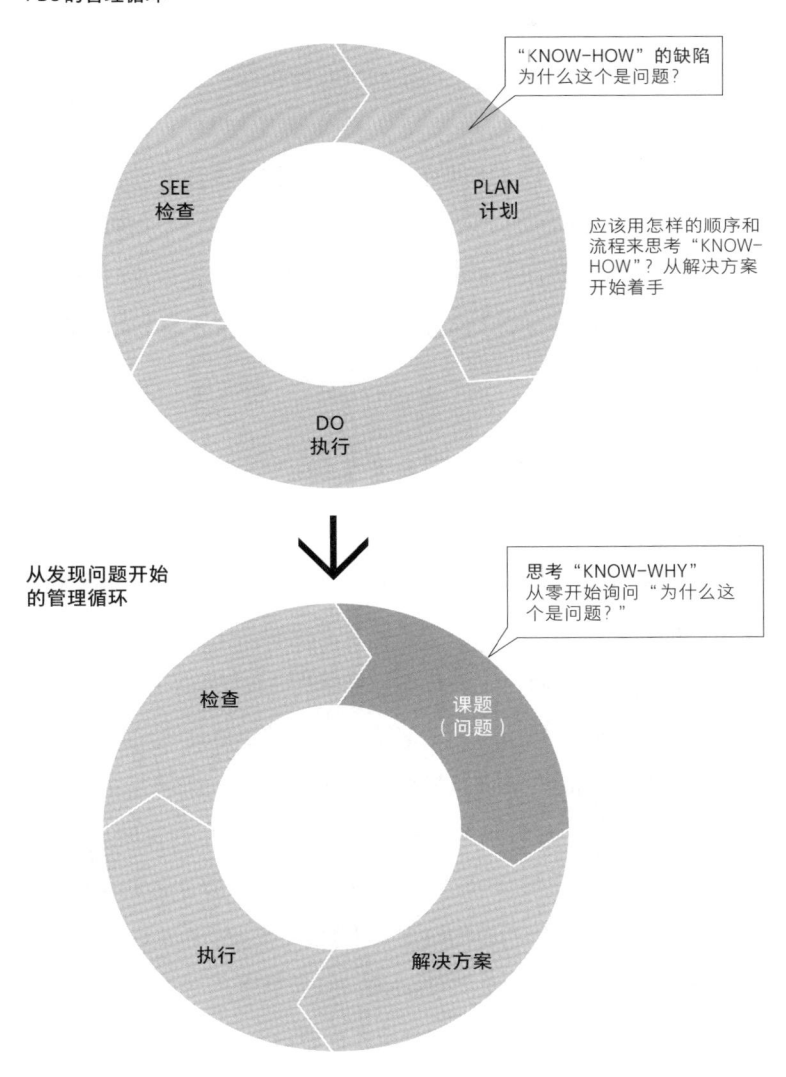

- SEE 检查
- PLAN 计划
- DO 执行

"KNOW-HOW"的缺陷
为什么这个是问题？

应该用怎样的顺序和流程来思考"KNOW-HOW"？从解决方案开始着手

从发现问题开始的管理循环

- 检查
- 课题（问题）
- 执行
- 解决方案

思考"KNOW-WHY"
从零开始询问"为什么这个是问题？"

育出新的突破。

　　例如，规定工厂的生产线上不合格率必须控制在X%以下，作业时间在Y分钟以内。像这样只要合理设定目标值和生产线应具备的状态，那么问题就是标准和现状之间的差距，那么只要通过TQC的小团体活动来分析产生差距的原因，以及提出改善对策就可以了。但是，对于这种分工型的大规模生产线而言，如果出现为了迎合少量、多品种模式生产而需要迅速切换生产线，或者与人工费仅为日本1/25的中国制造产品进行成本竞争这种紧急课题的话，即便在现有的产品线上进行改善，也无法从根本上解决问题。

案例　从流水线生产到单人作业生产模式的转换

　　我曾经看过一个有关手机组装工厂的纪录片。这个工厂一开始采用的是24小时流水线模式组装手机。但是从某个时期开始这家工厂的库存增加，严重影响了效益。原因是手机更新换代的速度太快，快到严重超出了工厂的生产速度。如果运用操作式发现问题的方法寻找问题的话，能够掌握的问题也就仅限于此了。简单来说，如果手机产品更新换代速度过快，那么就只有减少生产量这种解决方案，或者思考如何在短时间内提高生产速度。

　　这时，该企业聘请了一位工厂流水线生产方面的相关顾问。他首先认真检查了生产线的情况，发现生产线的半成品的库存最多。虽然他还发现了很多其他问题，但是最终得出的结论是"流水线生产"本身存在问题，于是把之前的由近10个人组成的24小时生产线，变为由一个人完成所有工作的"单人作业生产模式"。也就是说，通过改变结构的方式，把看待问题的角度从"生产线的应有的状态"改为从"生产线以外的应有的状态"看待问题。在追求效率的传统制造工厂中的Plan-Do-See模式下，运用操作式发现问题的方法是无法做到这一点的。

当应有的状态成为过去式

如果应有的状态清晰、合理，那么使用操作式发现问题的方法就不会出现问题，甚至可以说作为工作现场的指南，这种方法十分出色。因此才将其称为操作指南。但是，当应有的状态出现错误时就会引发问题。事实上，在当今的时代背景下，几乎所有的商务场合上都能遇到操作式发现问题的这种局限性。

在经济稳步发展的时代，日本坚定不移地把美国当作应有的状态的标准，即便和竞争对手相互借鉴彼此的最佳方案，在护送船队方式的环境下，运用操作式发现问题这种方式仍可以处理大部分的问题。

但是，伴随着泡沫经济的崩塌，虽然多少存在一些时间差，但操作式发现问题这种方法的限度也逐渐变得明显。那些继续延用这种方式发现问题的企业，只能在愈发激烈的竞争环境中被淘汰。因为在组织中被给予狭义任务时，执行者只能在有限的范围内专注于发现问题和设定课题，无法改变思维方式。

那些大多数被淘汰的企业的最大错误在于，以"战略计划"的名义将操作式发现问题的方法运用到战略设想的流程中。在新的应有的状态的愿景和战略设想必不可少的情况下，即便以过去的应有的状态为基准确定接下来的课题，问题本身也是不正确的。

　　因操作式发现问题而日渐衰落的行业，主要有银行、证券、保险，以及金融业、建筑业、房地产行业、百货商店、重工业和钢铁行业，等等。即便在同一个行业，也有些企业因为过于执着操作式发现问题这个方法而走向截然相反的命运，比如汽车行业的丰田、本田，以及三菱自动车、马自达公司，销售流通行业的伊藤洋华堂和大荣。前文提到的大荣的案例就是因应有的状态不符合企业现状而衰落的最典型的案例。很多人将泡沫经济崩坏称为"失去的10年"，但我认为将其称为"没有思考新的应有的状态就流逝了的10年"更为正确。

（2）从零开始设想应有的状态的战略性发现问题

　　请看这张图片（图2-2）。

　　当你问："这张图的问题是什么？"有人会说："不明白这个问题的意义何在。"也有人说："没有做好的H和A是问题所在。"

　　认为"这个问题没有意义"的人，几乎都是不擅长设想应有的状态，即属于无法构建看待问题的框架的人。如果你继续问他："这些文字有什么奇怪的地方吗？"他才会发现H和A的问题。于是，他会抱怨道："什么啊，如果是这样的话，你一开始就应该和我说清楚，这种提问方式会让人不知道你在问什么。"相反，只

图2-2　问题是什么？

TAE CAT

出处：SeHridge，1955。

要给这类人提供一些框架相关的提示，他们立刻就会想到接下来应该做的事。总而言之，这类人虽然不擅长自己设定问题的框架，但很擅长在已经设定好的框架内最大限度发挥自身的能力。

而第二类人在处理问题时，无论好坏，已经先入为主地认为"THE CAT"是应有的状态的框架。对比之后，即便发现这些字母都存在相同程度的扭曲，却仍将其视为有缺陷的H和A，错误地看待了问题。但是，如果你向刚开始学习英文字母，认识H和A这两个字母，不知道THE和CAT这两个单词的小孩提问，他们可能会回答"两个A的上面都没合上"，或者"这两个H的竖线都歪了"。他们看待问题的方式完全不同。

应有的状态与"问题"密不可分

事实上，这里会涉及发现问题论的本质。第一，如果你无法提出成为应有的状态的目标或者构建把握应有的状态的框架，那等同于你没有把握问题。第二，一旦应有的状态受到成见的影响，那么由此发现的问题可能也是不正确的。虽然目前的问题解决论很大部分都认识到了设想应有的状态的重要性，但几乎都是在已经存在应有的状态的前提下，定义问题。并且，都是将应有的状态与"问题"分开讨论的操作式发现问题的模式。对于已经确定的目标坚信不疑，运用看上去很有科学性的操作步骤和过程，有逻辑地探究产生问题的原因。展开逻辑很简单，但完全忽略了讨论最关键的要素——应有的状态。

自主提出应有的状态的时代

问题是指作为目标的应有的状态与现状之间的差距，但是否已经确定应有的状态，则能够决定发现问题的难易度，以及发现问题所需要的技巧和思考方式（意识）。

观察时代的变化，虽然日本在第二次世界大战后经历了一些经济的变动，但是泡沫经济时期还是相对稳定的。这也是大家一同追求富裕，容易设想并已经存在应有的状态的时代。但现在，伴随着IT革命引发的无限的信息流动和国界的消失，需要人们不断摸索新的经营模式。为此，今后人们在需要预测环境变化的同时，也要具备自发地从零开始设想应有的状态的能力。（图2-3）

操作式发现问题和战略性发现问题

像这样，随着时代的变迁，发现问题的模式也在不断变化。如果将已经存在应有的状态时的发现问题称为"操作式发现问题"，那么通过设想应有的状态发现问题的模式则可以称为"战略

图 2-3 设想应有的状态的时代

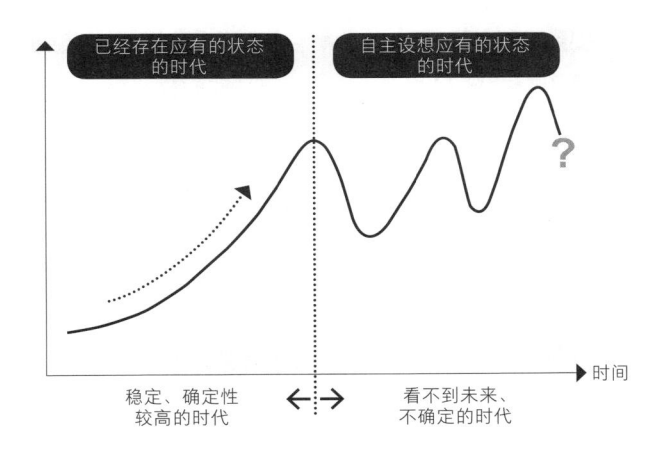

已经存在应有的状态的时代 | 自主设想应有的状态的时代

稳定、确定性较高的时代 ←→ 看不到未来、不确定的时代

时间

性发现问题"。虽然从把握问题这个层面来看二者的本质是一样的，但是将操作式发现问题和战略性发现问题分开来看的话会更容易理解（图 2-4）。

因为对于操作式发现问题和战略性发现问题，前者已经存在应有的状态，而后者需要自主设想应有的状态，从这点来看，这二者思考的立场和设想的难易度的差异也非常大。

包括一直在政策上受到保护的电力产业等地区垄断型的产业在内，对于企业经营负责人来说，即便商务领域中的设定问题和课题几乎都属于战略性发现问题，但他们却以操作式发现问题为基础，在过去的应有的状态下，执行错误的解决方案，这样的案例也十分常见。此外，他们还常常因为无法设想接下来的应有的

图2-4 战略性发现问题和操作式发现问题

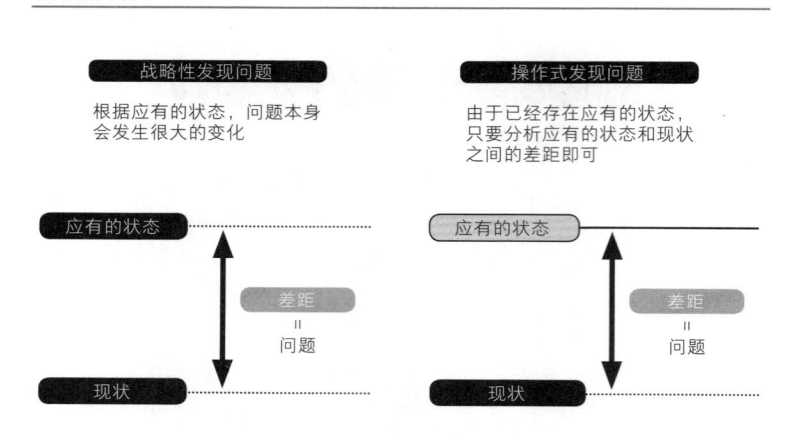

战略性发现问题
根据应有的状态，问题本身会发生很大的变化

操作式发现问题
由于已经存在应有的状态，只要分析应有的状态和现状之间的差距即可

应有的状态
差距 = 问题
现状

应有的状态
差距 = 问题
现状

状态而停滞不前。

个人的问题也是如此。比起目的和目标，以及方法非常明确的发现问题和解决问题，在目的和目标都尚不明确的情况下的发现问题和解决问题是非常困难的工作。

战略性发现问题的能力是商业领袖的条件

目前，很多商业领袖都需要具备自主设想应有的状态的能力，即战略性发现问题的能力。操作式发现问题是指在已有的框架内，在现有的职务和任务的基础上发现问题。而战略性发现问题则是指自己构建应有的状态的框架并发现问题。这二者之间看待问题的视野的广度，以及判断问题所有者角度的方式都截然不同。并且，有时不仅需要重新定义目的，问题本身也会随着把握问题的时间轴的不同而发生变化。

总体来说，曾经擅长操作式发现问题模式的商业领袖未必能够成为一名优秀的战略性发现问题的专家。日本企业在重组后无法设想新的应有的状态，导致公司发展停滞不前的原因之一，就是他们没有意识到操作式发现问题与战略性发现问题之间的巨大差异。

（3）战略性发现问题的4个技能

战略性发现问题要求具有提出描绘应有的状态的设想能力和思考能力。具体来说需要以下4个技能（图2-5）。

> a. 观察能力：在掌握事实的基础上，客观且正确地认识现状、把握现状的能力
> b. 判断能力：作为商务活动的负责人，包含主观意见的自主的选择、判断、决定能力
> c. 分解能力：具体且有逻辑地分解问题和分析问题的能力
> d. 整合能力：在认识和掌握的现状都有限的基础上建立整体面貌，并设想、整理其结构的能力

观察能力、判断能力、分解能力和整合能力是相反的能力。擅长细致观察和分解事项的分析专家，不一定拥有很强的判断能力和整合能力，反过来也是如此。是否能够均衡地使用这4种能

力并不是个人才能的问题，不经常有意识地使用则很难完全掌握。总而言之，各部分的整合并不会成为整体，而即便看到了整体却没有认识到细节也无法推进任何事情。

此外，设想应有的状态必须要牢记的一点就是商务相关的设想能力和构想能力中会包含主观想法和意志等人类固有的特性。无论进行何等周密的观察，在商务场合只凭借这点来做出判断是十分困难的。不同的企业和个人之所以会有不同的判断标准，是因为主观意识的存在。企业的主观意识是指企业理念，以及企业文化。如果企业不具备这种主观意识，那么这个企业也就没有任何存在的意义。

以这一点为前提来思考，我们就可以发现操作式发现问题这

图2-5 战略性发现问题所必须的4个技能

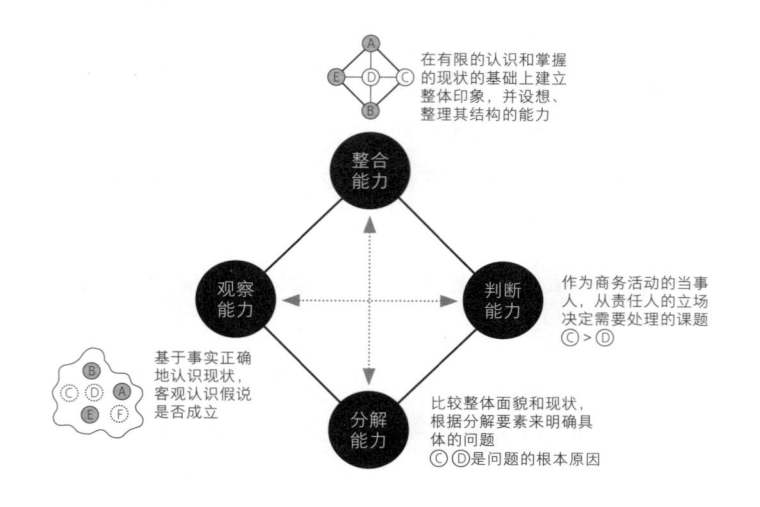

整合能力：在有限的认识和掌握的现状的基础上建立整体印象，并设想、整理其结构的能力

判断能力：作为商务活动的当事人，从责任人的立场决定需要处理的课题 ⓒ＞ⓓ

观察能力：基于事实正确地认识现状，客观认识假说是否成立

分解能力：比较整体面貌和现状，根据分解要素来明确具体的问题 ⓒⓓ是问题的根本原因

种方法只要具备观察能力和分解能力就能接近问题的本质。而需要设想应有的状态能力的战略性发现问题则要求同时具备这4个技能（图2-6）。

因为操作式发现问题这种方法，事先已经清晰地规定了应有的状态，所以发现问题的过程就是认真观察并分解已经存在的应有的状态与现状之间的差距，自然就能够得出解决方案。总而言之，操作式发现问题的关键在于观察能力与分解能力。

另一方面，战略性发现问题的过程则是在设想应有的状态的同时，分析应有的状态与现状之间的差距。这就要求执行者具备并综合使用观察能力和判断能力、分解能力和整合能力这4个

图2-6 为什么需要具备战略性发现问题的技能？

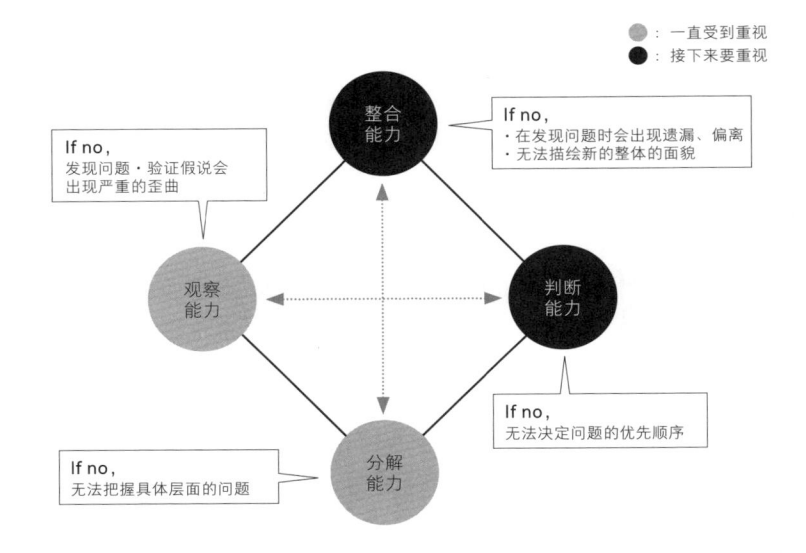

○：一直受到重视
●：接下来要重视

If no,
发现问题・验证假说会出现严重的歪曲

If no,
・在发现问题时会出现遗漏、偏离
・无法描绘新的整体的面貌

If no,
无法把握具体层面的问题

If no,
无法决定问题的优先顺序

整合能力

观察能力

判断能力

分解能力

技能。

那么，关于以4个技能为基础，提升发现问题的能力，设想应有的状态的框架——"发现问题的4P"，这部分内容将在本页后做详细介绍，而关于"发现问题所必备的系统性分析工具"将在第三部分介绍。

2　设想应有的状态的战略性"发现问题的4P"

相信大家明白为了发现问题而设想应有的状态的重要性。那么，应该如何设想应有的状态？首先，我们来思考一下个人的案例。

儿童时代设想的应有的状态，充满希望且可能实现

实际上，儿童时代持有的梦想并非不可能实现。因为只要不是太过于天马行空的梦想，作为梦想的应有的状态与"现实"之间的差距可以说是无限接近零。

请试着回想一下儿童时代的我们是如何描绘应有的状态吧。小时候我的梦想是成为一名棒球运动员，因为曾经目睹过王贞治和长岛茂雄在棒球场上的英姿，所以想成为像他们那样的人，现在或许会想成为松井秀喜和铃木一朗那样的选手吧。当儿时的我看到登陆月球的阿波罗宇宙飞行员时，也曾想着长大以后成为一名宇航员。现在的孩子看到那些坐上航天飞机的日本宇航员，从宇宙向地球发送信息时，或许也会梦想自己长大后要成为宇航员吧。大家都是因为遇到了能够成为将来的标杆和模范的人，或是书和电影，然后确定了自己应有的状态。

但是，随着年龄的增长，忽略现实中的自己、单纯考虑"想成为怎样的人""想做什么"这件事就变得越来越难了。在思考应有的状态之前，我们通常会以自己能做到的事情为基准，自动排除那些我们难以实现的梦想。长大后的我们内心已经建立起了这种思考机制。然而，不知不觉间我们已经不再思考"想成为怎样的人""想做什么"，而是思考"想进哪家公司""大概能进哪家公司""这种工作或许我也能做"这类与现实紧密相连的解决对策。不用说解决方案让已经形成思维定势的大脑从零思考应有的状态都是十分困难的。或许，因为已经形成了这种思考习惯吧。

不深入思考则无法设想应有的状态

　　企业也是同样。当你询问一些在有问题的企业工作的人："将来，你想如何改造公司？""你期待公司发展成怎样的公司？"他们通常无法回答。但是，如果询问公司存在什么样的"问题"时，他们会口若悬河。如果没有时间限制，他们或许能够无止境地说下去。当再次询问"我已经了解问题所在，那么有什么解决方法"时，他们能将之前提出的"问题"缩减至一半。也就是说，他们提出的问题中至少有一半是"无法解决的问题"。在"无法解决的问题"中有一半是真正无法解决的问题。而另一半则是"可以解决，但因为问题设定有误而无法解决的问题"。这是因为应有的状态并不明确，并且与"现实"的差距也不够明确，所以即便感到有问题，也无法解决问题。

　　总而言之，正如前文中提到的那样，只是有想要解决问题的意志是无法解决所有问题的。如果不能设想作为发现问题的基础的应有的状态，就无法接近"问题"的本质。而设想应有的状态，其中一个解决方法就是必须找到前文中提到的"想成为巨人棒球队的长岛茂雄"这样能成为具体标准的参照物。

但是，现实生活中并不存在可以帮助我们设想应有的状态的魔法镜，也不存在能够正确认识应有的状态与"现实"之间的差距，并提供设定作为"问题"的课题的黑匣子。无论使用何种框架，不深入思考都无法获得答案。

以客观性和理论性为基础，以主观和感性为核心提出应有的状态

为了设想应有的状态，促进公司积极有效地运营，客观与理论二者缺一不可。为了客观地把握市场的动向，构建该市场中的自身的强项，应该有逻辑地思考如何分配有限的资源，以及如何适应市场环境。并且客观看待竞争对手的动向，灵活且有逻辑地思考如何参与竞争，甚至如何与对手合作，等等。

但是，从客观且有逻辑地把握的基本情况中能够得出怎样的信息，最终应该如何判断，如何采取行动，这一切都与每个企业设想的未来应有的状态，即公司的愿景和基本理念紧密相连。而这些，又与企业经营者的经营目的和意向（意图），甚至还会和支配员工的行动和意识的企业文化密不可分。因此，在企业经营中，要以客观与理论为基础，并意识到主观性和感性这二者也是不可或缺的要素。也就是说，在客观和理论这个基础上加入主观和感性的核心，那么应有的状态就清晰可见了。这里提到的客观和理论主要与前文所提到的战略性发现问题所必需的4个技能中的观察能力和分解能力有关，而主观性和感性则与判断能力、整合能力有关。

应有的状态因发现问题的主语的视角而不同

即便想要科学地经营企业，发现问题的主语也终归是人类。根据主语的视角的不同，应有的状态，以及把握问题的方法也会有所不同。

当然，人类在可视范围内能够看到的前景是有限的。但是，如果不能在已定的范围内提出有关未来应有的状态的假说，则无法设定一个有助于进入下一个解决问题的步骤的战略性课题。运用战略性发现问题的4个技能，并且最大限度地有逻辑且客观地进行分析，最后根据主观意识做出判断，在不断重复这些步骤的过程中，问题逐渐变得清晰，还能够切实将解决问题这一点落实到执行层面。

设想应有的状态、发现问题所需的4P

最有助于提出应有的状态的一个框架就是接下来介绍的"发现问题的4P"。这是帮助设想应有的状态，并把握应有的状态与现状之间的差距，以及作为检验表能够切实发现问题的框架（图2-7、2-8）。

"发现问题的4P"为以下4点：

① Purpose　　　　（目的轴）

② Position　　　　　（立场轴）

③ Perspective　　　（空间轴）

④ Period　　　　　（时间轴）

能够成为商务上的目标设定的大前提的事项，在企业中是经营理念，而在面对个别问题的层级中则是能够确定"为什么要做这件事"这样有方向性的目的。

虽然每一个P所代表的都是发现问题时十分常见的概念。但是，这些概念有时候会模糊，有时会出现错误，甚至有时还会因个体差异导致认知出现误差。此外，即使在相同的状况下，根据

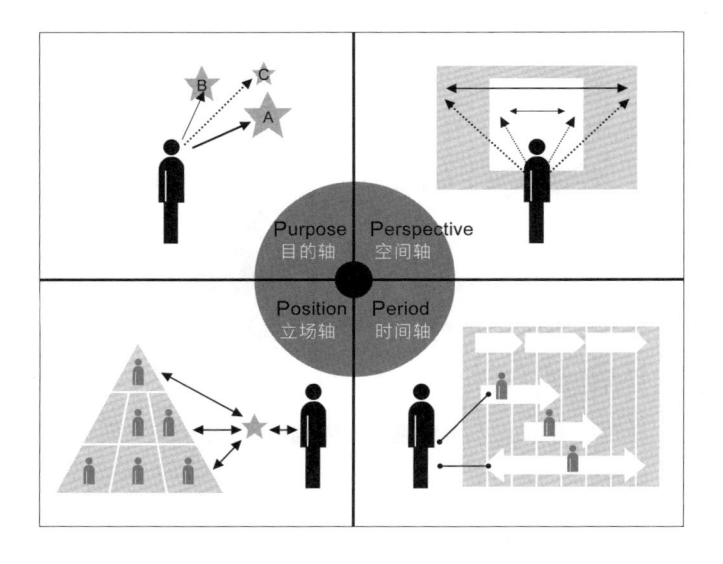

图2-7　发现问题的4P

图2-8 把握应有的状态的"发现问题的4P"

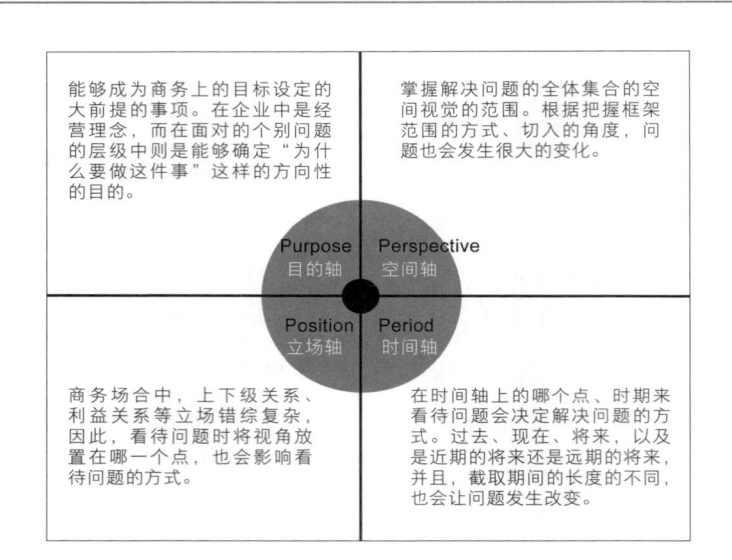

Purpose 目的轴	Perspective 空间轴
能够成为商务上的目标设定的大前提的事项。在企业中是经营理念,而在面对的个别问题的层级中则是能够确定"为什么要做这件事"这样的方向性的目的。	掌握解决问题的全体集合的空间视觉的范围。根据把握框架范围的方式、切入的角度,问题也会发生很大的变化。
Position 立场轴	**Period 时间轴**
商务场合中,上下级关系、利益关系等立场错综复杂,因此,看待问题时将视角放置在哪一个点,也会影响看待问题的方式。	在时间轴上的哪个点、时期来看待问题会决定解决问题的方式。过去、现在、将来,以及是近期的将来还是远期的将来,并且,截取期间的长度的不同,也会让问题发生改变。

设定4P的方法不同,应有的状态也会发生很大的改变。应该解决的问题也会有所改变。特别是①Purpose(目的轴)和②Position(立场轴)受当事人的主观意识的影响,会给需要解决的问题以固有的特性。

总而言之,在看待问题时应该尝试填充4P表格,整理问题。不一定需要将表格填满,如果发现有些部分很难填充的话,则可以先从符合的部分开始思考。把"发现问题的4P"当作检验表,检查自身在思考前和思考后在何种程度上错误看待了问题,并思考这些错误。这样一来,一定能够比之前更清晰地认识到什么才是应有的状态,以及问题是什么。

（1）Purpose：为了什么

重新审视目的轴这一大前提

人类的行为，以及所有的生产经营活动都有目的。但是，对于目的，每个人的理解都不尽相同。关于目的，字典上是这样解释的："以实现或达到为目标的事物。目标。"（《广辞林》）"视作为行动的目标，想要做到的某件事（想成为的某类人）。"（《新明解国语辞典》）英语中的Purpose=①（物品等）目的和用途；②（人类、行为等的）意图、企图、宗旨、目的、目标（《兰登书屋大词典》）。

根据以上内容，或许很多人认为目的就是目标，以本书为例的话，则会认为目的就是应有的状态，也有人认为目的是努力的方向。本书中提到的目的是指Purpose=意图、企图、宗旨，"为了什么"而采取行动，"为了什么"选择这个方向，"为了什么"做出这样的决定。当然，把目的当作目标来解读没有任何问题，但是为了更好地理解本书中的内容，希望大家将目的理解为"为了什么"。

会在不知不觉中遗忘目的

在开始某项活动时，一定会存在目的。即便一开始可能是凭感觉开展这项活动，但是深入挖掘的话就会发现其实还是有目的的。

例如，"为了调查研发的新产品的包装满意度，对用户进行

图2-9　发现问题的4P：Purpose（目的轴）

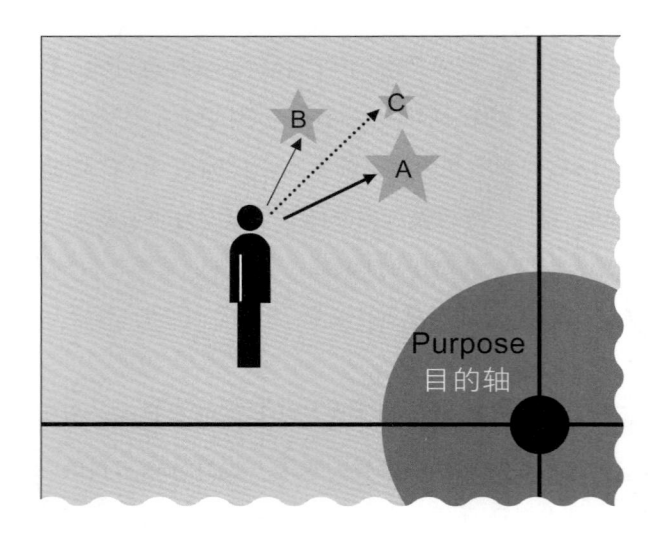

调查""为了开拓新的客户群体，在店里开展促销活动""为了了解用户对产品的满意度，进行意见的听取调查"，等等。无论在商务活动中，还是在日常生活中，人们都会持有某种目的开展活动。

但是，如果行为和活动趋于稳定或者单调、反复，则不会每次确认目的后再行动，逐渐忘记原本的目的。这样一来，原本为了达成目的而开始的行为、活动和手段本身会变为目的。

例如，为了促进身体健康而开始在健身俱乐部练习游泳。所以最初的目的是为了"促进身体健康"，一开始坚持每周去两次、每次游1公里，但是"每周去两次、每次游1公里"就逐渐变成了目的,即便身体不适也要勉强自己坚持去游泳。并且,如果有一周只能去一次的话,就会以"一定要坚持一周去两次"为由,提早结束工作。像这样,在能够看到具体目标的层级上,单纯地将手段视作目的的事例较为常见。

用上文的例子来说,原本是"为了调查新研发产品的包装满意度,对用户进行调查",但是每到新产品上市,就会撇开"包装满意度"这一原本目的,将"对用户进行调查"这一行为视为目的。于是,即便推出完全不适合之前的消费群体的新产品时,也会让同样的调查团队进行例行的用户调查。从这样的调查中获取的信息就会得到错误的结果。

并且,原本"为了开拓新的客户群体,在店里开展促销活动",却将关注点放在提高销售额上的话,也是在无形中替换了目的。或者原本"为了了解用户对产品的满意度,进行意见的听取调查",不知从何时开始推销自家公司的产品本身变成了目的。

一旦迷失目的,便无法正确发现和解决问题

当然,如果行为、活动、手段与达到原本的目的紧密相连的话,则不会产生任何问题。但出现问题时,如果没有回归最开始的"目的",就会开始错误地发现问题和解决问题。这里提到的行为、活动、手段是指企业在经营过程中进行的能够产生附加值的活动,以及通过这些活动促成的商品或者服务。

以游泳的例子来说,如果游泳的目的是"坚持每周两次、每次游1公里",那么身体不适还坚持去游泳本身没有任何问题。但是，如果原本的目的是"促进身体健康"，那么这样做就明显偏离了目标。

像这样，忘记原本的目的，把眼前的行为当作目的来看待问题，就只能在极其狭小的范围内发现问题。因此，有时会无法发现原本可以解决的问题，错失良好的解决问题的方案。这是因为无法设想能够作为实现目的的手段的商务活动，以及产品和服务的替代方案。

深入思考顾客的目的关乎理解顾客的需求

不知道"目的"是什么，或者将手段视为目的，从而错失了原本可以达成目的的解决方案，这种情况十分常见。事实上，在各种销售现场，因为销售人员缺乏观察消费者的目的的能力，导致提出的方案与顾客的目的不符，最后造成机会损失的情况很多。而且，销售人员和销售人员之间的捕捉顾客目的的能力，以及服务顾客的技巧方面也有很大的差距。

例如，去到房地产销售公司的样板房，首先就会被要求填写调查问卷。或者销售人员会问你很多常规问题，比如"喜欢怎样的格局？""预算是多少？""年薪多少？"等等。即便顾客提出为什么要买房，想要怎样的生活这样的话题，销售人员也只会表现出表面的关心。说一些"那么3LDK[①]很适合您""这样的话，复

[①] LDK是日本房地产行业用来描述公寓的常用缩写。表示客厅（Living）、用餐（Dining）和厨房（Kitchen），字母前的数字表示房间的数量。文中3LDK表示三室一厅一厨房。——编者注

式楼您看怎么样呢"之类的话，只是拼命地推荐自认为符合条件的房子。

购房时，"想要买一套3LDK的房子"并不是目的，当然"想要购买4000万日元以内的房子"也并不是目的。目的是指如"想要生活在市中心，方便孩子上学，治安较好这样的环境"这种意图，而实现这一目的的手段和条件，会规定预算的范围、格局等事项。然而，大部分样板房的销售人员并不清楚这个概念。

房屋能够销售出去，某种程度上是消费者自行判断房屋状况和居住环境，并判断这个条件是否适合自己。而销售人员只负责整理资料，或者只负责催促顾客购买房产而已。至少，对于没有确定很多细微的条件、一边看房一边考察是否符合目的的顾客来说，大部分的销售人员基本上没有发挥其应有的作用。

在百货店、超市、汽车经销商中，也会看到没有深入思考顾客的目的，只是因为这个条件符合达到目的的手段，就强行推荐给顾客的销售人员。这样是无法打动消费者的。

从这个层面上来说，在目的多样化的情况下，销售面临着严峻的挑战。而且，如果顾客本身对于自己购买目的不是很清楚，那么他在购买后、使用并体验商品后的感受，会与当初的期待值产生巨大偏差，所以很容易产生"当初为什么会买这种东西"的懊恼情绪。

认真思考目的后，就会看到其他的解决方案

之前我去家附近的电器商店，想要购买能够将数码相机连接到电脑的数据线。最近的产品会配备原装的数据线，但是因为我使用的是旧型号的数码相机，所以想要连接其他品牌的电脑的话需要另外购买数据线。于是，我请店员帮忙调查数据线的库存，被告知没有查到。于是我表示不是原厂生产的也没关系，只要可以连接电脑就可以了。对方还是回答说没办法。并且店员告诉我，即便预定也不一定有该品牌的库存，即便有库存也需要等10天以上。

没办法，我只好回到家，打电话询问其他电器商店。然而得到的回复也是因为型号较旧，所以没有库存。店员问我是否需要询问品牌商确认库存的情况。我反问店员："是否还有其他的解决方法？"于是他说："就算没有数据线，只要取出数码相机中的内存卡，并放入读卡器中连接电脑就可以了。而我们店出售这种读卡器。"而且，这种读卡器竟然比数据线要便宜几千日元。

我的"目的"只是将数码相机中的照片导入电脑而已，无论是用数据线还是读卡器，只要达到"目的"就可以了。最后，我去到最开始去的那家电器商店，发现那里也销售可以将内存卡中的数据导入电脑的读卡器。于是我问店员："为什么一开始不告诉我可以购买读卡器？"对方回答说："因为您想要购买的是数据线，所以我便没有推荐读卡器。"

无论是店员还是我，都把"目的"锁定在了"购买数据线"

这一件事情上，导致看待问题的视野变得十分狭窄，以至于完全忘记"想要将照片放入电脑中"这个最初的目的。

关于数值目标这一目的的极限

企业经营方面的目标值通常有销售额、销售增长率、营业利润率、ROA（资产收益率）、ROE（净资产收益率）、EVA（经济附加值）等各类数值。当你询问他们："企业的目标是什么？"他们则会告诉你这些数值目标。但是，需要注意的是用这类数字指标来设定企业经营课题时是否是合理的目标。

在商务环境中，设定无法实现且依据薄弱的数值目标，这个目标值和现状之间的差距也无法成为经营课题（问题）。尽管如此，我还是能够经常看到一些企业意识到目标值不可能实现，却还是随意设定超过本身能力范围，并迎合股票市场的目标。

在结构上已经无法做出改善的状况下，尽管销售额每年都在持续下滑，企业却仍旧不断地提高目标销售额，制定毫无意义的中期运营计划，这种情况跟曲棍球棒很像，所以被形容为"曲棍球棒式计划"（图2-10）。

像这样，指定不可能达成的目标计划，不仅会导致员工的积极性降低，还会因忽略了问题的本质，导致延误处理问题的时机，等到发现时已经到了束手无策的状态。总而言之，问题并非是目标与现状之间的差距，而是设定目标。目标是指为了实现目的而设定的目的地的状态。换句话说，目标就是目的的下位概念。

图2–10 曲棍球棒式的目标设定

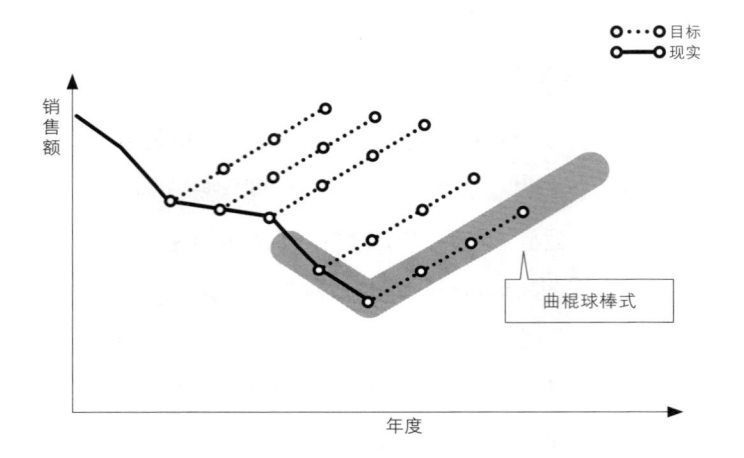

（图表：纵轴"销售额"，横轴"年度"，展示曲棍球棒式的目标设定曲线，图例为"目标"和"现实"）

持有目的意识和意图：抬高视线，从现状的范围扩大想法

不断询问目的＝"原本是为了什么"，那么看待问题的视野就会越来越开阔。"目的"是正在进行的事业、产品、服务、系统等被具体化的所有内容的上位概念，时刻意识到"目的"的存在，就相当于在更高的位置俯瞰。视野拓展后，就能够发现不具备目的意识时看待的事物不过是整体的一小部分。（图2–11）

特别是在发现问题时，"目的"是设想应有的状态的必要条件。通过尽可能地思考目的，以及其他P（Perspective、

Position、Period），就能够引导出未来的应有的状态。对于企业的部门和个人来说，"目的"与他们各自的任务是密不可分的。并且在日常的个人活动中，"目的"其实就是每个人行动的目的。

one point 看不见目的时，那就不断询问"原本是为了什么？"

假设购买医疗保险。"原本是为了什么？"→考虑到生病时的状况→"原本是为了什么？"→虽然现在身体十分健康，但是丈夫去世后自己一个人生活，如果生病了也没人照顾→"原本是为了什么？"→为了生病时能够请人照看我，想通过保险来支付这笔钱→"原本是为了什么？"→对比购买医

图2-11 目的是一切事物的上位概念

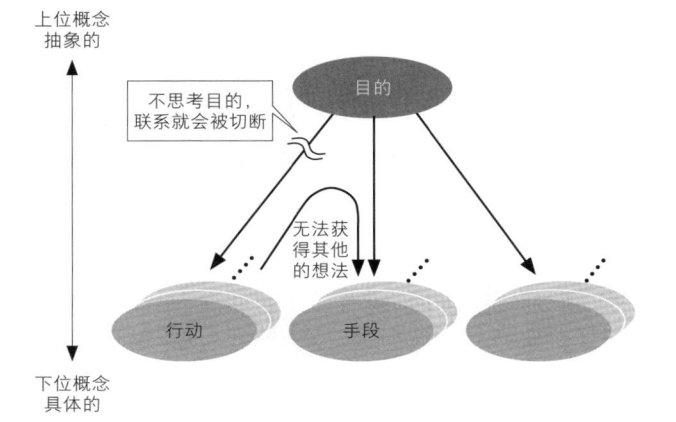

上位概念
抽象的

不思考目的，联系就会被切断

目的

无法获得其他的想法

行动　　手段

下位概念
具体的

疗保险的费用与请人照顾的费用，医疗保险的费用要少很多→"原本是为了什么？"→为了尽可能地避免使用存款、不依赖儿女、安心度过老年生活……像这样，不断深入挖掘"原本是为了什么？"也会越来越清楚自己想要购买哪一种医疗保险。如果只是单纯地出于"考虑到生病时的状况而想要购买医疗保险"这个目的，从而付诸行动的话，那么很可能会因为选择项太多而无法排列出优先顺序，或是购买并不适合自己的保险。因此，不断询问"原本是为了什么？"这一点非常重要。

此外，只是依靠单纯的目标数据无法让课题变得更加明确。用上面的例子来说，如果将能够承担的保险费用设定为目标值，或者把住院之后每天能拿到的保险金额定为目标值，那么就会偏离最开始的"目的"。因此，最重要的是要在正确看待目的的基础上设定目的地。

（2）Position：究竟是"对谁而言"的问题

明确立场轴

立场轴（Position）的意思有①场所、位置，②形式、某种立场，③地位、身份（《兰登书屋大词典》）。也就是说，自己站在什么位置看待一件事情，这种场所和立场就被称为Position。在组织中，可以称之为职位。有时也会用来表示从经营者的角度还是员工的角度来看这样视点的位置。在看待问题时,明确从哪种立场看待问题的立场轴是非常重要的。

另一方面,在日语中"立场"指的是"所处的位置""一个人所处的境遇、地位、作用""支撑某个人(组织)的行动的观点和看法"(《新明解国语辞典》)。总而言之,以何种立场看待问题这件事会决定这是"对谁而言"的问题,以及"用哪种思考方式来看待问题"这两个事项。明确这两个事项,对于设想应有的状态和明确问题至关重要。

立场轴会导致问题出现变化

思考立场(Position),就是思考"对谁而言"的问题。并且,

图2-12 发现问题的4P:Position(立场轴)

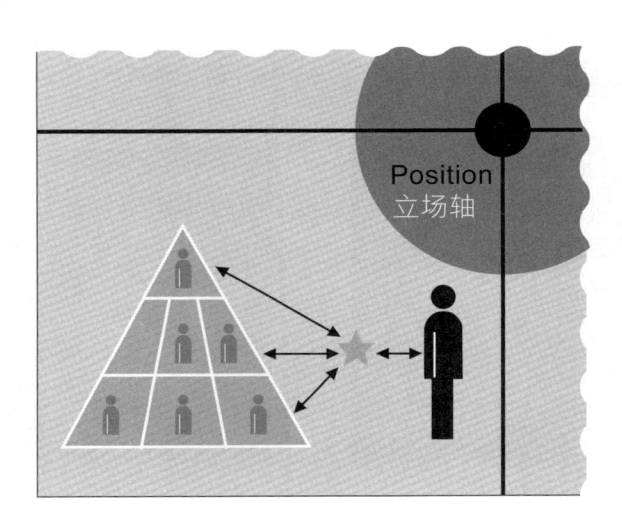

84　工作的原理·发现问题篇

问题会随着看待"对谁而言"这个视点的方式的不同而出现180度的转变。

那么，视角和立场的变化，究竟会对同一事物的看法造成怎样的改变呢？我们从上下两个方向来观察图2-13。从不同的方向能够看到两个完全不同的人。在处理问题时也是如此，立场的不同会导致看待问题的方式不同。

图2-14是从日经流通报的报道中截取的一部分内容。在驾驶技术很好的男性看来非常方便的停车空间，对于驾驶技术不好的主妇来说，30厘米的差距会让停车的难度系数陡然增大。这是因为超市在设计停车位时并没有站在主妇的立场考虑，没有将其视作是问题。这个超市的工作人员并不明白，开车前来购物的家庭主妇是何等重要的客户。如果只从自己的视角看待问题的话，很容易会陷入意料不到的陷阱。

图2-13　改变视角，从上下不同的方向来看下图，会发现什么？

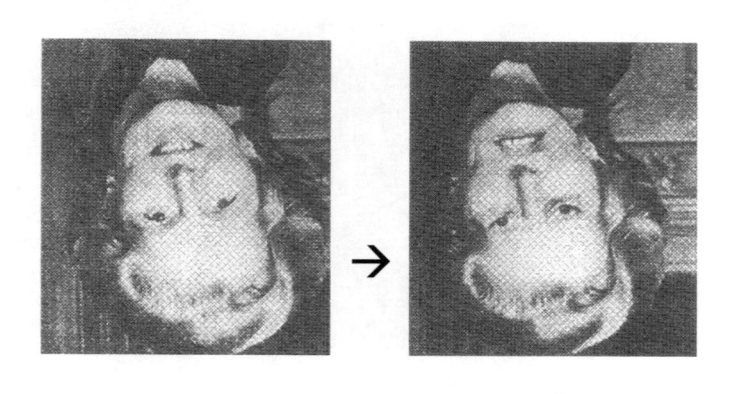

图2-14 停车场的目的

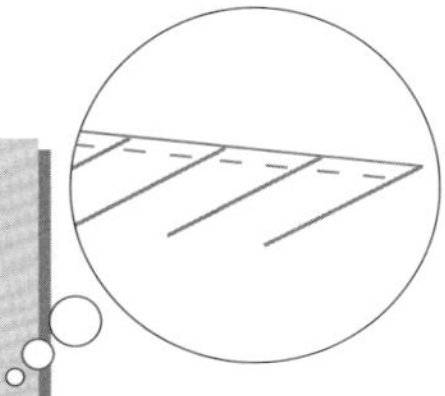

> "30厘米。这个细微的差距会给消费者带来巨大的压力,然而却没有人注意到这件事。"
> 这说的是日本首都圈的某大型超市的停车场。通常,1辆车的停车空间的宽度大约为2.3米。但是这家超市为了确保停车的数量,将宽度缩减为2米。总公司的领导乘坐由女员工驾驶的车辆实际去往超市的停车场,发现确实停车困难,经常会陷入苦战。"顾客较多时,后方的车辆会不停地按喇叭,让人焦躁不已。如果是我的话,甚至可能会放弃停车直接回家。"

房价下跌是好消息还是坏消息?

房价下跌对于所有拥有不动产的人来说意味着持有的资产价值在下降,这是一个很严峻的问题。特别是对于那些还未还清房贷的家庭、持有不良债权的银行、房地产公司、建筑公司,以及在东京圈填海区拥有大型空地和工厂用地的重工业型企业来说,房价下跌是个坏消息。但是,另一方面,对于那些不持有不动产的新型企业,以及有购房计划的年轻人来说,这是一个非常好的消息。

利率降低也是同样,立场不同,看法也会出现很大变化。对于负债累累的人来说0.1%的利率差都可能会导致破产,而对于领退休金,以及为了老年生活而努力存钱的老年人来说,低利息就如同在衣柜里存钱一样没有太大变化,这样只会让存款迅速减少,打破他们对于老年生活的美好憧憬。

问题会随着目的的改变而出现巨大的变化，而立场（position）不同，看待问题的方式也会不同。即便在相同的现象和状况下，有的人可能会出现问题，而有的人却能够丝毫不受影响。总而言之，即便是微小的立场上的差异，也会导致问题不断变质。经常观察政治界的动向就会明白。抛开立场鲜明的共产党[①]和社民党[②]不谈，其他的所有政党，仅仅因为是在野党还是执政党这一立场上的差异，在论点不明确的情况下，针对同一件事，一方会认为有问题，而另一方则认为不存在问题。

顾客立场至上的MK出租车公司

作为一名出租车的乘客，当我拿着沉重的行李走出新干线的车站，想要乘坐出租车去往距车站只有一公里的目的地时，我的心情是非常沉重的。当听到我满怀歉意地说："对不起，我要去离这里很近的A街"，有些出租车司机甚至会表示不满，直接露出"等了两个小时，结果等到这样的乘客，真是不走运"这种情绪。

MK出租车公司凭借为乘客提供优质服务而闻名，并且在要求出租车降低费用的行政诉讼案件中获胜，创造了出租车行业的降价风潮。MK出租车在东京都内的起步价为600日元，这个价格比其他出租车公司的660日元起步价低10%。除此之外，计价的距离也不同于其他公司，并且提供预约服务。

一般的出租车公司，提出涨价的一个最重要的理由就是为了

---

① 日本党派之一，现为日本第四大政党。——编者注
② 社会民主党的简称，日本党派之一，其前身为社会党。——编者注

提高出租车司机的待遇。但是，MK出租车公司在降低乘客的乘车费用的同时，成功提高了公司的营业额，同时还达到了提高司机待遇的目的。并且，该公司坚持不录用有出租车驾驶员经验的人，其目的就是为了给消费者留有"MK出租车不仅费用便宜，司机也很有礼貌，车也很干净"的印象。同时，MK公司尤其重视那些近距离的乘客。

传统出租车的定位是"对于我们而言"。因此，并没有考虑过乘客是怀着一种怎样的心情坐在出租车里。由于对于他们来说，如何有效地找到乘客，如何找到想去距离较远的目的地的乘客才是真正的"问题"，所以并没有想要认真对待近距离的乘客的意识。但是，因为MK出租车公司的视角（立场）是"对于顾客而言"，所以他们能够发现"近距离乘坐出租车时会有不愉快的情绪""对出租车司机的态度感到不满""出租车内又脏又臭"这种顾客的视点上的问题。

如果运输省[①]（现国土交通省）没有放宽政策限制的话，很多事情恐怕无法实现。但是在放宽制度之前，如果能够从顾客的角度出发看待"问题"，也应该能够发现很多可以改善的地方。即便现在已经放宽政策，但无法从"对顾客而言"这一视角（位置）出发看待问题，这样的公司则无法实现提升出租车司机的待遇这一目标（参考日经商务1997.11.17）。

---

① 运输省，是日本内阁下设的行政部门之一，与通产省、大藏省相平行。——编者注

超越立场：想要客观公平地看待问题，就必须远离现在的立场

即便是在同一家公司，不同的人看待问题的角度也会不同。因为每个人在4P中的视角和立场（位置）不一样，所以会产生差异。虽然组织是个体的结合，但是由于每个个体所属部门不同，或是在等级制度中所属阶层不同，所以在处理问题时的立场也会截然不同（图2-15）。因此，想要客观地把握问题的真相，首先就应该脱离自己的立场从零开始思考问题。

关键点 持有多个与自己立场不同的视角

在商务场合，想要检查自己看待问题的视角是否出现偏离，可以尝试改变自己的视角（立场）。如果存在利益关系时就从对方的立场思考，如果存在产品、服务的接收方（顾客）时就从接收方的立场思考问题。并且，再尝试从包含这二者的角度看待问题，比如存在对立部门的情况时就从经营者，也就是社长的角度思考问题。或者是站在像律师、警察这种中立的立场，以及咨询顾问这种第三者的角度看待问题。企业的经营顾问的价值之一就是看待问题时，能够站在中立的角度看待。

总而言之，应该时刻牢记看待问题的主体是人。人类很难脱离当前的立场和利害关系从零思考问题。正因如此，要

时刻注意存在立场上的差异，认识到因立场不同而产生的偏离。尤其是在处理商务上的问题，因为存在上下级关系、组织上的隔阂，所以应该尽可能地弄清楚每一个相关者的立场。如果站在偏离的立场看待问题，必定会产生巨大的分歧。

社长、新进员工，以及科长的视角并不是相同的。例如，对于中层管理者来说，最重要的就是要做到能够自由转换成社长的视角和顾客的视角。尝试从各种不同的视角看待问题，就会不断矫正已经固定的、歪曲的视角。尤其是抬高视线，能够扩展看待问题的视野。

图2-15 立场不同，看待问题的方式也不同

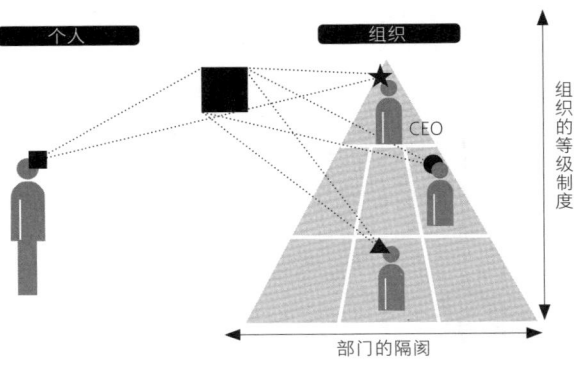

即便是面对相同的■，站在不同的立场，也会将其看成是●和▲

个人　　　组织

CEO

组织的等级制度

部门的隔阂

（3）Perspective：俯瞰问题

思考控制领域扩张的空间轴

图2-17中，如果从纵向看，没有写完的"13"就是问题所在，而从横向看的话问题就变成了没有写完的"B"。也就是说，在不同框架内看待问题，发现的问题就会有本质的不同。

Perspective有景色、视野、（建立在认识各部分相互关系的基础上的）全貌、大局观、前景的意思（兰登书屋大词典）。或许很难找到能够准确表达这些含义的日语词汇，最近的日语翻译书中都是直接音译Perspective这个词。希望大家能够注意这个词含

图2-16 发现问题的4P：Perspective（空间轴）

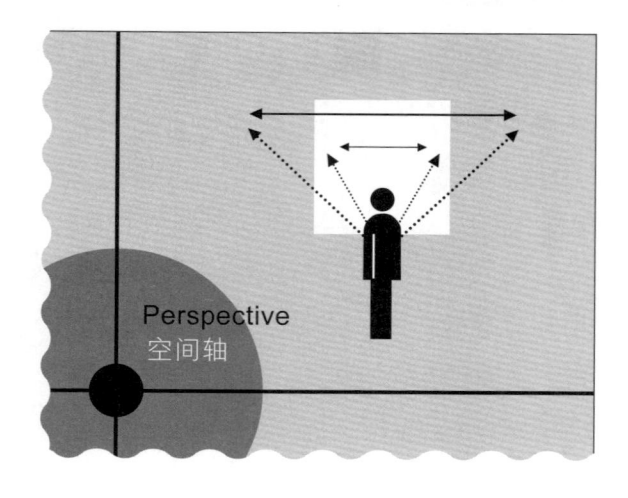

图2-17 如何看待扩展的框架？

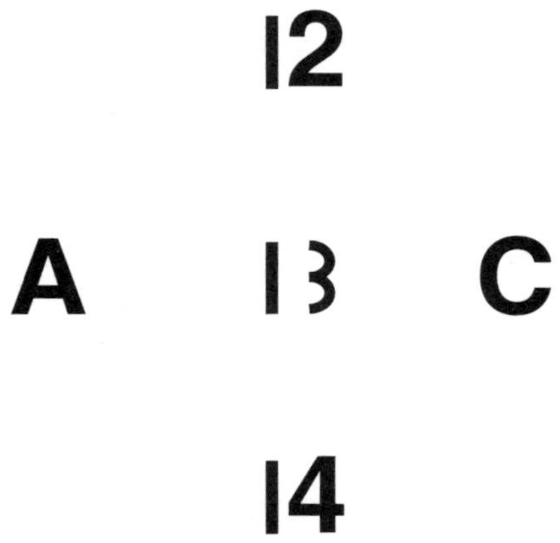

12

A 13 C

14

出处：《米哈尔科商业创意全攻略》迈克尔·米哈尔科。

有上述意思，也可以将其理解为范围，但还是希望大家将其理解为尽可能从高处看待问题和现象，为了不让范围变得狭窄而尽量把握事物的整体。因为在不同的格局内，看到的"问题"也不尽相同。

从东京看待日本的石原慎太郎都知事的格局

例如，日本石原慎太郎东京都知事[①]在选举中曾经宣称"从东京开始改变日本的政治"。正如他承诺的，他在外形标准课税问题，以及汽车内燃机燃料问题，包括其他府县的知事，对日本的各项行政决策都带来了很大的影响。

---

① 东京都行政执行官。——编者注

从东京都知事的工作内容为负责东京都内的政治行政事宜，以及改善东京都内的居民生活这个格局来看待东京都知事的工作，还是从日本的首都东京的政治等于改变国家的政治这个格局来看待东京都知事的工作，这二者的视野截然不同。总而言之，从考虑东京都内的居民的生活质量就是考虑日本人民的生活质量这个格局来看待问题，问题本身的范围以及深度就会发生巨大变化，从哪里开始执行解决方案这一点也会大不相同。

对于石原都知事的一些言论，一部分人予以正面评价并认可其视野的宽广，而另一方则会因为政治立场的不同而掀起横田空军基地的争议问题。但是，东京都知事在处理所有问题时的格局很大。但是，无法随着问题变得复杂而放宽视野的话，则很难看透问题的本质。

无法改变格局的路政问题

图2-18显示的是发达国家每1万平方千米国土所开通的的高速公路距离。从国土面积比来看的话日本每一万平方千米开通的高速公路的距离与其他国家基本持平。但是，从国土可利用面积比来看，日本远超其他国家。

1972年后，高速公路的运营模式从各个高速公路单独计算盈利额的制度，变为全国设定统一费用的"统一费用计算制度"。其结果是，东名（东京—名古屋）高速这种已经实现投资回本并开始盈利的高速公路仍然在收取费用。事实上，如果仍采用个别计算方法的话，东名高速早已能够免费通行。另一方面，因为没有

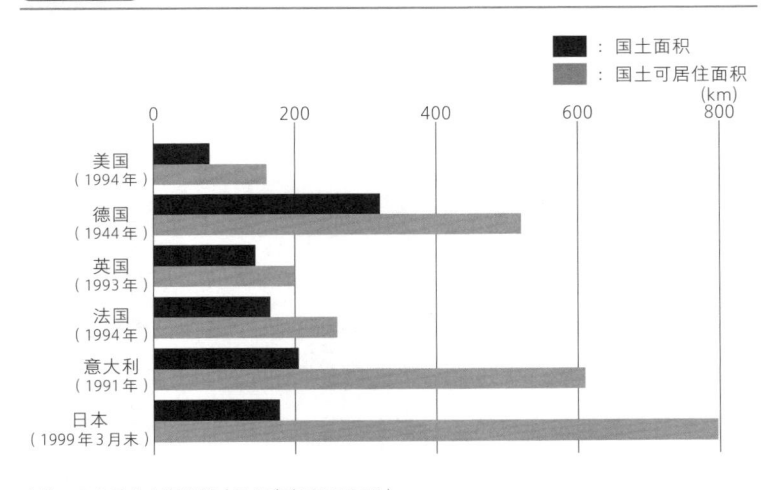

图2-18 每1万平方千米国土的高速公路开通距离

■：国土面积
■：国土可居住面积
(km)

- 美国（1994年）
- 德国（1944年）
- 英国（1993年）
- 法国（1994年）
- 意大利（1991年）
- 日本（1999年3月末）

出处：日本国土交通省等（日经商务2001.9.10）。

维持之前的各高速公路分别计算盈利的制度，几乎无人使用的地方高速公路仍大量存在。

根据民间智囊团的估算，日本道路公团如果一直持续这种运营模式的话，到2047年国民负债将超过44兆日元。

建设高速公路的最初是以"促进国土均衡发展"为目的开始的，但受政治家和官僚利益影响，"扩大道路建设"本身成为目的。无论是在高速建设启动之前还是之后，政府并没有从公共性和事业性的角度对其做出客观的评价，才会出现高速公路过度扩张的局面。

用4P图整理一下目前的路政问题就会发现Purpose（目的轴）是"高速公路的总延长线长度的最大化"，既不具备公共性也不具备收益性。Position（立场轴）是"对于政治家和原来的建设省、日本道路公团[①]相关人士与土木建筑从业者而言",并非从一般居民的视点考虑。而Perspective（空间轴）则是"包括非居住区域的整体国土面积中的高速公路网",Period（时间轴）则是贷款偿还期限从最初的30年～40年变为50年,通过导入"统一费用计算制度"不断推迟偿还贷款的时间。

虽然4P中的各项都出现偏离,但是最为突出的问题则是路政看待问题的格局仅锁定在高速公路。高速公路的收益问题固然重要,但是不能忽略在日本全国范围内还存在100万公里以上的总延长线的普通公路。普通公路是日常生活中使用最为频繁的公路,然而绝大多数都过于狭窄。普通公路中能够单向通行两辆车的车道仅占国道的10%。

总而言之,接下来为了建立方便地区居民出行的交通网络,路政应该将格局从以高速公路为中心转换到以普通公路为中心。在行政改革的状况下,高速公路民营化的呼声愈来愈高,但在此之前,必须将看待问题的格局扩大到包含普通公路在内的"道路"本身。

改变格局之后的辉瑞公司研发出了伟哥

辉瑞公司正因为灵活地切换了格局,所以研发出了具有划时代意义的新型药物——伟哥。最开始辉瑞制药的研发人员为了治疗心脏病而研发出伟哥这种药物。但是经过临床试验发现,这种

[①] 主要负责收费道路（高速自动车国道及一般收费道路）建设、管理的特殊法人。——编者注

药物在治疗心脏病过程中对于治疗男子阴茎勃起功能障碍有良好的效果。于是，研究人员将治疗对象（格局）从心脏病转换到了泌尿科病。

如果研制出伟哥的研究人员们，没有能够灵活切换格局的能力或权限的话，也就不会出现这种新型药物了。（参考：日经商务1999.4.19）

究竟格局能够扩张多少

在设想应有的状态，以及发现问题时，明确在何种格局内看待问题非常重要。格局不够明确，就会出现抢先考虑解决方案的情况，导致视野越来越狭窄。反之，也可能会过度脱离现实。

我们可以试想一下观鸟。如果想要观察某一只特定的鸟，需要调整望远镜的焦距。如果模糊不清，或者距离较远，只要不断调整焦距就能够清晰地看到鸟的模样。如果你无法决定想看哪只鸟，而是漫无目的地观鸟，那么无论你朝向哪个方向调整焦距，甚至和旁边的人同样使用望远镜观察，你们看到的世界也是完全不同的。

像这样，我们非常清楚应该如何调整望远镜的方向和焦距。但想要扩大思考问题的格局时应该怎样做？单纯地拓展视野，并不能让格局变得广阔。

扩大、改变视野的空间：灵活转换看待问题的宽度和切入点

为了避免出现问题的遗漏和偏重，我们需要时刻扩展设想、构想的思考空间，并且能够灵活地改变从中获得的框架。

扩大格局，意味着要"扩大思考的空间"。正如字面意思，在狭小的房间内思考与在宽敞的房间内思考，除了二者思考的广度不一样以外，扩大思考的范畴（空间）也不同。并且，应该在扩大范围后将思考的问题放入某个框架内重新审视。如果做不到这一点，就只能茫然地看待问题。并且，还要注意不要在固定的框架内思考问题，而是应该灵活地看待。

关键点　提升目的的抽象度和视点

想要扩大思考的空间，首先应该提升目的的抽象度，其次要提升看待事物的视点（立场）。

举一个浅近的例子。国外的VIP客户准备来日本拜访公司，上司安排你负责接待。由于接待的"目的"是让对方熟悉日本文化，于是你安排了两天一夜的温泉旅行。因为返程日是这位VIP客户与总经理签合同的日子，所以在此之前有必要让对方了解日本的特色。结果，VIP客户当天非常劳累，又不习惯生鱼片等日本料理，也不习惯旅馆，当天的宴会也过于喧闹，客户也感到十分不耐烦。

在这种情况下，想要扩展格局，就必须提升"目的"的

抽象度。也就是说，如果从"让在对方悠闲舒适的时候体验日本文化"这个抽象的角度来思考"让对方熟悉日本文化"这个目的，并不需要举办宴会、强迫对方吃日本料理，更不需要让对方在旅馆入住。悠闲地享用西餐，听听河流的潺潺水声，仰望布满星辰的夜空，临睡前喝一杯白兰地，这样的方式或许才是真正意义上的接待VIP客户吧。如果提升看待事物的视点（立场），站在疲惫不堪的VIP客户的角度考虑问题，你就会发现这样的日程安排与之前相比更符合日本的待客方式。

其次，在改变思考空间的结构，也就是看待事物或事情时，选择用怎样的框架看待问题，等同于掌握了如何扩大格局。像前文提到的辉瑞公司的案例一样，尝试改变"目的"也十分重要。特别是，在扩大思考空间时，单纯地依靠细化、分解事物这种做法也具有局限性，需要具备能够设想全局的思考能力。

（4）Period：在哪个时间点截取问题

明确时间轴

Period有①期间、时期②（进行中或已经发生的某个）阶段这两种意思（兰登书屋大词典）。在看待问题时，如果没有明确在哪个"时间点"看待问题，以及将哪个"时期"的问题当作问题来看待的话，就会产生有人在说近期要发生的事情，而有人在说明天的事情这样的分歧。究竟应该将过去、现在、不久的将来、遥远的将来中的哪一个时间点的问题当作问题来对待，设定不同的时间轴也会导致问题出现很大的变化。

以交通事故的问题为例（图2-20）。如果把时间轴设置为现在的话，问题就是伤者的补助或者交通事故造成的堵车，等等。而如果将时间轴延伸到遥远的将来，则是因道路或者信号灯的不完善导致在同一地点再次发生交通事故。这就说明根据时间轴设定的时间与期间不同，问题也会相应地发生变化。

图2-19　发现问题的4P：Period（时间轴）

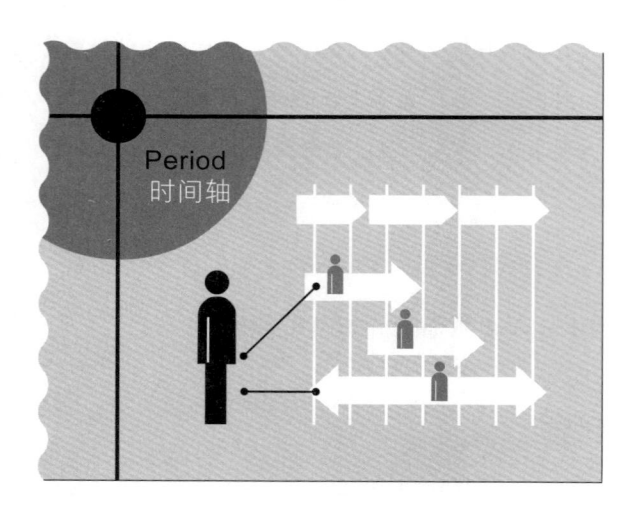

图2-20 在时间轴的哪个时间点看待问题？

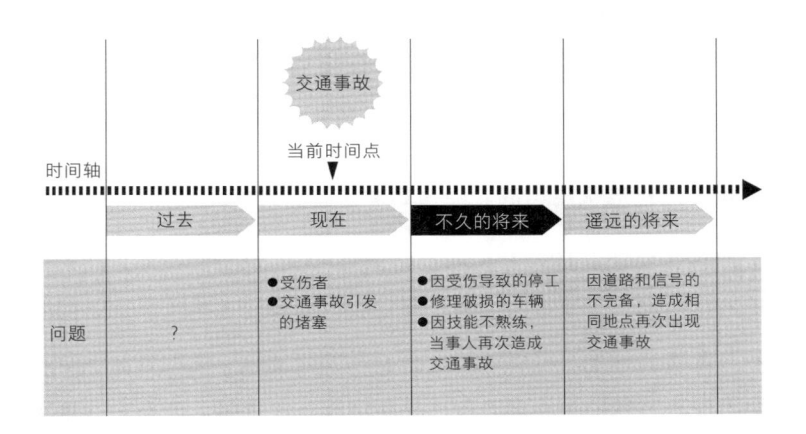

时间轴	过去	现在（当前时间点，交通事故）	不久的将来	遥远的将来
问题	?	●受伤者 ●交通事故引发的堵塞	●因受伤导致的停工 ●修理破损的车辆 ●因技能不熟练，当事人再次造成交通事故	因道路和信号的不完备，造成相同地点再次出现交通事故

如果看待问题的时间轴存在误差，则无法解决问题

常见的"总体赞成、个别反对"就是由目的（Purpose）、立场（Position），以及格局（Perspective）的不同而引起的。即便是3P一致，而时间轴并不明确的话，出现分歧的可能性会非常大。在很多时候，如果将看待问题的时间轴延长，那么问题也会迅速扩大，甚至会陷入想要解决时已经束手无策的境地。

那些因投资了有不良债权、非盈利机构，以及无效、低效的子公司而在低收益、赤字状况中挣扎的企业，他们对于改革采取不同的态度也是类似的情况。看待当前的危机状况的格局，企业的生存、发展的目的，以及经营负责人认为的"对谁而言的企业"，这些因素都会导致看待问题的方式发生改变。但是，企业应该将重生的时间轴定为"现在"？还是应该在变化激烈的环境中仍充分意识到会出现严重后果的危险，快刀斩乱麻地解决问题？还是将时间轴定为"数年后"，以此来回避解决当前的问题？又或是尝试在遥远的将来的软着陆？像这样，在不同的时间点所要处理的课题完全不同。

伊藤忠：有危机意识的企业重组

伊藤忠商事1997年的营业额高达15兆2000亿日元，然而由于不良资产，以及组织结构上存在非盈利部门，导致该企业持续陷入低收益状态，可以说是面临着巨大的危机。伊藤忠商事做好会出现严重后果的心理准备，果断进行企业重组。表面上看这次经营改革如同一场赌博，但如果继续拖延解决问题的时间，那么问题将会变得越来越严重。并且如果不立刻解决问题，其结果就跟改革失败导致破产的结局一样。因此，伊藤忠商事的丹羽宇一郎社长果断决定实行改革。

在"Aattractive and powerful"（A&P）的理念下，伊藤忠商事专注主要事业领域（信息、生活、消费、金融、资源开发）与北美市场，彻底进行收益结构上的改革。最终，伊藤忠商事不仅迎来了旗下IT企业成功上市并成功获利的喜人局面，也摆脱了1998年以来持续3年的低迷状态。2001年3月决算报告显示，伊藤忠商事不仅解决了遗留的负债问题，并且获得了合并净利润高达700亿日元的史上最高收益额。

独立时间轴：为了解决问题，尝试设定独立的时间轴

如果考虑问题的难易度和解决方案的自由程度，解决问题的时间轴自然也会受到限制。将时间轴独立出来，单独考虑问题，对于战略性发现问题十分重要。

关键点　将时间轴放置在未来，思考问题

如果时间轴设置得太近，那么思维就会受到之前的框架的限制，无法看清问题。但是，在现在、不久的将来，以及遥远的将来这些时间点中，最重要的时间轴是不久的将来。从企业经营的角度来说，就是两三年后应该采取怎样的行动。战略性发现问题，就是从企业在遥远的未来愿景中设想的应有的状态中，发现不久的将来和现在的工作。正如前文中提到的那样，虽然关于遥远的未来会出现总体赞成的情况，但最困难、最容易出现偏差的则是看待不久的将来的方式。

3 "发现问题的4P"的相互作用

"发现问题的4P"在设想应有的状态的同时，还能够分析现状、刻画问题

在本章开头处曾提到"发现问题的4P"主要用于设想应有的状态，把握应有的状态与现状之间的差距，进而发现问题。但是，在没有掌握任何信息的情况下，即便运用4P思考问题，也不会设想出应有的状态。

在某个清晨，你突然想开展新的事业，却完全没有思考过想要开展怎样的事业，想要做什么，期限是多久，投资所需的费用是多少……在完全没有具体内容的状况下，即便使用4P设想未来的愿景，并尝试制定商业计划，也是毫无意义的。即便没有完全成型，但找到了一定的方向性，或者已经了解了自己的优势。如果没有任何内容，则无法使用4P。

虽然这个计划还只是个雏形，但是当已经有核心内容时，只要在填写4P表格时认真思考每一项的内容，那么就会自动得出一个清晰的应有的状态。并且，在这个工作中，你就会很自然地思考现状、分析现状，通过应有的状态与现状之间的差距找出问题。正因为如此，我才将帮助设想应有的状态的4P命名为"发现问题的4P"。

运用4P再次检测应有的状态本身是否正确

在本书的第一章中曾提到，对于一名在世界级跳高比赛中刷新了自己最高纪录2.3米的运动员来说，达到2米的目标并不是他要努力解决的课题，而2.9米（远超世界纪录2.45米）的目标也不会是他努力的方向。

试着将他的应有的状态设定为2.45米。那么，问题就是2.45米—2.3米=15厘米。是否只要思考如何缩小这15厘米的差距，就能够立刻解决问题，达成2.45米这个目标呢？并不是这样。首先，关于2.45米这个应有的状态本身是否正确？有可能该运动员原本可以跳到2.55米，但是目的却定得太低，也可能是该运动员根本就不具备取得2.45米成绩的实力，却太过于相信自己的实力。如果是这样的话，那么无论他怎样努力缩短这15厘米的差距，也根本不可能解决问题。

那么，为什么要将应有的状态设定为2.45米呢？或许他的"目的"只是单纯地想要刷新世界纪录而已。或者因为具备了刷新世界纪录的实力，就能够参加奥运会、获得金牌，所以他的目的很可能是获得奥运会的金牌。又或者他并不关心是否能够刷新世界纪录，只是想确定自己究竟还有多大的上升空间。根据"目的"的不同，2.45米这个应有的状态对于该运动员来说很可能无法成为一个恰当的目标。

此外，还需要考虑是哪个时间点的应有的状态，设定不同的时间轴，应有的状态也会发生变化。该运动员究竟是以4年后的奥运会为目标？还是距离奥运会只有1年？这一点也决定了是否能够缩小差距。如果目的是打破世界纪录的话，那么这个纪录随时都有被刷新的可能，不应该将时间轴设定得过长。

通过"发现问题的4P"观察问题，就能够了解全貌

"发现问题的4P"方便设想应有的状态，并且能够锁定应有的状态与现状之间的差距，即问题，然后确保解决问题的步骤不会偏离构架。

简单来说，无论是应有的状态还是现状，这二者之间的差距，也就是"问题"是随着4P而不断变化的。并且，4P并不是各自独立的轴，而是相互影响、相互联系的。

思考"目的"，不仅能够提升处理事情时的"立场"，即视点，同时还能起到拓展视野、拓宽"空间"的作用。也就是说，如果改变"目的"，那么立场轴、空间轴、时间轴也会发生改变。当然，如果立场轴发生变化，那么看待问题的空间轴也会随之改变，也会不断出现与现状的"目的"不一致的部分。而如果改变看待问题的时间轴，那么自然也会给空间轴和立场轴带来影响（图2-21）。

假设你为了看清楚水底的某个东西而使用潜水镜。先戴上潜水镜然后慢慢靠近水面。于是最开始因为光反射到晃动的水面上，所以无法看清物品的轮廓。但是，当戴上潜水镜后就逐渐能够看清物品的形状了。

把握应有的状态与现状之间的差距，明确问题这个过程，就

图2-21 相互影响、相互关联的"发现问题的4P"

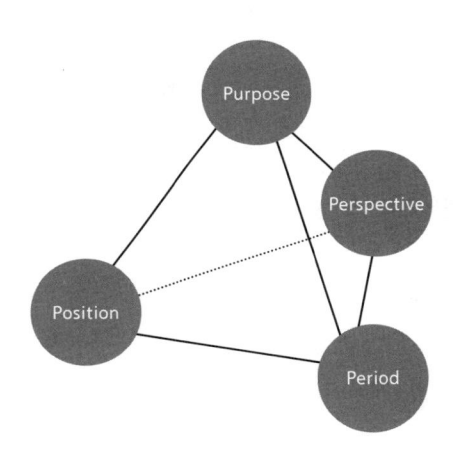

是通过4P这个潜水镜调整焦点，让问题变得更加清晰的过程。可以说有机结合运用4P，就能够把握事物的全貌。

接下来，我将通过一些案例说明如何综合运用"发现问题的4P"，明确应有的状态，找出问题的思考流程。

人身保险的工作，就是正确认识顾客的应有的状态与现状之间的差距

人身保险本身就是一种很难将顾客的需求表面化的商品。尽管如此，很多保险销售员直接跳过顾客需求（发现问题），而直接追求产品设计（解决方案的案例）。原本，人身保险的销售员的工作内容就是通过与顾客或潜在顾客交谈，找出顾客的4P，然后根据顾客提供的信息明确对方的问题（需求），然后根据反馈设计保

险方案。4个P之间本身是相互联系的，为了方便大家理解，我在这里尽可能分开讨论4P。

（1）目的轴（Purpose）：应该如何定位保险的目的？

为什么要购买保险？例如，有一名35岁的男性，其家庭成员有妻子、小学一年级的儿子和三岁的女儿。因为需要照顾孩子，所以妻子是全职的家庭主妇。假设这名男性突然去世，那么生活费、子女的教育费，以及房贷都将成为问题。

所以，对于这名男性来说，购买保险的目的就是在子女高中毕业之前这段期间，如果自己发生意外，能够获得赔偿以此来保障家人的生活。虽然还有其他原因，并且实际设计方案也需要详细的数据，但是粗略来看如要满足该男性的需求，那么在设计保险方案时，会提升其子女高中毕业之前的时期的死亡保险额度，其子女毕业后再减少保额。

而另一名40岁男性，与妻子一同生活。二人都有工作。目前没有孩子，今后也无生育计划。那么对于这名男子来说，购买人身保险的目的就是"万一自己患有重病，不想给正在工作的妻子添麻烦。并且，被宣告时日不多时，希望在有生之年做一些想要做的事。"像这种情况，比起推荐死亡保险，应该设计医疗保险和生前福利[①]的组合的方案。

像这样，即便购买人身保险，但是根据"目的"不同，所需

---

① 是指投保人还没有过世时保险公司就把死亡理赔提前支付给投保人。——编者注

求的商品也会发生变化。

(2) 立场轴 (Position): 对谁而言的保险?

"立场轴"与"目的轴"有很多重合的地方。以前文中35岁男性的例子来看,保险是"为了家人而买的保险",而对于40岁男性来说,虽然更侧重于"为了自己而买的保险",但从"为了妻子而买的保险"这个角度来看,问题就会发生变化,保险方案也会完全不同。所以"对谁而言的买保险"这一点经常会被忽略。

(3) 空间轴 (Perspective): 应该如何规划未来的生活?

前文中提到的40岁男性为什么会有"生前福利"这个想法?这与看待空间轴的方法紧密相连。也就是说,这名男子拥有"万一自己得了癌症时日无多时,想在意识到这一点的基础上做一些想做的事,迎接死亡"这样的人生观。如果以这个空间轴看待人身保险的话,那就会得出他希望加入在活着时能够获得赔偿的人身保险,而不是死后的保险赔偿这样的结论。

假设有一对50多岁的夫妇,丈夫还有几年就能够退休,他本人考虑退休后到小城市购买房产,渡过悠闲的晚年生活。并且,子女已经成年,比起给子女留下遗产,他更想要为自己和妻子的晚年生活创造良好的环境。对于这样的夫妇来说,他们并不想在人身保险投入过多的金钱。与之相比,他们更期待的是在生病或者受伤时能够获得充足的赔偿的重疾保险,这样他们的一生才能够有所保障。但是,大多数保险公司都没有终身医疗保险的相关业务，并且有的保险公司规定一旦超过某个年龄则无法单独加入重疾保险。

（4）时间轴（Period）：如何计算投保时间？

人身保险最关键的部分就是投保期限这个时间轴。因为一旦过了某个时间点，投保需求就会消失，可以预想到保险以外的备用资金（如投资和退休金）。

如前文中提到的35岁男性，在小女儿高中毕业之前的这段时间里，万一自己发生意外，他希望家人能够拿到丰厚的赔偿。目前他的女儿是3岁，到高中毕业还有15年。到大学毕业，则是20年。如果投保期限是15年，那么在设计保险方案时就应该最大限度地保障投保人死亡时能够获取的赔偿。所以最适合他的方案是两全保险。根据其投保时间（15年或20年）的不同，需要支付的费用也有所不同。在考虑人身保险时，时间轴和支付的费用的关系是十分重要的部分。即便认真思考余下的3P，从时间轴来看也可能会出现该保险并不适合自己的情况。关于人身保险的投保期限，在最初发现问题时就应该设定一个理想的时间轴，而进入具体的解决问题的阶段，则需要结合支付的金额来调整时间轴。

并且，如前文中的40岁男性的情况，如果是为了自己而购买的保险，那么其投保期限应该是终身或者接近终身的期限。

前面简单地介绍了人身保险与4P之间的关系。如果4P中的一个要素发生了变化，则会对其他3个要素产生影响。同时，这也关乎到如何看待应有的状态，如何将应有的状态与现状之间的差距设定为问题（需求），以及如何解决问题。

> **案例** 在百货商店的卖场，应有的状态与现状是背离的

如果周日去市中心的百货商店，或许会让人怀疑日本经济是否真的不景气。随着房价下跌，出现了东京都中心的居住人口上升的现象。与此同时，销售额也呈恢复趋势，一些百货商店已经开始计划扩大卖场面积。但是，真实情况并非如此。首先，想要维持稳定的销售目标十分困难，而有些地方的卖场甚至门可罗雀。从百货商店的整体情况来看，其未来的发展趋势并不十分乐观。那么，除了通过企业重组，关闭一些非营利店铺，与其他店铺合作（如三越与大塚家具），以及吸引奢侈品牌加入之外，百货商店是否能够找出凭借自身实力解决问题的办法？很多百货商店正陷入销售额减少、利润下滑的困境。抛开因为泡沫经济的原因而被迫关门的崇光百货不谈，真正能够积极描绘发展宏图，并且充满生机的百货公司又有几家呢？

从现状来看，我认为百货公司并没有设想其特有的应有的状态。虽然看起来店铺吸引了大量消费者，但实际上只是在应付局面。总而言之，百货商店并不明确自身的发展方向。

那么，我们来看一下根据看待百货商店的4P的方式不同，应该如何设想应有的状态，以及如何发现问题。根据处理4P的方式不同，"问题"本身会发生变化，解决对策也会完全不同。所以有必要重新设想应有的状态，再度审视应有的状态与现实之间的

差距问题。无论解决多少当前的问题，也无法创造出百货商店的未来。

运用4P整理百货商店的应有的状态

先用4P分析一下百货商店的卖场吧。首先是目的轴（Purpose），百货商店是指"集中销售人类生活所必需的各类商品，并且由大额资本建立起来的小商店"。从这一点来看百货商店是"销售所有生活必需品的店铺"。

但是，仅从目的考虑的话，那么百货商店和具有相同目的、更大的价格优势的大型量贩店完全相同。因此，为了凸显差别化，百货商店会附加"良好的品质、高级感、身份地位"等要素。也就是说，现代的百货商店的目的并不是提供所有商品，而是"精选优良的产品，提供品质生活所必需的产品与服务的商店"。

仅从这一点来看，目前的百货商店可以说已经充分达到了这个目的。但是，这只是表象，顾客所追求的不仅仅是商品。顾客作为一个单独的"个体"，他们为特别的空间内享受的"服务"这件事情支付了额外的价格（成本）。虽然对于这一点并没有太多的异议，但绝大多数百货商店业绩考核的目标函数，仍然和量贩店一样，在于"坪效"（每平米面积产出的营业额）最大化。也就是说，即便百货商店高喊"顾客第一"这个口号，在为不同的顾客提供服务这一点上，顾客的满意程度往往成为坪效的牺牲品。

在立场轴（Position）方面，像刻意将"卖场"称为"买场"的伊势丹百货那样，这种做法不仅是站在顾客的立场出发，也是从追求更高层级的生活方式的人和场景出发。这样的立场轴也成了主流。

在时间轴（Period）方面，销售与顾客的关系并不是短期的，也就是说，应该关注如何维持不会随波逐流的、能够高度满足客户需求这个事项。而从"立场轴"的顾客的视点来看，如果百货商店无法提供除商品外的高品质服务的话，是不可能实现的。

另外，在空间轴（Perspective）方面，精选顾客群体，以不断扩大的富裕层为目标群体，力求成为一个能够"设计整体生活方式"的商店。当然，这个理念与当下的百货商店的格局是截然不同的。这并不是单纯地邀请高级品牌入驻并定期管理的不动产行业，而是在拥有特色理念的前提下，大规模地设计店铺。

今后百货商店的课题会因每个百货商店思考4P角度的不同而出现变化，其经营理念和思维方式也都略有不同。但是，至少我并不认为这些百货公司当前具备清晰的空间轴。例如，东京中心的百货商店经常遇到停车需要等几十分钟的情况，并且用信用卡支付时需要等5～10分钟以上。而百货商店中能让顾客休息的地方很少，如果拿着很多东西逛商场的话，购物的愉悦感也会被消磨殆尽。并且无论最后消费多少金额，停车场也会收取相应的停车费。这种情况下很难让顾客产生积极地想去这家百货商店购物，在这里购物很愉快、下次还想来的想法。如果说这是百货商店的现状的话，那么这与应有的状态的差距非常大。

但是，像前文中提到的那样，百货公司如果能够扩大范围，精选顾客群体，设想不同的应有的状态，在店铺设计上会更加侧重商品陈列，销售人员提供一对一的接待服务，或者在商场内部也开展外销的销售方法等，想法会不断扩大。相反，如果没有从根本上重新设想应有的状态，只是想解决现状的问题的话，那么能够存活下来的百货商店只会越来越少。

> **案例**　范式转移导致课题性质发生改变

因"Lions masion[①]"而闻名的开发商行业的龙头企业——大京集团，通过强大的销售能力而实现急速成长。大京集团也以为优秀的销售员工提供特别优厚的奖金，这样的绝对的成果主义而知名。但是，随着泡沫经济的崩塌，以及巨额的不良债务的影响，其销售业绩不断恶化。接到的顾客投诉也不断增多，解约率增高，即便大京集团的销售额和市场份额很高，却仍旧无法提高利益率（图2-22）。

我们试着用"发现问题的4P"分析1998年长谷川正治社长开展改革前后的公司状况（图2-23）。结果发现，1998年之前的"迄今为止"的时期，范围比较狭小，主要以短期内最大限度提升签约数量为目的，需要处理的课题也主要围绕如何提高销售员的业绩。因此，当时最早引进的张弛有度的业绩评价体系"成果主义"，在"迄今为止"的公司急速成长期，在完成目标方面发挥了重大的作用。

但是，就像长谷川社长说的："成果主义原本是让销售人员

---

① 日本大京房地产公司开发的楼盘名称。——编者注

图 2-22 大京（销售额 vs 经常利润率）（1996.3—2001.3）

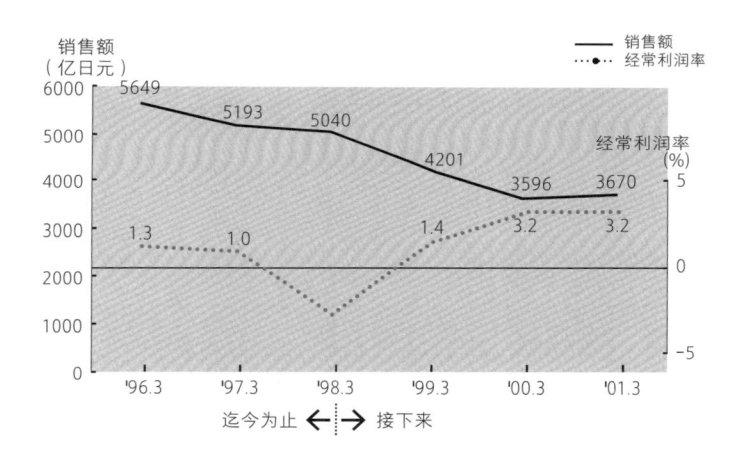

销售额（亿日元）：5649（'96.3）、5193（'97.3）、5040（'98.3）、4201（'99.3）、3596（'00.3）、3670（'01.3）

经常利润率（%）：1.3、1.0、—、1.4、3.2、3.2

迄今为止 ←｜→ 接下来

资料：大京股份有限公司HP、《企业四季报》（东洋经济社）。

图 2-23

	迄今为止（—1998）	接下来（1998—）
Purpose（目的轴）	签约数量的最大化	优先考虑顾客的满意度 作为住所的"品质、性能"
Position（立场轴）	<u>销售人员</u> > 公司 > 顾客	<u>顾客</u> > 公司 > 个人
Perspective（空间轴）	销售业绩	从顾客的用地采购到产品策划、建筑、销售的所有需求
Period（时间轴）	短期内在绘图或基础施工的（出售现房）	充分确认现房的品质、性能
	↓	↓
应该处理的课题	提升销售人员的业绩	提高顾客的满意程度

资料：《WEDGE》2001.9。

努力工作而导入的一枚催化剂。但是,它已经演变成提升企业收益的手段,也变成提高员工个人收入的手段。这样看来,目的已经变成了手段,我们应该回归原本的目的。"在和"迄今为止"的泡沫经济时期截然不同的新范式中,从"迄今为止"的应有的状态的角度来看待将来的问题这一方面,可以说是完全错误的。虽然实行成果主义能够让获得高额奖金的销售人员更加充满干劲,但是忽略顾客的需求导致投诉增多,产生了庞大的销售费用,公司的收益也受到了影响。

于是,1998年该公司提出"优先考虑顾客满意度"的目的轴。在立场轴的先后顺序方面也将顾客放在第一位。并且,还将考虑购房的顾客的所有需求作为空间轴,坚决杜绝短期的强行销售。同时,对于设定顾客的"时间轴",也从之前的设计图阶段就销售的期房销售方式转变为在顾客充分确认房屋的品质和性能后再开始洽谈的现房销售模式。

随着开展废除奖金制度、废除期房出售制度、废除个人主义等一系列的改革,大京集团也遭受了损失。改革初期公司内部一度出现混乱局面,优秀的销售人员大量流失……但是,在"接下来"的明确的应有的状态蓝图中,大京集团始终贯彻顾客第一的基本理念,大京集团的公寓住宅解约率从最糟糕时期的两成以上减少到一成以下,不断下滑的销售额也有所缓解,公司的利润率也大幅上升。虽然大京集团设想出应有的状态,但想要彻底实施还需要时间和耐性。准确找出新的课题并付诸行动,企业就能实现完美的转变。大京集团就是最好的案例。

特别是在这个案例中,我们能够理解明确掌握目的轴和立场轴,空间轴和时间轴也会受到很大的影响而出现变化。像这样,只要4P当中的一个或两个的轴发生变化,那么也会给其他的P带来影响,全体也会出现变化。(参考:WEDGE 2001.8.25)

企业的应有的状态,包含在有愿景的经营理念中

经营理念是指"为了让企业创造出特有的新价值,指引公司未来发展方向,并指导如何前进的思想和行动的指南"。经营理念必须是提高整个企业和个人的士气,以及员工一切行为的依据。不能因短期的商业环境的变化而改变,应该是能够成为企业经营战略的根基的企业运营和道德的规范。也就是企业特有的价值观。

有些企业将作为未来的目标的提升营业额和利润额、利润率设定为经营理念。但是,营业额和利润只是确保公司未来发展的投资资金。企业存在的目的并不是单纯地创造利润。利润只是为了让企业能够进行持续的经营活动的资金,让企业继续存在的能源。无论提供多少营业额和利润的数据,都无法成为创造新价值的价值标准。

如果进一步具体阐述经营理念,则可以将其分为基本理念、愿景和行动规范(图2-24)。不同的企业会使用不同的名称,如使命、目的、任务、价值观、行为准则、行动指南、方针、社训、经营方针、基本指南,等等。其本质内容还是前文提到的3点内容(基本理念/愿景/行动规范)。

问题是应有的状态与现状之间的差距。想要缩小这个差距,

图2-24　经营理念的3要素

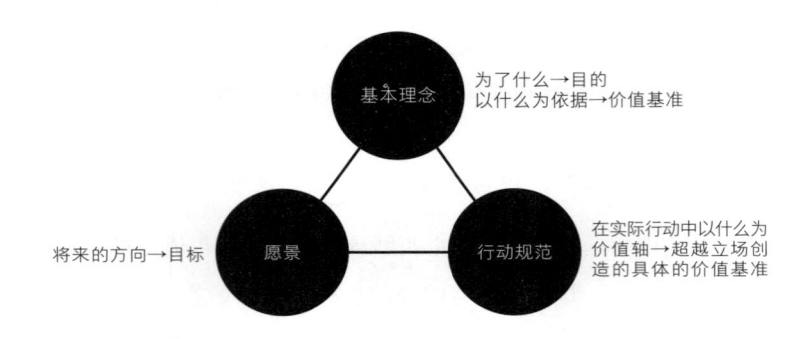

为了什么→目的
以什么为依据→价值基准

基本理念

愿景　　行动规范

将来的方向→目标

在实际行动中以什么为价值轴→超越立场创造的具体的价值基准

基本理念
（目的轴）

基本理念是指企业存在的目的，以及为了达成该目的的信念的最根本的价值标准。
经营手法是研究方法，风土、文化是活动的结果，追求利益是企业成长的资金，但这些无法成为基本理念。

"我们始终将产品质量放在第一位。无论遇到多大的困难，都将为国内外用户源源不断地提供大量优质产品，并为文化的进步与提高做出贡献。"
企业目的　罗姆半导体有限公司

愿　景
（空间轴）
（时间轴）
（立场轴）

反映时代的变迁，表示作为战略制定的目标的事业领域，以及发展方向的企业特有的应该达到的理想的形象。
对于支撑企业经营的利益相关方（与企业有直接或间接关系的人）顾客、股东、员工、客户、当地居民的愿景的沟通关乎到提升CE（顾客满意度）。
・空间轴：事业领域
・时间轴：应该达到的时期
・立场轴：企业的利益相关方的优先顺序

"成为以互联网服务为核心的价值、连锁、企业"
面向21世纪的愿景　索尼股份有限公司

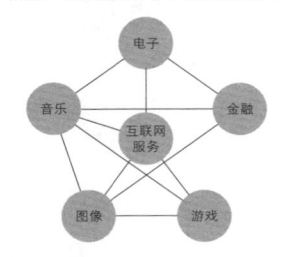

电子　音乐　金融　互联网服务　图像　游戏

行动规范
（目的轴）

基于基本理念，在实现愿景时，成为作为实际行动的依据的判断基准。
超越立场，在实现愿景时，以及进行会出现风险的战略判断时，行为规范会成为行动和评价现场的判断基准。

"创造世界上没有的东西，是我们的开发理念。"
超越组织的等级制度的开发行动规范
基恩士股份有限公司

必须正确认识战略性发现问题的思考方法，为此将"发现问题的4P"作为检测表来使用，设想应有的状态，进而明确问题。这样才能够战略性地重新看待问题。如果你运用了"发现问题的4P"却仍然无法找到问题的所在，那么更加详细地进行第三部分提到的分析则会变得十分重要。

第三部分

发现问题分析篇

在本书的第二部分中，曾提到为了发现问题，必须具备设想能够找出差距的大前提的应有的状态的能力。

　　在第三部分中，主要分解和分析作为应有的状态与现状之间的差距的"问题"，并且学习能够找出"问题"本质的各种分析方法。从"扩展""深度""重要性"这三个视角（图3-1）出发，系统性地整理客观分析问题的结构，让问题变得更加具体的各种分析方法。

　　在通过"发现问题的4P"思考"问题"的阶段，因为使用Perspective（空间轴）和Purpose（目的轴）观察问题，所以在某种程度上确保了"扩展"和"深度"的范围。而思考Position（立场轴）和Period（时间轴）本身与这个轴中对应的问题的"重要性"相关联。只要运用这种方法，一名优秀的问题解决者一定可以迅速进入下一个环节。

　　但是在本书中，将应有的状态与现状之间的差距看作"问题"的阶段，从"扩展""深度""重要性"这几个视点，有结构性地把握问题，能够更加明确且具体地设定"应该解决的问题"。

图 3-1　为了分析问题的本质的 3 个视角

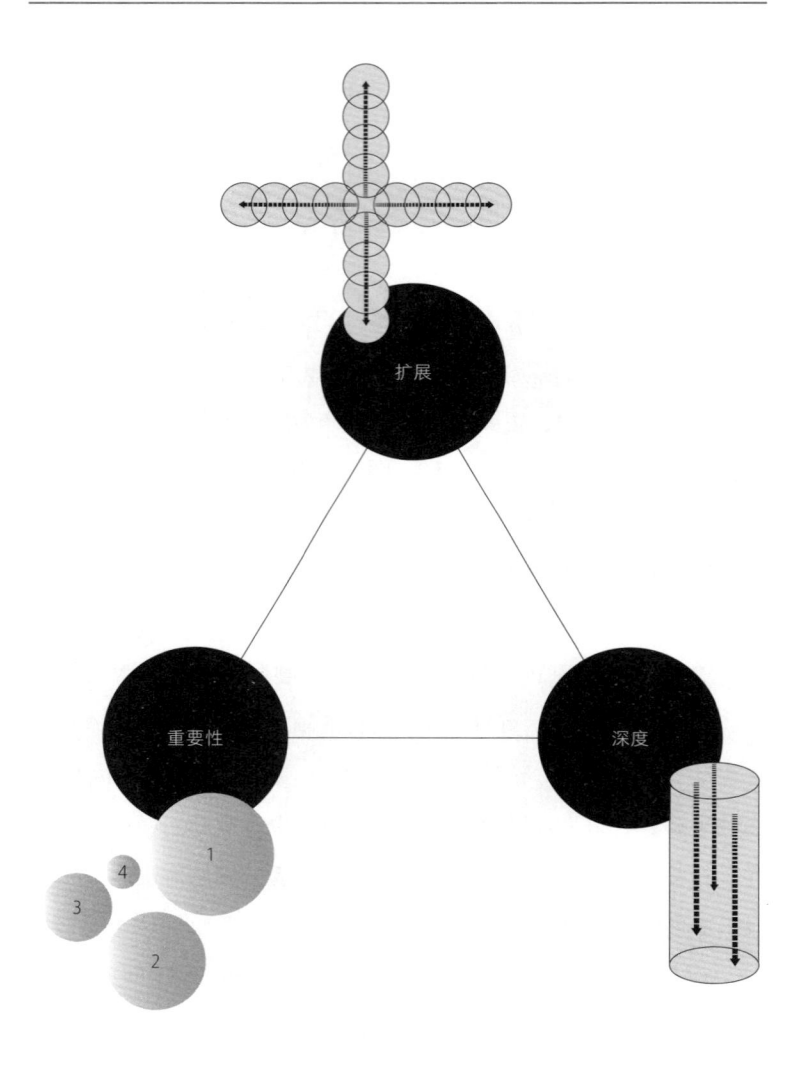

完成这样的步骤本身就是让各部门之间在更加具体的层级上共享"问题"。并且，只要明确"问题"的结构，那么在进入"解决方案"这一阶段后，在必要时随时都可以回顾之前的思路，验证这种把握结构的方法的有效性。

从"扩展"中找出产生差距的主要原因

这里的"扩展"是指处理商务场合的问题的范畴。也可以说是与企业运营有关的范围。

例如，我在后文中会详细说明的啤酒行业的"啤酒市场"，是否应该将发泡酒列入在内，还是应该分开看待。此外，像最近增加了很多种类的"罐装利久酒"，这种酒究竟是应该列入低酒精饮料的范围，还是应该从广义上列入"啤酒行业"的范围？

近年来，由于划分各个领域的界限越来越模糊，导致界定范围变得愈发困难。也可以说是由于限制放宽、顾客需求的变化和细化，以及IT行业飞速发展带来的信息全球化等因素，因此看待商务上的界限的方法也变得不固定了。

从另一个角度来看，经济结构以及消费结构以"个体"为单位被分解得很零散，而至于如何将其重新组合，则需要在切入点和整合方式方面具备灵活的设想能力。这并不意味着是运用相同的切入点扩大原有的商业范围，因为分解的部分再次重新组合，可能会变成完全不同的形式。这和分解用乐高积木拼成的狗后，再补上一些积木组装成小汽车是一样的道理。

在这种情况下，过去的整合方式和切入点已经没有任何意义了。尽管如此，因为商务活动还要继续开展，所以在所有的商务场合中都可能会出现过去的切入点和新的切入点不吻合的情况。

例如，冠上"综合"之名的百货商店和量贩店，其名称和实际的营业情况完全不符。关于职业的命名也是如此。无法用传统的职业分类描述的工作也越来越多。例如网页设计师，虽然过去的"平面设计师"也会设计网页，但主要是掌握了一定电脑技术的人，以及游戏制作者在进行网页设计的工作。即便平面设计师和网页设计师同为"设计师"，但其业务领域完全不同。

正因如此，用怎样的视野对待"扩展"这个问题，在接下来的发现问题中也会变得愈加重要。因此，像百货商店应该提供所有种类的商品这样，对于变化的本质漠不关心的思维方式终将被淘汰。

把握"深度"，掌握问题的构造，细化问题

另一方面，思考"深度"是指为了抓住问题的本质，将问题结构化，接近问题具体的本质。换句话说，观察商业的脉络本身就是在思考"深度"。

在商务场合，数字通常被当作结果（利益、营业额等），并用来当作评价业绩和工作表现的参照。但是，只凭借有时间间隔（时间差）的数字发现问题，那么只能看到问题的表面，并不能发现本质。也就是说，为什么会产生作为结果的数字？数字在怎样的机制下产生的？如果无法尽可能地运用科学技巧阐明这些事项，就无法找出真正的问题。也就是说，如果只是不断高喊："营业额下降了，要努力提高营业额"这样的口号，只不过是精神论和毅力论。

即便是那些很成功的企业，或者说只有员工认为公司很成功的企业，以本公司面临的问题为课题，提出了"为什么会发生这样的问题，要彻底调查清楚"的口号，却无法进行更深层次的讨论，这样的案例也屡见不鲜。总而言之，就是没有为接近问题的本质而深入探讨。这是因为随着信息量的增加，以及调查体系和信息系统的完善，人们反而越来越不善于用大脑思考问题了。我将其称为"思考与信息的悖论"，信息量不断增加，会过度依赖获得的信息，如果没有理解，则会寻求更多的信息，这样一来就无法自律地使用自己的大脑思考问题。

判断问题的重要性，对需要解决的问题排列先后顺序

所谓"重要性"，简单来说就是对问题和解决方案做出评价，然后判断应该重点关注哪个，也就是选择与集中。20世纪90年代后期，在众多企业开始裁员的潮流中，曾高声呼喊选择与集中。如果现在经营计划书中出现"选择与集中"而没有伴随实际方案的话，则意味着这家企业严重缺乏评定"重要性"的评价的轴，以及判断风险的决策能力，这家企业也注定是一家无法选择和集中的企业。

判断"重要性"，也就是给要解决的课题排列先后排序。那么为什么在发现问题的过程中这一步必不可少呢？如果仔细思考的话，就会明白发现问题和解决方案是有着直接联系的。想要执行解决方案，除了当事人的时间和劳动力之外，还关系到各类经营资源和组织内外的相关人士。并且，无论是在企业层面还是部门层面、个人层面，这种经营资源都是有限的。因此，想要在有限的时间范围内，最有效地运用有限的经营资源并获得最大效果，比起利益均沾式地同步执行各个方案，排列先后顺序这种方式更为有效。那么，实际情况是怎样的呢？其结果是从企业层面到个人层面，都出现了各种问题。最终导致无法彻底解决任何问题，甚至没有处理最重要的课题就结束了。

那么，为什么无法集中解决最重要的问题呢？这是因为他们不善于判断哪些问题不重要，无法进行取舍。当然，这与问题的"深度"有关，但是更多的情况是因为他们缺少判断和评价哪些该舍弃的问题的轴，或者说这个轴摇摆不定。并且，无法背负因为取舍而造成的机会损失的责任。从本质上来说，这一点与作为对待商务活动的态度，也就是自我责任感的问题有很大关系。

说一件关于某一个TQC（Total Quality Control）活动的案例。某公司曾获得过戴明奖[①]和日科技连奖[②]，但是这些年却迟迟没有开展业务的改善工作。为此，TQC本部曾试图导入工作定额制度和奖励制度，但也于事无补。从生产现场的情况来看，在运作方面似乎已经无法再进行任何改善了，甚至无法简单地提出改善方

[①] 是日本科学技术连盟于1951年起开设的每年奖项，以美国品质管理专家爱德华兹·戴明命名，奖项分为"个人奖"及"应用奖"，每年授予在品质方面做出重大改进的个人或公司。——编者注

[②] 日本科学技术联盟所设奖项。日本科学技术联盟主要负责有关科学技术的研究、调查，以及开发等事项。——编者注

案。尽管如此，提供改善方案数量的任务却依旧没有改变。其实，最重要的应该是改善方案的品质……

即便是在这样的现场，也会发生因为无法判断"重要性"而导致无法关注问题本质的现象。

我在本书的第一部分曾提到，在发现问题的过程中会自动看到解决问题的方向。如果能够意识到"扩展""深度""重要性"这三点的话，那么就能够牢牢抓住问题的本质，从而找到解决方案的方向。

本书的第三部分是发现问题的分析篇，主要介绍如何从应有的状态与现状之间的差距中分解问题的本质的结构，以及分析问题、将问题具体化的各种分析技巧。首先，我会在第三章中说明分析的基础，即"假说思考和分析能力"二者之间的关系。在第四章之后，我会按照：

a. 可以知道些什么

b. 分析的类型

c. 分析的应用

d. 练习问题

这样的结构，介绍分析"扩展""深度""重要性"的典型方法，并为了帮助大家在日常工作的所有局面中能够灵活运用这些方法，我会添加一些实例和练习。

第三章

假说思考和分析能力相辅相成

从现状分析阶段提出假说，
验证假说的"假说-验证的循环"模式，
是所有分析方法的基础。

"零基思考"和"假说思考"是解决问题时最重要、最基本的两个思考方法。"假说思考"是指"在当前的时间点持有结论并采取行动",而与"假说思考"完全相反的思维方式是"说明情况"。这种思考方式并没有自己的结论,从头到尾只是说明状况和事实而已。"假说思考"并不是单纯地把握现状,而是通过把握状况结构引导出意义和方向,并能够将展示下一步行动方向的结论连接起来的一种思考方式。

　　为了解决问题,需要反复询问"假说思考"的基础,即"SO WHAT?"(所以呢?)"WHY?"(为什么?),以此来明确问题的结构,建立解决问题的流程。并且,"假说思考"也是验证并分析已发现"问题"的本质时最有效的思考方式。

　　例如,有个人的运动神经十分发达,但是有一点微胖。他设想的应有的状态就是拥有像运动员一样肌肉发达的体态,其现状是身高174厘米、体重73千克的肥胖身材。在这种情况下,他本人也只是茫然地思考"问题"是什么。但是,无论他怎样呼喊"有问题""有问题",也无法明确"问题"的本质。这时就有必要使用"假说思考"。首先，处理问题的第一步就是清楚认识"身高174厘米、体重73千克的肥胖身材，并没有像运动员一样的肌肉发达的体态"这一现状。其次，就是要确定自己设想的应有的状态是什么，然后思考具体哪些方面有怎样的"问题"。

所谓像运动员一样的应有的状态究竟是指怎样的运动员？是像铃木一朗那样的消瘦型的肌肉体格，还是像职业摔跤选手一样的体格呢？或许称不上是肌肉发达，但是相扑选手也是运动员。如果想成为相扑选手，并以成为横纲[①]作为目标的话，那么在正确认识现状的基础上，不断用"SO WHAT？"（所以呢？）追问身高和体重的问题，答案就变成了"应该更胖一点，现在还很瘦"。

接下来就是以事实为基础，验证这个问题是否是真正的问题。为此，通过不断询问"WHY？"（为什么？），并且证明这个问题确实是问题。然后掌握相扑的新弟子体检的标准身材是身高173厘米，体重75千克以上这一事实，提升问题的准确度。像这样，在"假说—验证循环"的过程中，通过不断提问"SO WHAT？"（所以呢？）思考其含义并提取问题，然后通过询问"WHY？"（为什么？）来验证是否是真正的"问题"，不断重复这个过程才能明确产生作为应有的状态与现状之间的差距的问题本质是什么。

将分析制作成图表的技巧

[①] 相扑最高级别。——编者注

接下来会稍微提及分析的基本原则。在分析时，要尽可能地养成制作视觉性图表的习惯。图3-2是基于同一份数据制作而成的表格和图表。除了只看到数字就能在大脑中自动生成图表的人，以及日常能够接触到该数据的相关人员外，对于普通人来说，图表会更有助于理解。而且，视觉性的图表能够直接看到差异，也更容易获取其中的意义。

通过这个表格和图表，我们可以得出的结论是X事业的销售额为600亿左右，并且趋于平稳。利润值也在30亿元左右。而Y业务的销售额则有急速上升的趋势，利润也在大幅提升。这些内容是从表格图表都能够获取的有关事实的说明。但是，图表能够让人更加容易地看出X事业和Y事业之间的不同。为了更加清楚地把握现状，使用这样制作图表的方式，能够更便捷地提取每个结果所反映的信息。

假设这家企业的应有的状态之一是提高销售额和改善利润率。那么，可以提取的第一个信息就是"X事业的销售额虽然很高，但是营业额和收益都趋于稳定，今后应该将其当作基础业务，提高效率。另一方面，Y事业的销售额和收益后期可能会有大幅提升，可以将其当作今后的业务支柱。"当然，虽然这只是一个假说，但通过图表可以更加明确地理解从事实中获取的信息。

分析时，制作图表应该注意以下三个关键点。

1. 在二次元层面上看待问题……认真思考X轴和Y轴所代表的含义

图3-2 表格和图表的对比

表格

(单位：亿日元)

	年度	1996	1997	1998	1999	2000
X事业	销售	660	650	680	670	658
	利润	26	28	32	22	29
Y事业	销售	80	100	320	420	480
	利润	8	12	30	48	64

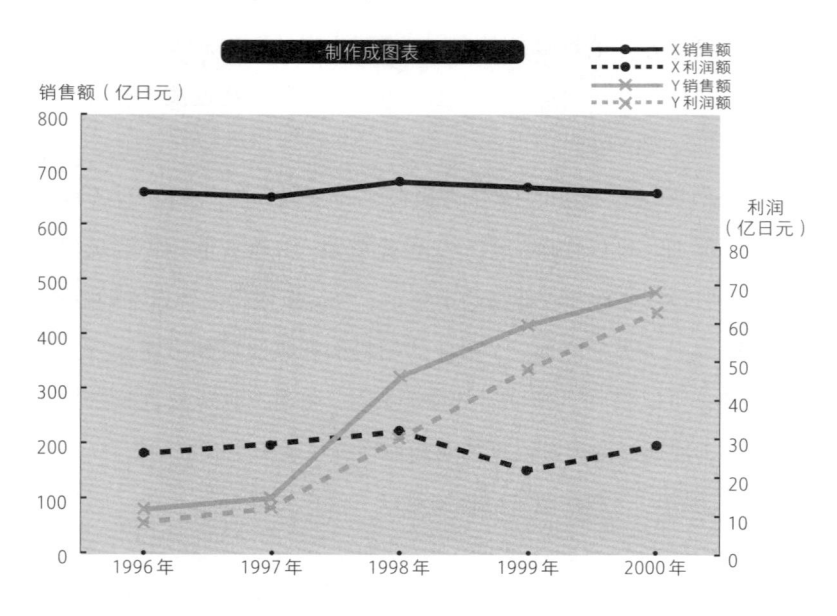

↕

制作成图表

― X销售额
---- X利润额
― Y销售额
---- Y利润额

销售额（亿日元）

利润（亿日元）

2. 务必提取在分析过程中导出的信息……深入思考"SO WHAT？"（所以呢？）
3. 灵活运用定量分析和定性分析……解析问题的结构和框架

1 在二次元层面上看待问题
认真思考X轴和Y轴所代表的含义

先介绍一下运用二次元思考问题的时候，应该如何使用X轴和Y轴。图3-3是最常见的饼图（圆形分格统计图表），事实上这种圆形分格统计图表只有一根轴。也就是说，饼图和柱形图提供的信息量是一样的。因此，如果使用饼图观察时间顺序的变化，会比较难以理解。有的人会在同一个图表中，使用4个，甚至5个表示时间序列的圆饼图。因为一个饼图只有一根轴，所以不如使用像图中右下角的柱形图，Y轴表示市场份额，X轴表示时间变化，这样能更加清晰地提取图表中的信息。

此外，还有一种常见的模式。如图3-4中的左图那样，有时会单纯地比较各个企业的销售利润率，这种情况下也只有销售利润率这一根轴。但是，如果再添加一根轴，按照销售额的高低顺序排列的话，一根轴表示销售额的高低顺序，另一根轴可以用来表示销售利润率，这样一来，就能够分析判断销售额和销售利润率之间有怎样的关系。遇到这种情况可以像右图一样表示销售额与销售利润率之间的相关关系。

这就要思考X轴和Y轴分别代表的是什么。然而很多人只是使用电脑自带的软件制作出一些很漂亮的图表就感到满足。这样其实是不对的。因为这样无法完成出色的数据分析，只不过是将

图3-3 思考X轴和Y轴代表的意义①

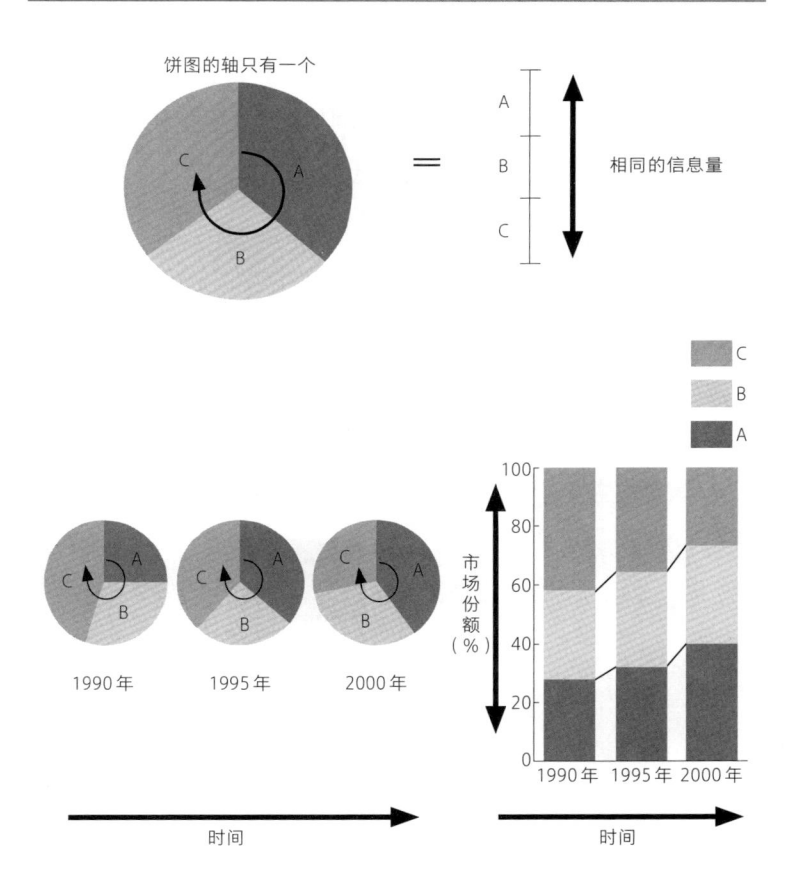

数据制作成多维图表的形式，或者只是添加一些色彩，反而会更难提取信息。有时甚至会阻碍以事实为基础的客观分析，这一点需要尤为注意。毕竟，无论使用富士山还是樱花的图片作为背景，将图表装饰得多么好看，一个难以提取信息的图表是无法获得认可的。

图3-4 思考X轴和Y轴的意义②

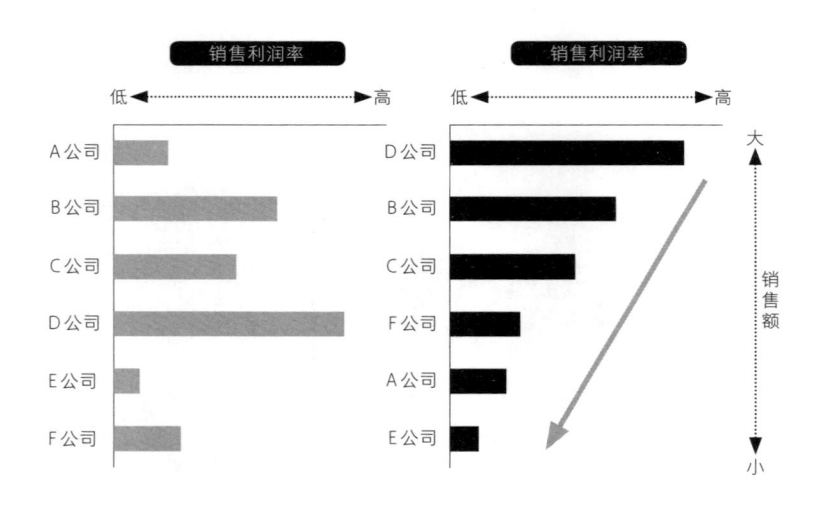

2 从分析中获取的信息
深入思考SO WHAT?（所以呢？）

接下来一个步骤，就是以对图表的分析为基础提取信息，也就是SO WHAT?（所以呢？）提出假说和合理分析，这二者是相辅相成的。如图3-5所示，用"SO WHAT?"得出应该分析什么内容，以及获得什么信息。如果明确从获取的信息中可以得出怎样的结论，或者可以验证怎样的假说，那么接下来则可以重新审视这样的分析是否能够证明假说。如果，在证明这一假说的过程

图3-5 图表的基本结构

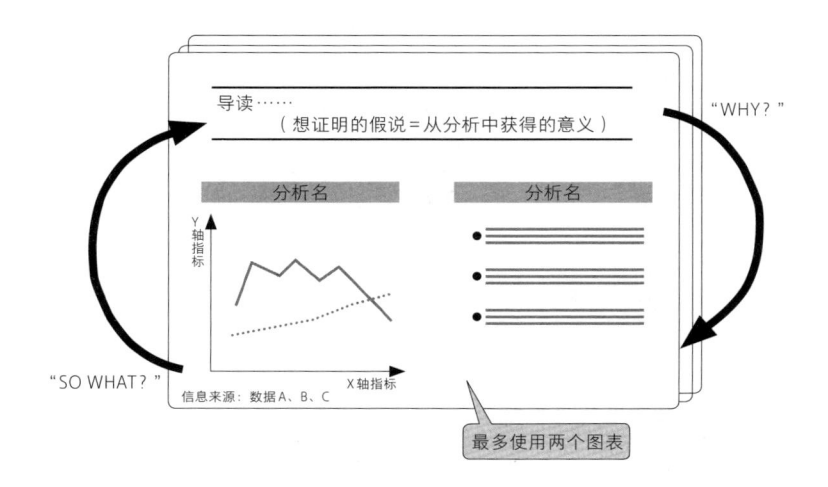

中漏掉了重要的分析内容，那么只要收集信息，展开调查，然后分析证明即可。

以图 3-6 为例。通过分析可以得出存在"天空有乌云"这一状况。由于从分析结果提取的信息可能会因前文中提到的发现问题的 4P 而发生变化，假设可以提取"以防下雨，带上雨伞"这一假说。这个假说是从"天空有乌云"的分析中导出的"可能会下雨"的信息。如果没有最初的"天空有乌云"这个分析的支撑，则需要追加验证分析。而"今天的降雨率为 90%"这一分析，更加能够支撑和证明"以防下雨，带上雨伞"这一假说的合理性。

也就是说，想要提高分析的准确性，那么应该从状况分析中

图 3-6 假说—验证循环

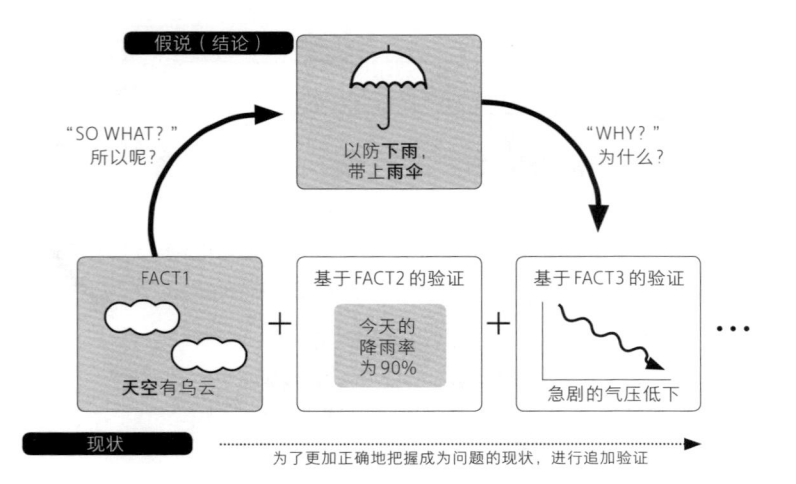

导出假说，并且思考为了更有效率地验证假说，应该进行怎样的分析。在不断重复的"假说—验证循环"过程中，进行一些包括整理图表在内的重组工作是非常重要的。简明地传达主要内容的企划方案，必须由假说，即获取的信息，以及支撑该信息的分析图表，逻辑清晰和简洁的表述来组成。这样的企划方案即便内容不多，也能够正确地传达信息。

3 灵活运用定量分析和定性分析
解析问题的结构和框架

在分析的问题上,定量分析未必一直都是最佳选择。即便参数较少,单独的深度采访和小组采访也能够深入地挖掘问题,在建立假说方面也更加有效。

但是,能够定量化的内容应该尽量定量化,有时这样更能凸显问题与实际情况之间的差距。如图3-7,将销售人员日常的时间管理情况。定量化之后,我们能够意外地发现销售人员的外出时间所占的比例很大,而实际的销售的时间和商谈的时间反而比较少。因此,客观地定量化后,尽可能地进行能够反映实际情况

图3-7 销售人员的一天

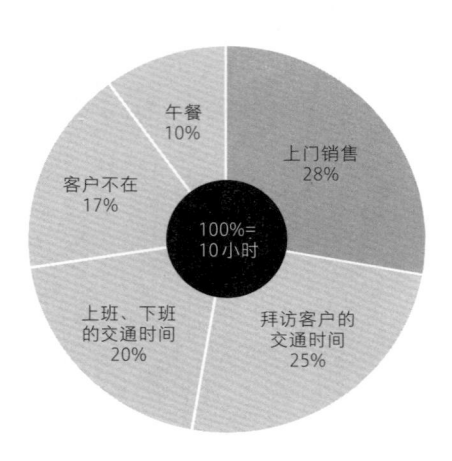

- 午餐 10%
- 客户不在 17%
- 上门销售 28%
- 100%=10小时
- 上班、下班的交通时间 20%
- 拜访客户的交通时间 25%

的分析。

一旦开始定量化分析，那么势必会出现无法及时获取数据的情况。数字所代表的只是一个结果，未必能够从中获取问题的本质。因此，想要透彻地观察问题、建立针对问题的假说，就必须展开定性分析和调查。

在思考问题的结构和框架时，进行个人采访和小组采访是非常重要的。虽然有人经常会说："展开调查是为了验证假说"，但是为了提出假说而进行预备性的采访也十分重要。这时不要委托给调查公司，而是要亲力亲为，直接采访。这样才能够在了解并实际感受该行业的基础上，建立起关于结构和问题的假说。在观察定量数据背后的构造和结构时，定性分析这种方法是必不可少的。

所谓锁定"扩展"，是指在处理商务上的课题时，首先应该确定设定怎样大小的框架和切入点，如何看待问题。是用放大镜进入非常狭窄的小范围，细致入微地分析细节部分？还是用望远镜在广范围内大概观察？又或者是折中选择双筒望远镜观察？选择在怎样的范围内看待问题，并如何展开分析，首先要做的就是锁定"扩展"。

究竟在哪方面可能会出现问题，应该先做出大概的推测。如果一开始没有锁定"扩展"，就开始微观且片面地看待问题，在把握问题时很容易会出现遗漏，即便接下来的分析多么细致也会导致结果出现偏差。也就是说，解决问题会以浪费资源的形式告终。

第四章

从"扩展"中找出产生差距的主要原因

运用发现问题的4P,找出应有的状态与现状之间的差距,
并正确把握差距的扩展,
这样才能够找出产生差距的主要原因。

1　MECE
锁定问题的"扩展"的基本要素

可以知道些什么？

MECE（图4-1）是指"相互不重复，整体无遗漏"的集合概念。这是一道小学的算术题。"教室里一共有40人。喜欢数学的人有25人，喜欢语文的有15人，都喜欢的有10人。那么两门课都不喜欢的人有几个呢？"答案是10人。也就是说，喜欢数学和语文的人数＝有10人是重复的。只喜欢语文或只喜欢数学的人数

图4-1　MECE*的概念

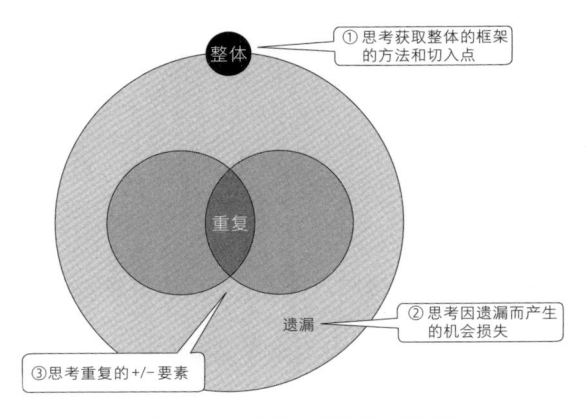

- ① 思考获取整体的框架的方法和切入点
- ② 思考因遗漏而产生的机会损失
- ③ 思考重复的+/−要素

（整体／重复／遗漏）

*Mutually Exclusive Collectively Exhaustive，麦肯锡公司将其称为"MECE"。

是 25＋15－10＝30 人。那么剩下的就是两门课都不喜欢的人数，所以是 40－30＝10 人。这就是 MECE 的思维模式，也是所有人都会在小学中学到的集合的基础（图 4-2）。

这个"遗漏与重复"的集合概念，在商务场合是非常重要的。如果出现重大的遗漏，很容易导致无法挽回的损失。比如，在建立香烟销售网络时，不小心忘记覆盖高速公路上的服务区和停车场的便利店，以及自动贩卖机，那么这样势必会导致巨大的机会损失。

另一方面，如果所有方案都高度重合的话，资源分配就会出现重复的情况，导致效率低下。例如，同一个公司的两名销售人员同时对接同一个客户、多次发送相同的活动信息给同一个顾客、同一家公司的多名电话销售人员分别给同一顾客打电话，等等。虽然可能是有意重复销售，以此来增加成功概率、提高销售机会的营销战略，但是这种方式也往往容易招致顾客的反感，反而失去商机。或许你会认为应该不会发生这样的事情，但是事实上只要稍微留意就会发现，这是十分常见的现象。

分析的类型

类型 1　选取整体框架的方式，决定了问题的扩展

在处理问题时，应该以什么来作为整体的框架，根据确定扩展的方式的不同，处理的课题也会发生变化。以企业为例，则是

图 4-2

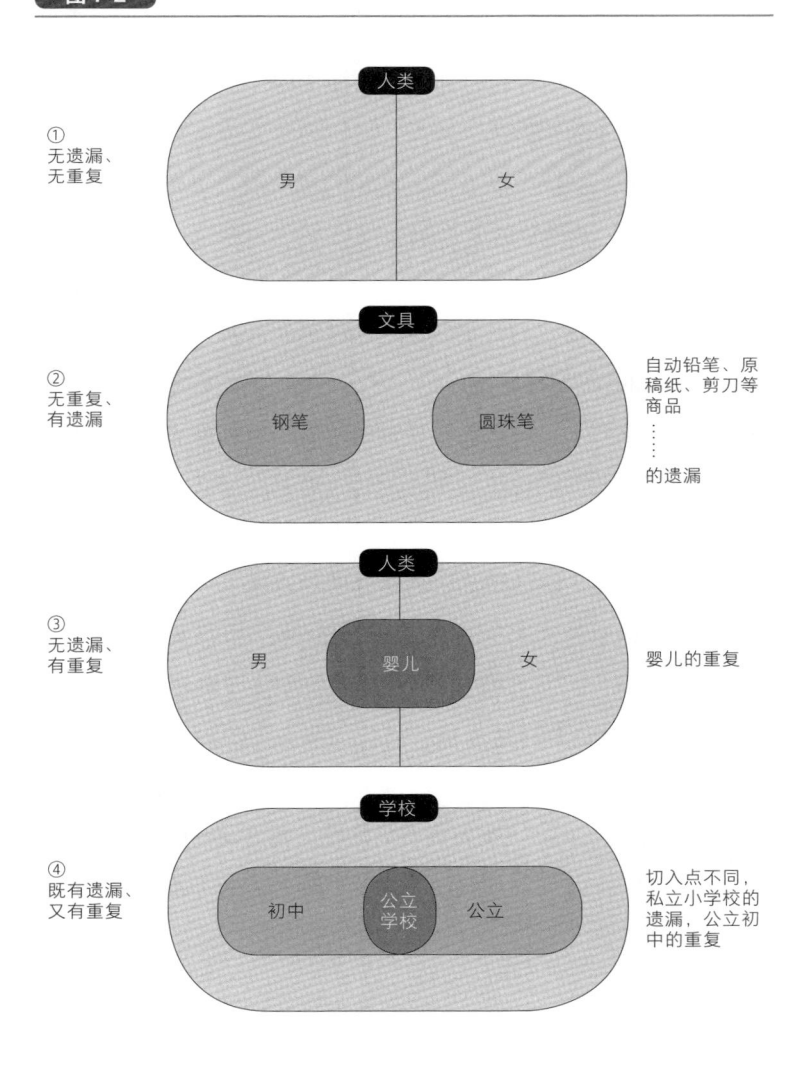

① 无遗漏、无重复

人类：男 / 女

② 无重复、有遗漏

文具：钢笔、圆珠笔

自动铅笔、原稿纸、剪刀等商品……的遗漏

③ 无遗漏、有重复

人类：男、婴儿、女

婴儿的重复

④ 既有遗漏、又有重复

学校：初中、公立学校、公立

切入点不同，私立小学校的遗漏，公立初中的重复

如何选取业务板块的框架、商务活动的范围，以及目标顾客的扩展，等等。

以最常见的啤酒行业为例。目前，用大的框架来分类的话，啤酒和发泡酒都可以列入"啤酒"的行列，二者在日本国内的市场都已成熟并且发展也很平稳。在2000年之前，朝日啤酒曾认为"真正的啤酒"并不包含发泡酒，而麒麟啤酒则把"啤酒＋发泡酒"都列入了啤酒的范畴，还有一些企业不断扩大酒的种类，甚至将低酒精饮料的"利久酒"也列入啤酒的范畴。这些企业为了发展所设定的经营课题也完全不一样。例如，在2001年春天的发泡酒（本生系列）上市之前，朝日啤酒集团最重要的课题就是确保"舒乐波"系列的稳步发展。但是，随着发泡酒的问世，啤酒行业的结构也发生了巨大变化。在此之前的啤酒行业存在不同价位的商品，如比一般的啤酒价格略高的"惠比寿啤酒"这样的高端啤酒，价格廉价的进口啤酒，以及超市的自有品牌，等等。而自从定价在145日元左右的发泡酒问世，创造了啤酒行业的价格新低。于是，145日元这一低价格区间成为新的切入点，开展了新一轮的竞争。最后，TaKaRa（宝酒造）的加气鸡尾酒、三得利的"The Cocktail Bar"、麒麟啤酒的冰结、朝日啤酒的"gorichu"、美露香的"Fruits On The Bar"等低酒精饮料先后上市。由于目标顾客群出现重复，所以针对啤酒和啤酒以外的产品的划分变得越来越困难。

也就是说，除了发泡酒之外，罐装利久酒和碳酸系低酒精饮料在内的低价位商品，从广义上是否需要将它们列入啤酒的目标范围成了一个必须探讨的话题。当前,像利久酒这样的酒精饮料的市场规模还比较小,但是考虑到其快速发展的趋势,未来势必会在市场上占有一席之地。因此,不能只考虑在没有发展空间的啤酒,或啤酒+发泡酒这种狭小的领域内的竞争,而应该考虑低酒精饮料的整体发展战略,否则就无法满足以年轻人为主的、拥有新喜好的顾客群的需求,而那些以啤酒为主要业务对象的公司注定会面临淘汰。

像这样,由于划分领域的方式,以及选择切入点的方式的不同,问题也会随之发生变化。

某医疗机械生产商的事业领域的竞争非常激烈,并且一直将目标客户限定在人体的范围内。但是,某一天该企业的领导者思考了一下,突然意识到只要在技术上稍作改良,就可以开发出能够用在狗和猫等动物身上的产品。日本东京都内有大量的宠物医院,宠物用品市场也逐渐在扩大。之前过度执着于人体这一框架,所以错失了这个领域外的潜在客户。这是在选取整体的框架时过于集中在已有的范围内而产生的遗漏。

类型2 遗漏:难以发觉才会出现遗漏,重大遗漏会造成机会损失

当你对商务人士说,请你列举一个周围出现遗漏的案例,大多数人可能都无法立刻想到。有时是真正没有遗漏,但更多的时候,是因为没有意识到出现遗漏。有时看到竞争成功后才开始意识到遗漏这个问题。这是由于平时没有以"是否存在遗漏"这种心态去看待问题。无论是对自己还是对讨论的对手,咨询顾问通

常会反复确认"是否有遗漏、是否有遗漏"这类问题。养成这种习惯至关重要,其实这也主要是意识方面的问题。

列举一个关于遗漏的简单案例。大家在出国旅行时,出发之前一定会确认是否带了"护照、机票、现金",其实这就是一个检查是否存在遗漏的过程。但如果只是这样的话恐怕还会存在遗漏,有的国家除了需要护照外,还会需要签证。通常很多人认为旅行社能够处理好所有事项,就直接奔赴机场,结果却因没有签证而无法登机。这就是因为将检查是否有遗漏的框架只限定在"护照、机票、现金"这三个内容上,忘记了签证而引发的遗漏。换句话说,在确认是否有遗漏时,检查各个确认项本身是否有遗漏也很重要。没有框架,只是单纯地思考"是否有遗漏",是很难发现遗漏的。

将遗漏控制在最小的程度内的方法之一就是询问他人,而不是只依靠自己冥思苦想。因为别人很可能会留意到自己疏忽的部分。

在商务场合中最常见的就是销售人员遗漏客户的情况。我经常听到这样的事:在某个项目合作中,执行者将与客户公司联系频繁的A(其实只是一个窗口柜员)当作了这个合作公司的项目负责人,而实际负责这个项目的人却是其他部门的B,结果因为出现了这样的遗漏最终败给了竞争对手。或者是在产品的开发阶段,认为已经完全掌握顾客的需求充满自信地开发出了商品,而缺少了需要从顾客的需求中获得的另一个重要功能,结果导致该产品还处于生产阶段就严重滞销。

反过来说，正是因为遗漏了顾客的需求，才会出现各类新产品和新服务。例如，目前已经发展成为一个巨大市场的快递行业就存在各种遗漏。或许快递公司认为"在指定时间配送"本身是一个非常符合顾客需求的服务，但是对于那些工作日回家时间不固定、周末又很重视自己的活动时间的单身人士、夫妻双方都工作的家庭，以及离开家庭，身赴异地工作的人来说，显然这种服务并不符合他们的需求。此外，随着网络购物的日渐普及，快递行业在服务上对于这类目标顾客的遗漏问题也愈发明显。于是，快递公司就推出了一种新型服务，即在附近的便利店、车站提供一些可以存放包裹的服务和智能快递柜。

还有一些单身女性，尤其那些在心理上和防范意识上都拒绝在夜晚签收快递的人群来说，"在指定时间配送的服务"并不适合。想要灵活应对目标客户的生活方式的变化，应该时刻关注自家的商品或者服务是否存在遗漏，以及看待顾客的切入点和扩展是否存在遗漏等意识非常重要。

类型3　重复：＋／－两面以镜像的形式存在

以相扑为例，如果场地有重合，那么就会出现重复。如果每个相扑场地上各有一名相扑力士，也不会出现重复。但是如果一个相扑场地出现两名以上的相扑力士，就会出现重复，那么势必会引发竞争（较量）。在这种情况下，重复就会存在各类的正面和负面的影响。

首先，负面影响就是因为相扑场地上有两名相扑力士，导致无法有效利用资源。例如，A事业部和B事业部进行相同的产品的开发。这样会消耗双份的资源，并且十分没有效率。并且，从客户的角度来看，同时收到来自A事业部和B事业部的关于相似的商品的类似的说明，花费在应对这两个部门的产品上的时间则会变为两倍，还会因为无法判断究竟应该选择哪一款产品而产生混乱。

但是，重复也有积极的一面。A事业部和B事业部研发同一个产品，能够帮助公司加强这个产品领域的市场。或者，针对同一个顾客，在开展良性竞争的同时销售商品，也能够提高部门的竞争能力。

并且，很多时候正面影响和负面影响是同时存在的。这就是重复问题的复杂之处。总体来说，如果只是单纯地关注负面的问题来执行解决方案的话，可能会消磨正面影响带来的好处。如果只看到负面问题而忽视正面影响，那么就在你解决负面问题的瞬间，此前所有的正面影响都会消失，最终变成一个无法解决的问题。

图4-3　重复的问题

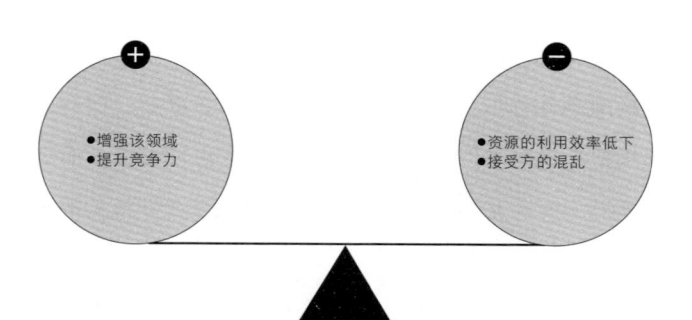

+
- 增强该领域
- 提升竞争力

−
- 资源的利用效率低下
- 接受方的混乱

读卖巨人棒球队的扫垒安打，重复带来的功与过

接下来举一个重复＋／－两面成镜像的案例吧。关于日本职业棒球巨人队的重复扫垒安打。

首先，2000年战斗力猛增的巨人棒球队一举夺冠，获得了日本第一的称号。巨人队虽然拥有这样的实力，但在2001年却与中央联盟赛冠军失之交臂。这是由于第四棒击球手候补（松井秀喜、清原和博、乔奇·马丁内斯、江藤慎一、高桥由伸）这样的重复扫垒安打的问题造成的。

首先是负面影响。松井秀喜、清原和博、乔奇·马丁内斯、江藤慎一、高桥由伸这5个人的年薪加起来已经超过10亿日元。对于巨人队来说，在棒球直播收视率和观众人数都低迷的情况下，这也是笔不小的开支。也就是说，在巨人队的运营方面，这样的人员配置恰恰反映了该棒球队的资源没有得到有效的利用。另外，对于粉丝和观众来说，究竟应该把谁列为扫垒安打的核心人物才是最关注的事，有的人甚至有"这种情况要是××能代替××上场的话就好了"这种想法。这一点恐怕长岛教练本人都会感到焦灼不安吧。

另一方面，也存在正面影响。例如，如果有人无法参赛也会有替补队员代替上场。而且，松井、清原、马丁内斯、江藤、高桥之间也可以相互切磋钻研，并且相互竞争击球手的位置和本垒打。总而言之，负面影响和正面影响是同时存在的。

虽然这只是假说，但是如果棒球团管理层关注第四棒击球手的重复带来的负面影响，然后只留下松井、清原、马丁内斯、江

藤、高桥中的一人作为第四棒击球手，而将其他人全部转移到其他棒球队的投手阵营。那么，则能够一口气解决资源利用率低下，以及观众的混乱等问题。反过来，增强扫垒安打和互相的竞争意识这些正面影响也会消失。

这也就是所谓的解决负面影响，正面影响也会随之消失的镜像。有关重复的问题，需要在大范围内把握正面要素和负面要素，然后做出综合性的判断。如果负面影响过于强大的话，则需要思考具体的解决方案，与现状进行缜密的分析比较。如果得出解决方案比现状更加有利的结论，则可以执行该方案。以巨人队的案例来说，如果是只留下松井一人作为第四棒击球手这一解决方案，任何人都能够得出只会比现状更坏的结论。

但是，在商务场合，因为持有问题的当事人很多时候只是重复的其中一方，所以通常在指出重复时只有负面影响。甚至当事人没有打算了解正面影响，或者过于看重自己的立场而完全看不到正面因素。像这样，让当事人提出重复的问题，并列举具体的解决方案，与现状进行对比，如果严重遗漏了重复的正面要素，那么最终采取的解决方案则会比现状更糟糕。只完成下文中介绍的步骤，就能够正确且客观地看待重复的问题。

处理重复问题的分析步骤

步骤一：明确＋／－因素

正面因素根据重复的情况不同，可以分为①能够加强在业界的地位，②能够提高竞争力。负面因素根据重复情况的不同，可以分为①是否会引起资源的利用效率的低下，②是否给接收方带来了混乱。处理重复问题时，需要抛开立场，从零开始具体分析问题，然后综和判断＋/－因素。

步骤二：从整体来看，如果负面因素影响过大，则需要思考具体的解决方案

如果参考步骤一，综合判断得出的结论是重复的负面因素影响较大，则应该具体思考如何解决这些负面因素。例如，是应该明确立场消除重复，还是统筹各个立场，或者是系统地解决问题。总而言之，应该与现状进行比较，然后思考具体的负面因素的解决方案。

步骤三：比较现状与解决方案，得出结论

将根据步骤二得出的具体解决方案，与发生重复现象的现状进行比较，然后判断哪一个的结果会更好。这时候，需要注意的关键点在于由于正面因素和负面因素是以镜像的形式存在的，所以解决负面因素时，不要消除能够提高业界的地位和竞争力这种积极因素。

然而很多时候，还没有进行到第三个步骤就会遭遇失败。没有设定问题，只是一味地抱怨现状。特别是，在客观比较＋/－因素时，即便自己身为重复的一方的当事人，也必须要抛开立场，从零开始看待问题。由于在判断正面和负面的要素时，经常会伴随立场和视线的高低的问题,导致问题也会发生变质。

分析的应用

MECE是客观观察各种商务上的现象,并进行分解、分析时最基础的集合的思考方式。用MECE看待问题,在把握问题的背景和构造时,首先在整理问题这一点上十分重要。虽然在思考的过程中有这样的想法十分重要,但并不是说从头到尾都必须坚持做到MECE。

例如,有目的性地让领域出现重复,强化整体的事业是很常见的战略性手段。这是典型的将正面因素最大化,暂时忽视负面因素的做法。强化商品的品牌战略,彻底覆盖特定区域的销售方式、渠道的区域优势战略等都是典型的做法。

MECE是构建各种框架的基础步骤。如果想知道更多关于"MECE"的实际案例,可以参考《工作的原理·解决问题篇》的技术篇。

> **演习** MECE

1. 列举3个日常生活中有关MECE的实例（图4-4）。
2. 思考在商务场合中出现以下3种模式的问题的事例。
（1）选取整体集合的框架过于狭小，或者因为构建错误的框架导致出现问题。
（2）由于没有及时发现遗漏导致引发重大的机会损失。
（3）因重复导致问题发生。

分析重复的＋／—因素，综合判断的结果是在负面因素过大的情况下，为处理重复的问题，按照分析的步骤思考解决方案，将其与现状进行对比。

图4-4

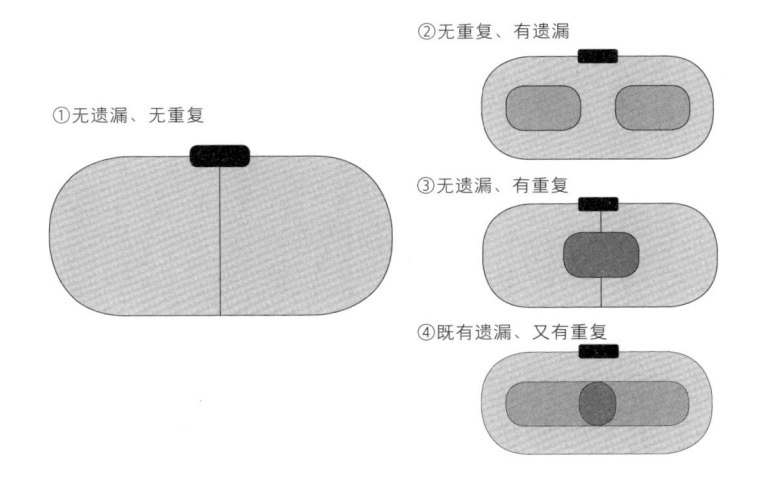

①无遗漏、无重复

②无重复、有遗漏

③无遗漏、有重复

④既有遗漏、又有重复

2 趋势分析

从时间轴的扩展，掌握结构变化的时机

可以知道什么？

趋势分析，就是利用以往的长期趋势中找出图表的斜率和显著的转折点，并以此为依据把握结构的变化，它是一种基础的分析类型（图4–5）。趋势分析并不是单纯地将数据制作成图表，而是深入分析为什么会发生这样的变化，深入挖掘背后的原因和机制，以找出能够发现问题、解决问题的假说为目的。通过这样的分析过程，可以锁定框架的扩展。

图4–5　趋势分析

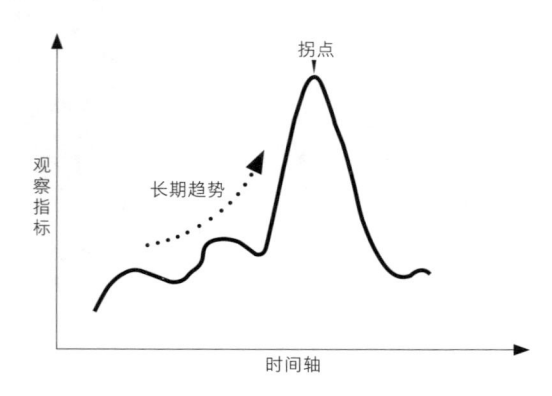

分析的类型

类型1　图表模式

趋势分析中最常使用的是折线图。折线图大致可分为4类（图4-6）。最基本的折线图表示的都是实数。对于那些重视销售额的企业来说，使用实数叠加的堆积折线图更为合适。此外，如果想比较和竞争对手之间的实力差距，即所占市场份额的差距，显示百分比的百分比折线图则更能让人一目了然。其次，如果想了解不同商品类别的价格变动与物价的变动是如何关联和变化的，则可以把某一年的数据视为100作为标准指数，然后评价价格管理的能力。

虽然现在只要使用制表软件能够立刻将数据制作成图表，但是有一点需要注意的是，首先要明确分析什么，通过分析的结果想要传递怎样的信息。在这个基础上，再开始制作图表。

其次，需要确定作为分析的基本要素的X轴和Y轴究竟分别指代什么内容，然后再开始制作图表。我经常看到一些图表，不知道到底想表达怎样的内容、想提供怎样的信息。在制作表时，尤其要注意这一点。

类型2　分析要点

a.关注图表的斜率（增长率）

最开始要清楚趋势图的走向和斜率（增长率。向下延伸的话就是下降率）。这时，一定要将成长率换算为具体的数字。这是因为图表的刻度不同，斜率也会出现很大的变化。即便斜率小，但

图4-6 趋势分析

根据状况，区分使用不同的图表

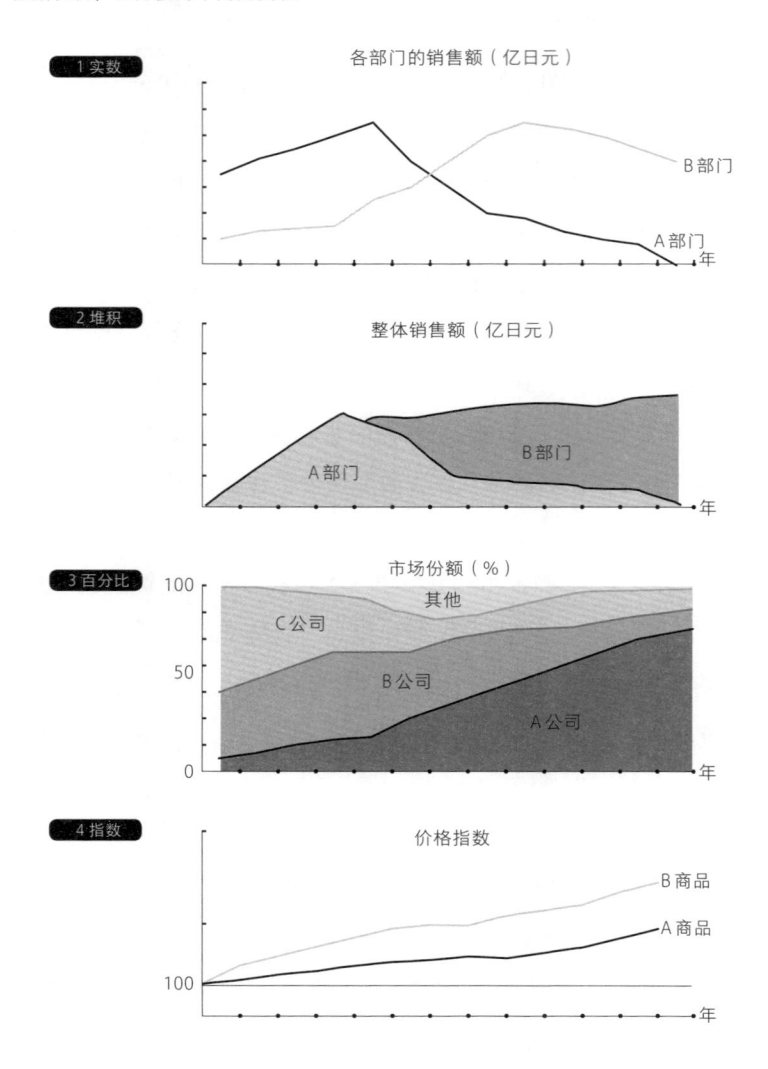

1 实数

各部门的销售额（亿日元）

B部门
A部门
年

2 堆积

整体销售额（亿日元）

A部门
B部门
年

3 百分比

市场份额（%）

其他
C公司
B公司
A公司
年

4 指数

价格指数

B商品
A商品
100
年

Y轴的刻度越大,表示实际情况中也会有很大的变化。如果斜率大而刻度小的话,表示实际情况中并没有太大的变化。因此,在制作图表时,一定要用具体的数字体现成长率,让制图者本人和看图者都能正确地读取信息。

图4-7显示的是家用缝纫机在日本国内市场规模的变化趋势。CAGR是Compound Annual Growth Rate的缩写,代表的是年增长率经复利计算后得出的数值。我们来思考一下这个图表所表达的含义吧。

首先,我们不能单纯地认为"家用缝纫机市场份额每年下降3%"。仅凭这个数据无法得出SO WHAT(所以呢?),因此并不能将其称之为分析。我们应该思考的是"为什么会缩小3%呢?"也许大家都能提出因为使用家用缝纫机的用户减少了这样的假说。但是稍微深入挖掘或许会得出,在大众消费市场中新加入的消费

图4-7 家用缝纫机在日本国内市场规模变化　　(1986—1992;万台)

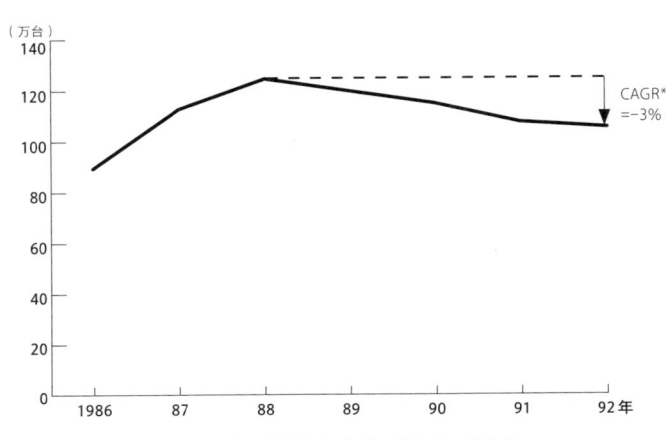

*Compound Annual Growth Rate(年增长率）　出处:缝纫机工业协会。

者减少了→作为嫁妆之一的缝纫机已经不被需要了→由于职业女性增加，很少有人会使用缝纫机这样的结论。

但是，这真的是全部原因吗？当孩子上幼儿园时，或许依旧有很多人为了缝制孩子在幼儿园使用的围裙、装随身物品的小包而使用缝纫机。这样来看，市场的缩小可能只是购买缝纫机的人群的购买时间发生了变化，或者认为只是使用几年而已，可以使用父母、姐妹的缝纫机这样的"控制消费人群"增加了。

只是依靠这张图表无法了解到更多的事项，但是有必要以"挖掘购买缝纫机的新消费群体"这一假说为基础，进一步验证目标消费者的信息和购买特性。

b. 关注拐点

应该养成发现图表中有明显的拐点，主动地思考"出现这种情况的原因是什么"的习惯。图4-8表示的是泡沫经济时期的土地、股票、日元价值的变化图。从图中，我们可以得知不直接产生现金流的空地、股票等账外收益成为大额的股权融资，同时，因眼前的销售额和利益扩大而被冲昏头脑的日本"消失的10年"的模样也清晰可见。

大荣集团和伊藤洋华堂集团虽然都受到泡沫经济的影响，但命运却截然不同。大荣集团以"企业经营是男人的冒险"（中内功，原社长）为由尝试不动产投资，追求企业规模，而伊藤洋华堂集团成立初期开始就利用ROE经营模式以股东利益最大化为目标，这二者的经营模式是一组很好的对比图（图4-9）。

图4-8 土地、股份，日元价值的推移　　　　（指数；1987 = 100）

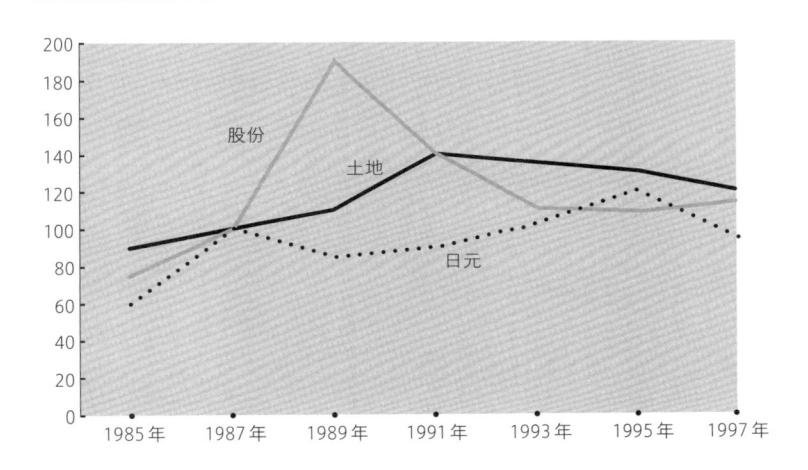

```
200
180
160
140     股份        土地
120
100
 80           日元
 60
 40
 20
  0
   1985年 1987年 1989年 1991年 1993年 1995年 1997年
```

出处：证券统计年表；土地白皮书。

像这样，由于拐点经常会表示结构的变化，所以不容忽视。但是，有时会因数据的收集方式的改变而导致其他因素的数据出现异常，所以在读取信息时要格外慎重。

c.关注面积

除了折线图的斜率之外，还可以通过观察面积的变化掌握与比较对象之间的差值。例如，针对生命周期较短的电子设备产品，快速进行集中投资、获取利润这种做法十分有效。图4-10显示的是加入的公司在生命周期期间所获取的收益的面积。

A公司预测到短生命周期的产品会遭遇激烈的价格战，于是最先加入投资获得了利润。从图表上可以直观地看出这家公司的

图4-9 大荣集团/伊藤洋华堂集团的平均股票价格的推移 （1985-97）

——— 大荣集团
······· 伊藤洋华堂集团
--- 日经平均

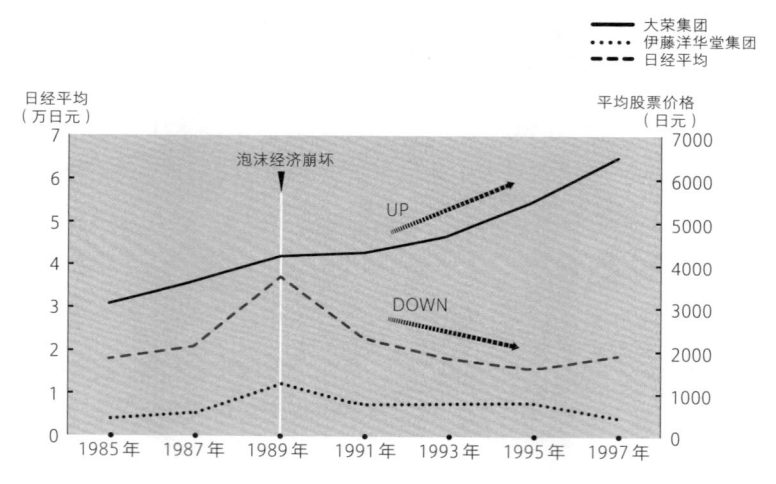

日经平均（万日元）
平均股票价格（日元）

泡沫经济崩坏
UP
DOWN

1985年　1987年　1989年　1991年　1993年　1995年　1997年

出处：企业四季报；分析指南；证券统计年表。

盈利的面积远远大于赤字的面积。另一方面，C公司由于开发和加入市场的时间晚了两年，利润一直呈负增长的状态，所以负数的面积在不断扩大。

分析的应用

根据行业和产品的不同，其成长与发展的模式也有不同的特征。折线图并不只是单纯地将数据制作成图表，而是要在深入分析行业和业务结构的基础上，描绘自身所开展的业务的模式（图4-11）。持有这样的应有的状态，并将实际成绩制作成图表，就可能发现新的问题。

第四章 从"扩展"中找出产生差距的主要原因 167

图4–10 在电子产品领域,加入市场的时期和利润的关系

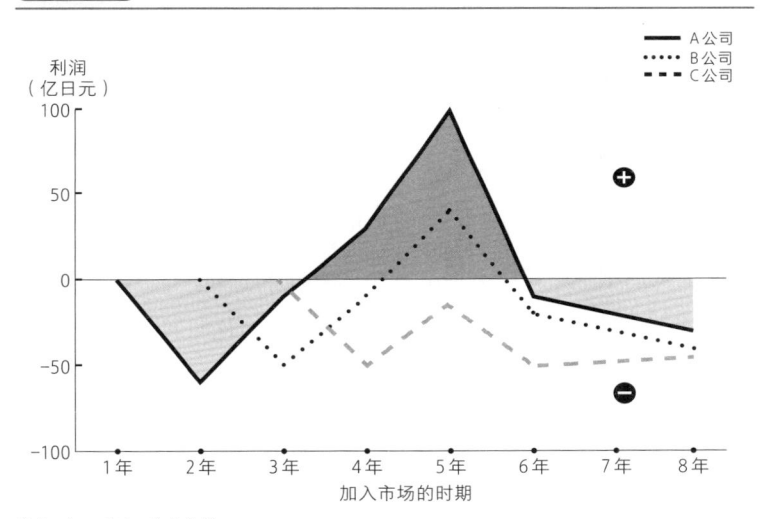

利润
(亿日元)

―― A公司
······ B公司
---- C公司

加入市场的时期

出处:b-collabo企业分析。

图4–11 事业展开的模式比较

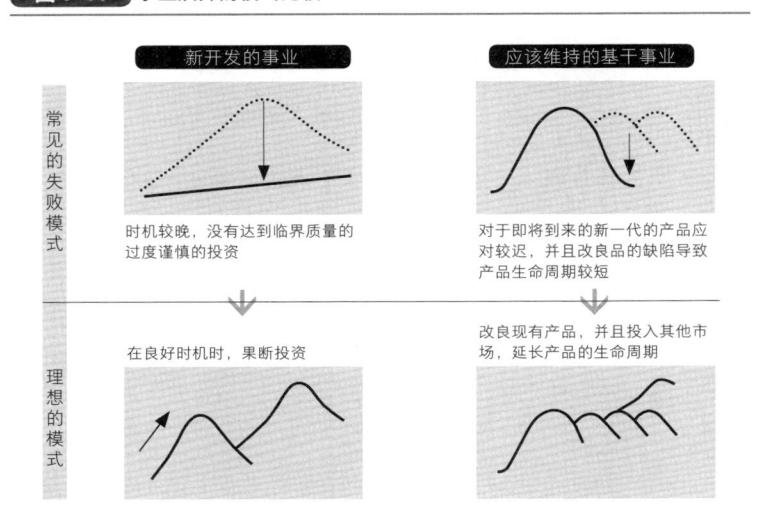

	新开发的事业	应该维持的基干事业
常见的失败模式	时机较晚,没有达到临界质量的过度谨慎的投资	对于即将到来的新一代的产品应对较迟,并且改良品的缺陷导致产品生命周期较短
理想的模式	在良好时机时,果断投资	改良现有产品,并且投入其他市场,延长产品的生命周期

演习 趋势分析

下表是3家工业粘合剂生产商的价格和销售额数据变化图。

1. 请用几组图表简单地表示该表格中的各组数据。
2. 从这组图表中能够获取怎样的信息,并提出假说。
3. 根据图表中获取的信息判断最初制作的图表是否需要修改,用最适合的图表支持假说。

		1992年	93	94	95	96	97
销售额	A	—	100	105	110	130	145
	B	—	100	120	135	155	185
	C	—	100	115	120	120	110
价格	A	550	530	500	500	485	485
	B	550	530	495	460	460	460
	C	495	440	435	430	400	380

*注:销售额以各公司的1993年的销售额为100作为指数。
价格为每平方米的使用者价格。

3 ＋／－差异分析

锁定产生差距的＋／－之间的变化与主要原因

可以知道些什么？

在将公司当前的业绩,与过去的业绩和竞争对手进行比较时,如果只是单纯地比较销售额和生产性等现象性的数据,那么则无法找出问题到底出在哪里。我们应该进一步对这些数据进行要素分解,锁定究竟是哪些要素导致差值(差距)的产生。这时,最有效的方法就是＋／－差异分析。由于这个差距存在正面因素和负面因素,所以最初需要用MECE进行要素分解,然后推算产生差距范围的主要原因。

图4–12 ＋／－差异分析

❶时间序列比较	t1	t2
❷与其他公司比较	B公司or业界平均值	A公司

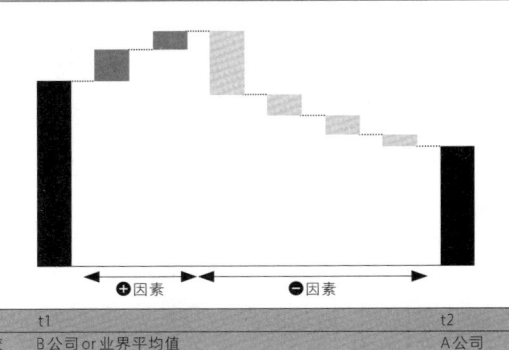

分析的类型

① 分析在时间顺序上的某两点之间产生的差距的＋/－变化要素
② 分析与其他公司和业界平均值之间产生的差距的＋/－差异要素

类型1　分析在时间顺序上的某两点之间产生的差距的＋/－变化要素

　　这种方法主要用于关注的指标在1年或5年这样的长期时间段内发生变化，推测由哪个主要原因导致出现这种变化。图4–13是某机械制造商的一年的现金流量增减图。虽然利润表上显示这几年公司的盈利状况良好，但是公司却资金匮乏。如果只是认为现金流的状况不好是无法把握真实情况的。为了找出根本原因，应该将两个比较的指标分别置于图的两端，然后运用MECE分解

图4–13　机械制造商A公司的现金流的变化　　　　　　（亿日元）

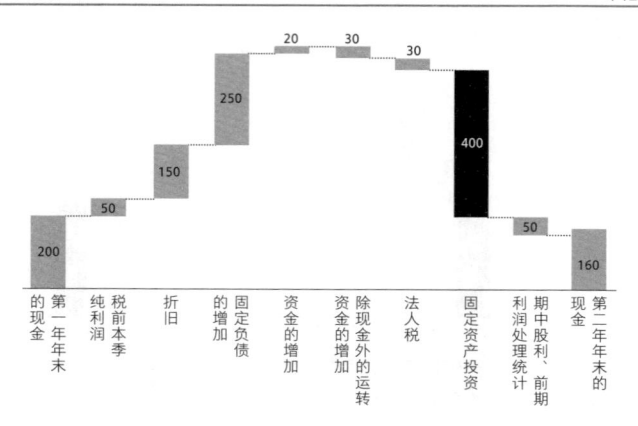

第一年年末的现金	税前本季纯利润	折旧	固定负债的增加	资金的增加	除现金外的运转资金的增加	法人税	固定资产投资	期中股利、前期利润处理统计	第二年年末的现金
200	50	150	250	20	30	30	400	50	160

每一个因变化产生的数差的要因。

在这个案例当中，现金会减少并不是欠款或者库存这种资金运转的增加而导致的，而是由于"固定资产投资"的增加。因此，为了确保现金的额度不变而又不额外增加借款，需要在合理范围内适当调控投资额。

类型2　分析与其他公司和业界平均值之间产生的差距的＋/－差异要素

如果想比较自己公司和竞争对手之间，和业界龙头企业之间，或者业界平均水平之间的业绩差距，在进行标杆分析时主要使用这种分析方法。图4-14是从＋/－两个方面的成本项分解某机械制造商的销售额的利润率的差，以及与竞争对手B公司比较的图表。结果显示，二者的直接劳务费和宣传费的差距非常大。

最重要的是思考"为什么会产生这样的差距"这个假说。直

图4-14　机械制造商A公司和竞争对手B公司的关于销售额的平均利润率和成本的要素分解　　　　　　（%；1998）

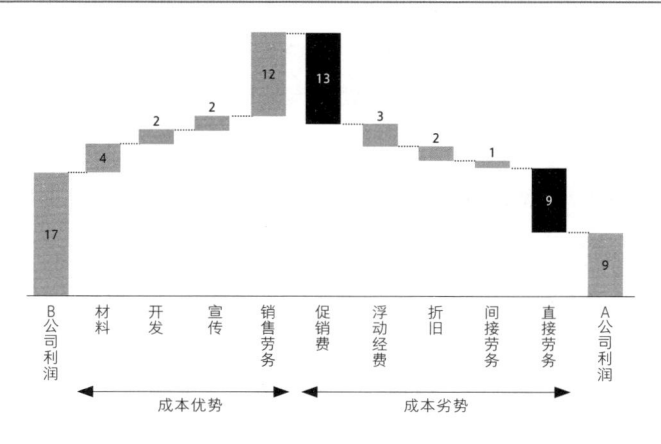

接劳务费过高是因为内部生产率过高，还是生产性效率方面出现了问题？关于宣传费是否与广告公司的宣传效果有联动的计划是主要的讨论点。另外，B公司的销售劳务费的比例很高，可以推测该公司很可能拥有多个直销团队，所以一定要准确把握商品特性和顾客的主要特征，然后谨慎讨论。还要强调的一点是，如果两家公司展开激烈的销售竞争，那么在如此明显的利润率差距下，完全可以预测到未来B公司很可能会大胆降低价格展开攻势，所以A公司必须提早为价格战做准备。

分析的应用

接下来，介绍几个在要素分解方面非常有效的切入点。

① 操作流程

整理操作流程这个方法，在分析在哪个部分花费了怎样的成本和时间时十分有效。在X轴上，运用商业系统整理操作流程，然后标出目标达成之前的所有处理流程。即便其中有推测的成分，但只要和最佳方案稍作比较就可以了。图4-15是E制药公司在处理副作用的时效方面与最佳方案之间的对比图。横轴为从发现副作用到报告给医疗机构和所在辖区的政府部门之前的所有处理流程，令人惊讶的是只是调查实际情况的时间就和最佳方案有1个月以上的差距。不只是雪印乳业和普利司通的案例，对于那些在操作方面的需要进行风险管理的产品和服务业来说，分解操作流

图4-15 与副作用处理速度的最佳方案的比较　　　　　　　　每日件数

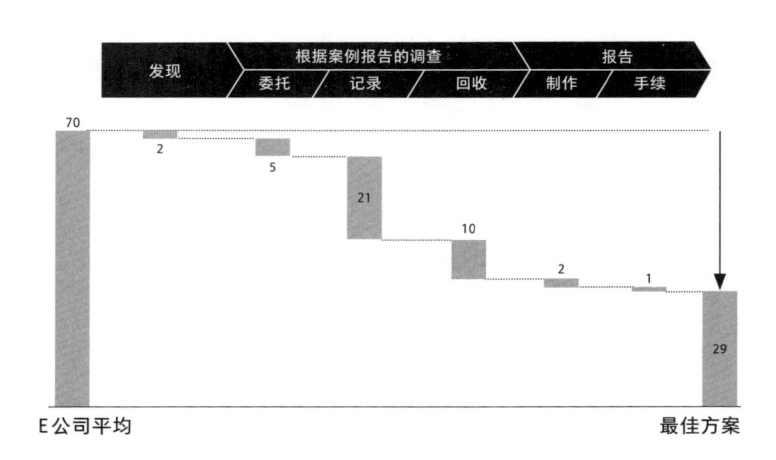

发现	根据案例报告的调查			报告	
	委托	记录	回收	制作	手续

70　2　5　21　10　2　1　29

E公司平均　　　　　　　　　　　　　　　　　　　最佳方案

程的要素对于找出产生问题的原因也是十分有效的方法。

② 工作抽样法

工作抽样法是指营销人员和市场人员究竟在哪一种业务上花费了多长时间。在图4-16中,我们可以看出优秀的产品经理会就现有产品的改良、新产品的开发等问题与顾客进行直接沟通,努力挖掘顾客的潜在需求。

到目前为止介绍的＋／－差异分析的案例,类型1是与自家公司进行比较,即过去→现在。而类型2则是与其他公司进行比较,即以过去乃至现在的同时间段为基准进行分析。并且,＋／－差异分析对于以现在为起点,在设置前提的同时,预测未来变化的"冲击模拟"也同样适用。

图4-16 产品经理的工作比较 （%）

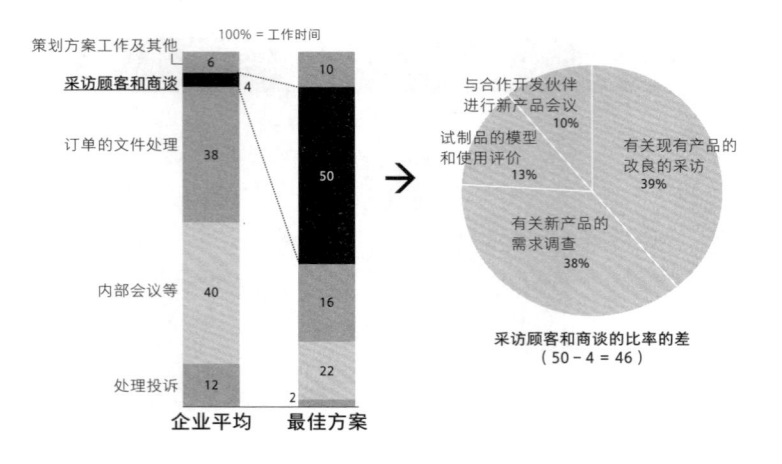

100% = 工作时间

企业平均：
- 策划方案工作及其他：6
- 采访顾客和商谈：4
- 订单的文件处理：38
- 内部会议等：40
- 处理投诉：12

最佳方案：
- 策划方案工作及其他：10
- 采访顾客和商谈：50
- 内部会议等：16
- 处理投诉：22
- 2

采访顾客和商谈的饼图：
- 与合作开发伙伴进行新产品会议：10%
- 试制品的模型和使用评价：13%
- 有关现有产品的改良的采访：39%
- 有关新产品的需求调查：38%

采访顾客和商谈的比率的差
（50 − 4 = 46）

演习　＋／－差异分析

下图表示的是1975年到1992年这近20年，日本各领域使用的能源收支数据。以此为依据，对这些年变化要素进行＋／－差异分析，回答以下问题。

1. 列举两个影响度最大的变化要素，针对可能会产生这种现象的理由，分别提出假说。
2. 为了验证假说，提出接下来应该进行的分析内容和验证方法。
3. 思考能够有效改善能源利用率的假说，并简单总结。

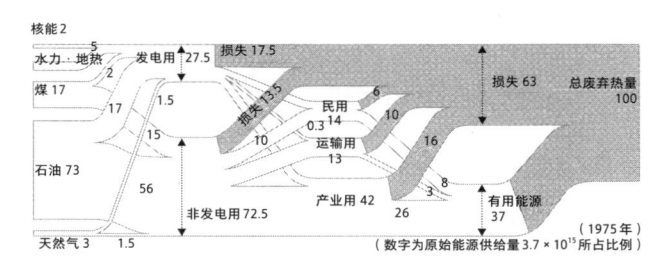

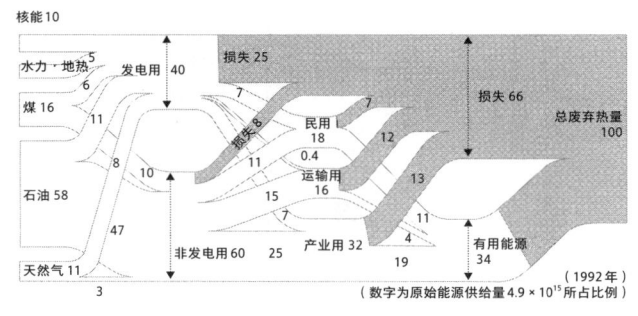

核能 2
水力·地热 5
发电用 27.5　损失 17.5
煤 17
　　　17　　1.5　　损失 13.5　　民用 14　　6　　损失 63　　总废弃热量 100
　　　　　　15　　　0.3　10
　　　　　　　　　　10　运输用 13　　16
石油 73
　　　　56　　　　　　　　产业用 42　　　8　　有用能源 37
　　　　　　非发电用 72.5　　　　　26　3
天然气 3　1.5　　　　　　　　　　　　　　　　　　　　　　（1975年）
（数字为原始能源供给量 $3.7×10^{15}$ 所占比例）

核能 10
水力·地热 5
发电用 40　损失 25
煤 16
　　　6　11　　7　　　　　7　损失 66　　总废弃热量 100
　　　　　　　　损失 8　民用 18　　12
　　　　　　　　　　0.4
　　　8　10　　11　运输用 16　　13
石油 58
　　　　47　　15　　　产业用 32　　　　有用能源 34
　　　　　　非发电用 60　　　25　4　19
天然气 11
　　　　3　　　　　　　　　　　　　　　　　　　　　　　（1992年）
（数字为原始能源供给量 $4.9×10^{15}$ 所占比例）

出处：平井贤（省能源论）。

4 集中与分散分析
从差异与偏差中检查管理者的控制能力

可以知道些什么？

在第1和第2章中已经提到过，发现问题，即找出应有的状态与现状之间的差距。这里的差距指的是目标与现状的差。假设我们以某个公司的每一个产品或每一名员工为对象，分析该公司的产品质量和员工工作表现之间是否有差距。如果没有差距，那就可以得出公司当前制度符合既定目标的结论。反之，就说明公司出现了偏离目标的"集中（差异）"和"分散（偏差）"的问题。（图4-17）。

图4-17 偏差和差异

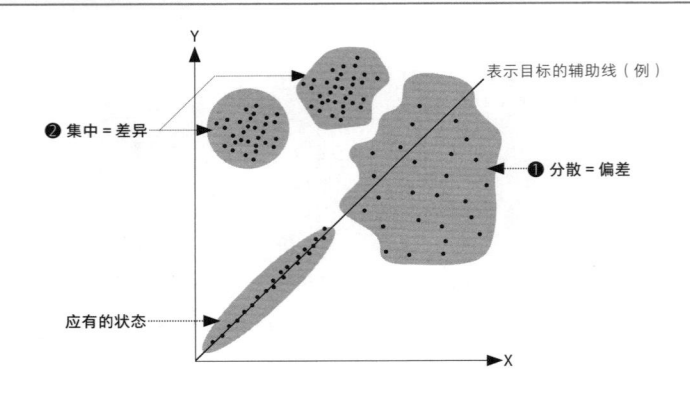

企业以组织的形式运营，其理想状态就是整体朝着同一个目标（方向）前进。实现这一目标的前提条件就是要让全体员工了解、共享，并且理解公司的愿景和发展战略，以及各个政策的具体内容和背景。

然而，现实很难朝着理想的方向发展。实际上经常会出现各种问题，如重要的信息传达不到位，受到公司各个层级之间的"传话游戏"的影响，或者经理加入了自己的"观点"导致内容出现偏离，一线的销售人员的个人判断而暂缓执行任务，等等。这样一来，在措施的理解层面和执行层面上就会产生分歧与偏差，进而导致公司整体方向出现混乱。最终无法获得预期的结果。

像这样，在经营企业时树立规律性、标准化工作理念是经营管理的一项必备技能。如果技术人员对于该公司的核心技术认知存在重大分歧或偏差，产品的质量有很大差异，销售人员的销售业绩偏差较大的话，那么这个公司的生产技术和管理能力一定会遭到质疑。并且，这些问题都会直接反映在生产性和利润率的指标上。

分析的类型

集中与分散分析主要为对于想要管理的事象，在 x 轴和 y 轴上放入有相关关系的项目，并将其制成分散图。分析的类型有以下两种。

①分散＝把握偏差
②集中＝找出差异

类型1　分散＝把握偏差

如果公司员工自顾自地工作会怎样？以某租赁公司D公司为例。租赁是一种着眼于商品利用价值的金融服务。租赁的物品从电脑到汽车，涉及的范围相当广泛。租赁本身是一种单纯的商品，但是因为利用这项服务的企业一般都会同时与多个租赁公司保持业务往来，所以价格竞争相当激烈。图4-18是根据该公司在各案例中给出的租赁价格折扣率制作而成的图表。可以看出偏差现象很严重。

图4-18　各个价格区间的折扣率

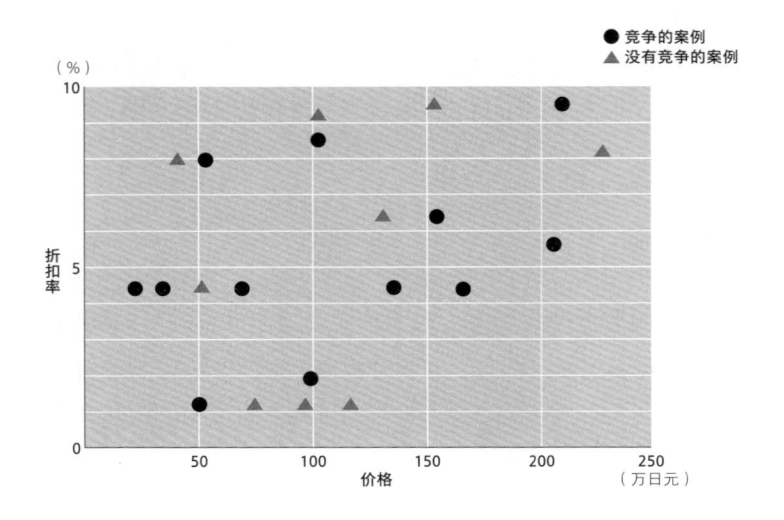

D公司没有意识到定价给收益带来的影响的重要性（这一点可参照第6章的敏感性分析），导致折扣的幅度完全取决于销售人员自身的判断。但是，因为没有明确的判断标准，所以销售人员并没有考虑是否存在竞争对手这一要素，而几乎以客户提出的价格成交。

像这样没有明确的指标，完全依靠负责人的自主判断，结果必定会出现偏差。说句不恰当的话，直接接触顾客的地方最容易出现偏差。

类型2　集中＝找出差异

不存在偏差，并不代表这个组织顺利运转。比如规章制度和政策的设计不恰当，却没有及时进行纠正，很可能会偏离预期目标。在分析差异时，如果在分散图中加入表示预期目标的辅助线则更易于理解。

前文中曾提到，图4-18是一家没有折扣标准的租赁公司出现偏差的案例。图4-19表示的是一家有折扣标准的工业零部件生产商G社因差异而最终导致失败的案例。为了发展代理商，G社针对代理商采取的政策是按照产品的业务量提供规定折扣。因此，如果代理店的业务量减少则折扣率降低，其实也就是变相的提高代理店的供货价格。然而，这项政策实施了若干年之后，发生了下图中的变化。由于与代理店的长期合作，即便公司的销售额下降了也无法更改折扣幅度，最终只能维持原有的折扣。这对于业务量低的代理店来说完全没有任何效力。

图4-19 代理店的销售额和折扣率

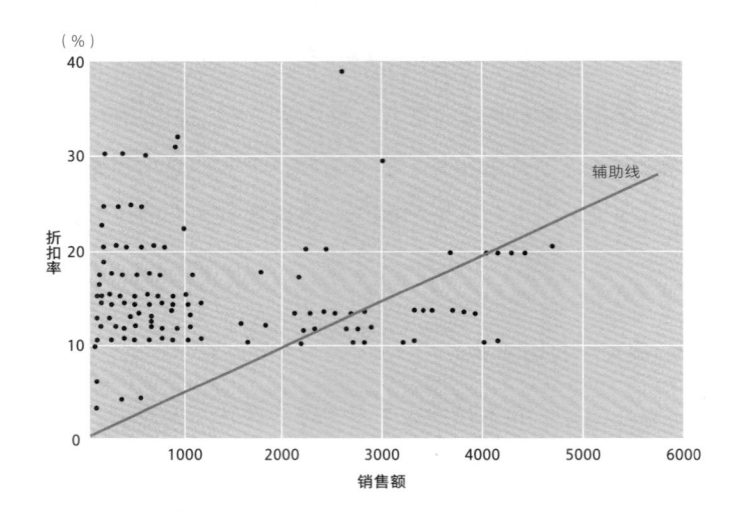

等级的标准化是目的

分析结果显示，虽然X轴和Y轴是相关项，但是并不意味着能够立刻实现标准化。图4-20是依据销售人员的访问次数和销售额的关系绘制成的图表，从中可以读取两点信息。第一，该商品的销售额与访问次数相关。第二，各个销售人员之间的访问次数存在偏差。

如果你是某个销售点的经理，看到这样的结果你会做出怎样的判断？最常见的答案是"访问次数存在偏差是主要问题，访问次数与销售额有关联，则应该努力完成访问次数的目标"，于是立刻开始管理销售人员的访问次数。在管理访问次数后，其结果如图4-21所示。我们可以看到，在经理的命令下，虽然访问次数有

第四章 从"扩展"中找出产生差距的主要原因　181

图4-20 销售人员的访问次数和销售额

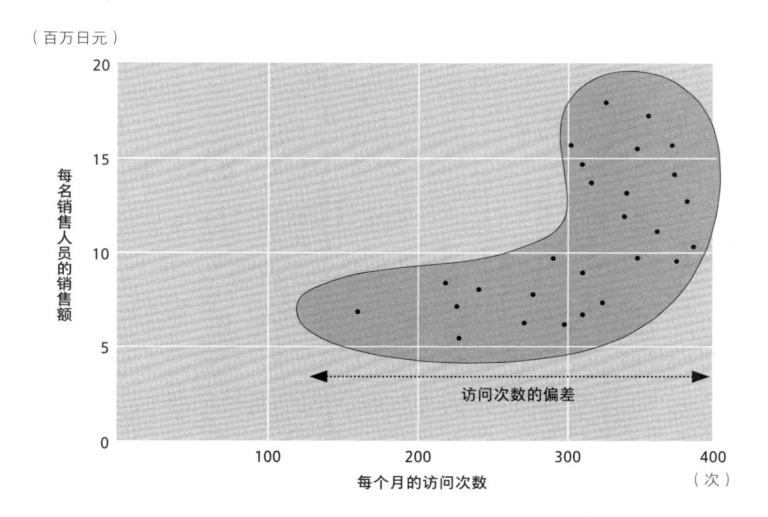

（百万日元）

每名销售人员的销售额

访问次数的偏差

每个月的访问次数（次）

图4-21 增强销售人员的访问管理的结果

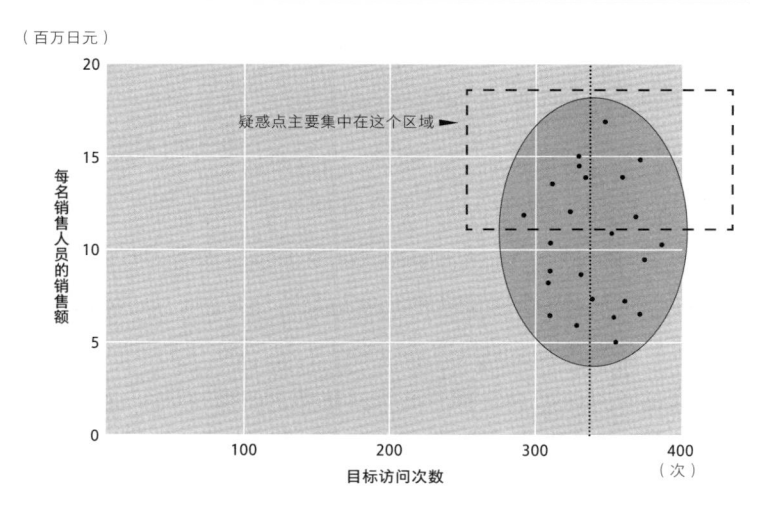

（百万日元）

疑惑点主要集中在这个区域

每名销售人员的销售额

目标访问次数（次）

明显的增加，但是销售额仍然存在偏差，与预期完全相反的是全体员工的业绩并没有任何提高。

那么究竟是哪里出了问题呢？拜访客户并不是去往客户处就可以了。听取顾客的需求、解说产品，甚至交流方式的优劣等都会给销售额带来影响。正是因为这名经理只管理拜访客户次数，而不重视拜访客户的方法，才会导致销售额没有任何增长。并且，针对顾客群体的不同，访问政策的执行力度也不一样。

加强管理是为了更好地执行"有品质的、有等级的标准化"，而并非表面上的"数字规格化"。

分析的应用

① 标杆管理

集中与分散分析还可以用来分析自己公司在业界处于怎样的位置。图4-22显示的是某制药公司的销售人员在担任医药信息负责人MR（Medical Representative）时的生产能力的对比图。X轴代表的是销售额、Y轴代表的是各公司的平均每名MR产生的销售额。即使销售额相同，不同公司的MR的生产能力也存在巨大的偏差。当然，不同公司经营的药物种类有所不同，不能随意地判断优劣。在关于医院的拜访的规定越来越严格，以及与医生约谈越来越难的大环境下，对于很多制药公司而言，庞大的MR团队本身就是一个巨额的固定"支出"。因此，那些生产能力非常低的

图4-22 制药企业的MR的生产能力

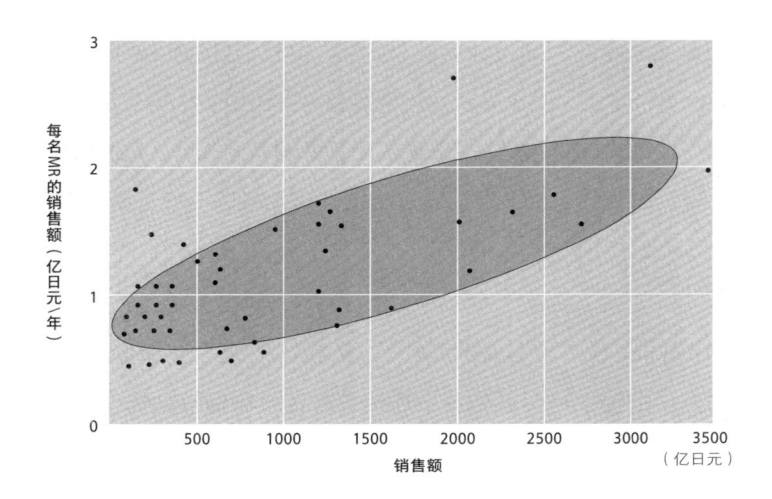

公司有必要深入挖掘产生这种现象的根本原因。

② **区分市场**

在进行集中与分散分析时，经常可以从偏差中找出多个集合。如果这个集合代表某个固有特征或属性的话，那就可以把这个集合称之为"区分市场"（在统计学中称之为集群）。这并不是简单地将出现偏差归结为管理能力不足，而是思考为什么偏差中会出现这类有特征的集合，然后锁定其整体轮廓，并认真思考对于公司的意义。

演习　集中·分散分析

　　经营某个甜甜圈连锁店的P公司，检测了20家店铺销售的甜甜圈的单个重量。结果显示，该公司的连锁店铺售出的甜甜圈的重量范围在80g～170g之间，出现了严重的偏差。而P公司的操作指南上规定甜甜圈的单个重量应为120g。请参考以下信息回答问题。

【参考信息】

·制作甜甜圈所需的小麦粉、鸡蛋、砂糖、牛奶、油等原材料都统一由公司采购，再配送到各个连锁店，各个店铺根据操作指南制造并销售甜甜圈。

·各家店铺雇佣的临时店员制造甜甜圈。店铺经理每天都会抽查两次半成品或成品，主要检查甜甜圈的颜色、重量和形状。

·现场听取顾客意见，得到出现标准重量的甜甜圈松软度不够、不够酥脆等反馈。

·听取店铺经理的意见，了解到店铺会严格遵循操作指南调配原材料。另外，产品损耗率逐年上升，有时损耗率高达20%。

·临时店员和店铺经理都反映厨房狭小、换气系统差、机器维修不够彻底等问题，对业务操作环境有很多不满。

【问题】

1. 请列举10个以上这家公司存在偏差的原因。
2. 在你列举的原因中，围绕最根本的3个原因，提出解决方案的假说。

5 附加价值分析（成本分析）
从顾客的角度判断成本是否合理

可以知道些什么？

　　附加价值是指因经济活动所产生的价值，是"包含企业利润的成本总额"。

　　附加价值分析，就是将企业的经济活动，按照各个环节进行分解，分析在生产产品和服务的过程中发生的成本，从而准确把握生产过程中各个环节花费的具体成本和生产的具体价值。顺便说一下，经济活动的宏观指标，即GDP（国内生产总值）是一个国家国内生产与附加价值的总和。

　　企业提供的产品和服务被顾客所接受，并且能够满足顾客需求，我们将其称之为"吸引顾客的能力"。吸引顾客的能力是由顾客认定的价值（value）与顾客负担的价格（cost）的差所决定的（图4-23）。如果产品和服务的价值是既定的，那么价格越低顾客的满意度就越高，其竞争力也会越强。相反如果价格不变，那么对于顾客而言，价值较高的商品，其顾客的满意度和竞争力也会越高。

　　从企业的角度来看，"附加价值"等同于顾客支付的成本，即价格。但是，顾客并非会乐于购买高成本的产品。我们常说的

图 4-23 对于顾客的价值（value）和价格（cost）的关系

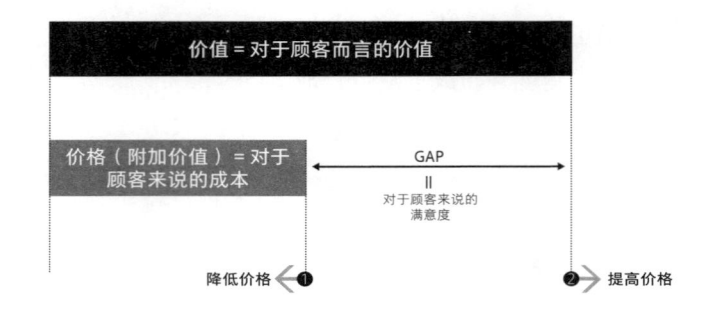

```
价值 = 对于顾客而言的价值

价格（附加价值）= 对于       GAP
顾客来说的成本               ‖
                         对于顾客来说的
                           满意度

      降低价格 ←❶          ❷→ 提高价格
```

"那家企业的商品附加价值很高""具有吸引顾客的能力"，并不是指在企业花费了大量的成本和精力，而是从顾客的视角来看，可以认可产品的价值（value）。并且拉开了与竞争对手之间的差距。

附加价值分析，并不是单纯的管理价格的工具。而是从顾客认定的价值这个角度出发，得出减少不必要的成本，或者为了提高吸引顾客的能力而提高成本的结论，像这样为判断战略性投资是否正确提供依据。

分析的类型

从制造·服务到流入市场，MECE分解这期间形成附加价值的流程的坐标轴，麦肯锡公司称之为"商务系统"。附加价值分析，第一步就是运用既定的商务系统记录作为分析对象的产品和服务。然后，累计每个商务系统阶段的成本。最后计算出公司的总利润（图4-24）。这时，再将附加价值的总额认定为对顾客而

图4-24 商务系统和附加价值

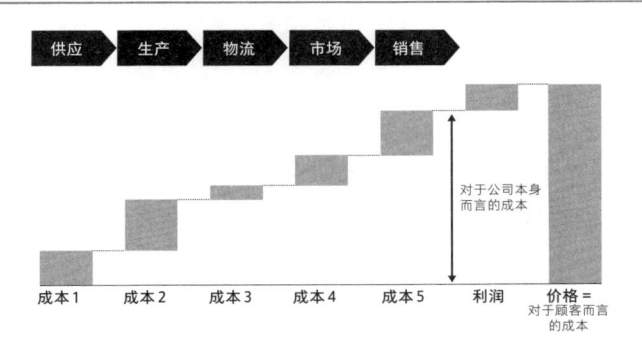

言的成本＝价格即可。

分析的视点最重要的就是看清楚商务系统中的哪一个环节花费了成本，对于顾客而言这个环节生产了怎样的价值。对于附加价值较高的部分，公司在何种程度上将其视为经济活动，这也是分析的第一步。如果能够推算出竞争对手的成本，则可以和自家公司的成本结构进行对比。

附加价值分析的关键在于通过分析能够获取怎样的信息。前文中讲述的附加价值的计算方法，取决于顾客的眼中的价值的关系。

① 通过降低成本提高吸引顾客的能力（价格竞争）

从顾客的角度来看，成本并不重要。在竞争中，在并非公司擅长的领域中注入大量成本也没有意义。比如，外包工厂和海外工厂能够低成本制作出品质完全相同的产品，却执意要在自家的工厂生产，或者仅凭制造商自身的判断和执着给商品增加很多不必要的功能。像这样，应该尽量减少对于顾客来说"无用"的成本。为了提升价值，应该再次分配并灵活运用成本。

例如，在1998年，麦当劳把原本定价230日元的汉堡包降价为130日元，而到了2001年汉堡包在工作日的售价仅为65日元。对于该公司来说65日元的价格，是最大限度迎合顾客对汉堡包的满意度，并从价值（value）来看刚刚合适的区间。这是因为在全球的范围内来看，日本麦当劳的定价偏高，并且日本消费者期望的价格在65日元左右。而且，该公司在保证品质不变的情况下，采取通过预约换汇的方式控制原材料的进货成本。最终，麦当劳在原本价值就很高的情况下，通过降低价格的方式提高竞争力，从而最大限度提升了"吸引顾客的能力"，确保了自己的竞争优势。

② 增加资源投入（提高成本），提高价值（价值创造）

虽然外包在节约成本方面是一个有效的方法，但是从价值（value）角度来说，并不一定是最佳选择。也就是说，想要确保产品的质量，完全依靠生产外包的做法并不可取，因为这表示委托方必须参与管理。如果企业将组成对于顾客而言的最重要的价值的部分，以"合理"之名完全委托给外包公司，不仅无法保障产品的品质，还会失去产品的核心竞争力和吸引顾客的能力，这样的案例也屡见不鲜。

预计到生产外包会引发品质低下和偏差，从顾客的角度出发，在流通方面和生产方面提高产品附加价值，作为制造零售商开展事业的企业就是优衣库。1984年优衣库1号店开业时，采取的是2900日元、1900日元这种廉价路线。当初主要的进货渠道是大量采购工厂或批发商剩余的廉价品。但是，这样做无法控制产品的价格和质量。从许多龙头超市企业的案例中也可以知道，完全依赖外包生产的模式容易导致产品质量出现问题。

于是历经曲折，优衣库决定建立一套能够控制从产品开发到生产、销售各个环节的完整体系。总之，就是在保证对顾客而言的成本不变的情况下，最大限度提高产品价值。最后，优衣库成功实现了严格控制纤维、染料，生产过程、产品规格、签约工厂的技术条件等各个环节质量，在生产流水线方面彻底执行各项工程的检验和成本管理。虽然相应的成本增加了，但是这部分成本能够体现在顾客价值方面，只要能够获得顾客的支持进行大量推销，规模利益就能发挥作用，最终也能实现价格的下调。

另外，纵观商务系统，思考公司亲自参与的部分的上游或下游是否存在能够增加附加价值的部分。只要能够把握从顾客的角度来看的价值较高的部分，那么也能够大幅提高吸引顾客的能力，甚至可以抓住发展成为大规模的事业机会。接下来介绍两个事业扩张的案例。

图4-25是美国一家家居购物公司的附加价值构成图。这个公司的商务系统由6个部分组成，由于销路不够完善，所以在各个阶段会由其他的企业加入。但是，这种像传递水桶救火的方式导致效率极其低下、消费者的满意度也很低。因此，负责播放内容部分的有线电视公司参与了采购的货款回收和售后服务。这样一来，这家有线电视公司能够获得的附加价值是之前的3倍。

同样的事情也发生在汽车行业。虽然这个行业并不景气，但仍然是拥有60亿日元的大市场。其中，丰田、日产等汽车制造商的附加价值，仅占汽车组装和发动机等主要零部件的20%左右。对于消费者来说,汽车的价值不仅是汽车本身提供的,还包括保险、贷款、维修,甚至是停车场和汽车用品等所有支撑汽车使用寿命的内容。因此,也应该将这部分的附加价值列入考虑范围(图4-26)。丰田和福特之所以能够不断拓展汽车相关的服务业务,正是出于这个原因。

图4-25 家庭购物事业的附加价值结构

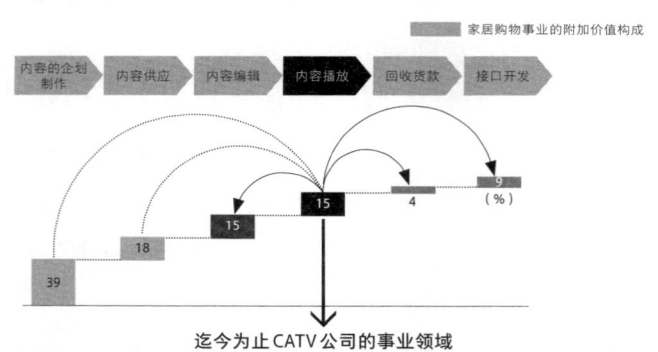

资料:b-collabo企业分析。

图4-26 汽车整体的附加价值构成

(%:每名用户*)

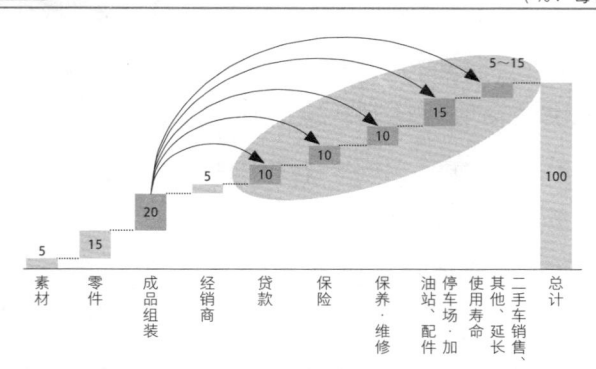

*以约500万日元估算 资料:有价证券报告书、采访、b-collabo企业分析。

分析的应用

本节开头就提到过整个国家的附加价值的总和就是GDP。虽然政府和企业都很重视GDP的增长率，但是从国民的角度来看这个数值真的等同于价值（value）吗？姑且把国民追求的价值定义为"高生活水准＝富裕或幸福"吧。然而，现实中却为了处理理想社会中不应存在的社会负面现象（犯罪和疾病）消耗大量的成本。这与"富裕"和"幸福"并没有直接联系，反而会降低价值的成本。

最典型的案例就是国民医疗费用。因为这是以应对疾病这种消极现象为目的，从经济活动分配而来的一部分附加价值，所以并不是真正意义上的价值。但众所周知，日本伴随着老龄化社会的发展和过度医疗，国家支付的医疗费用急剧增加（图4-27），从健康的国民，以及纳税人的角度来看，这是一笔"多余"的成本。同样，目的不明确的国防费用，因犯罪增加而产生的警察和检察机构的费用，社会保险的费用，交通事故和修复自然灾害的费用，因环境污染产生的净化环境费用等，对于所有的国民来说都是"成本"。

美国经济学家赫尔曼·戴利和约翰·B.科布就曾对因经济快速增长导致日常生活状态在不断恶化这一点持有疑问。他们还通过定量分析证明了国民的成本（他们使用的指标是GNP：国民生产总值）与富裕和幸福密切相关的真实价值并不一致（图4-28）。根据他们提供的数据显示，1950年到1990年之间的GNP每年以2%的速度增长，但是价值的增长率仅为0.7%。尤其在进入80年代之后，价值呈负增长。一言以蔽之，70年代以后，美国的经济增长在价值基础方面已经达到顶点。

那么，日本的情况又如何呢？很遗憾，目前我手头上并没有日本的相关数据，但有人提出了日本与美国情况相似的假说。如果思考日本未来的国家发展战略的话，不仅应该提高GDP＝成本，还应该将国民（纳税人）的角度的"价值"加入标准，明确应有的状态。

图4-27 国民医疗费用的现状

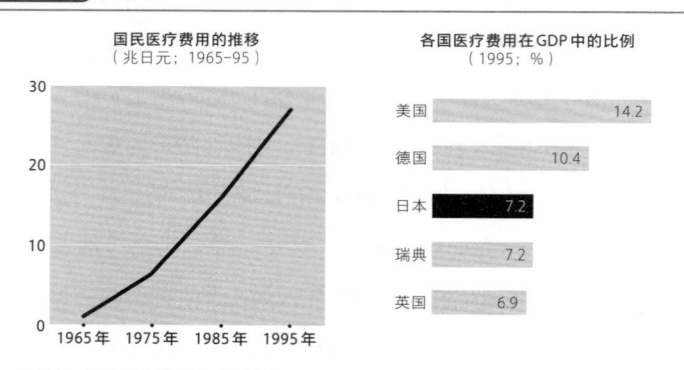

国民医疗费用的推移
（兆日元；1965-95）

各国医疗费用在GDP中的比例
（1995；%）

国家	比例
美国	14.2
德国	10.4
日本	7.2
瑞典	7.2
英国	6.9

出处：OECD；厚生省（现 厚生劳动省）。

图4-28 美国的人均GNP和国民价值的推移（美元；1950—1990）

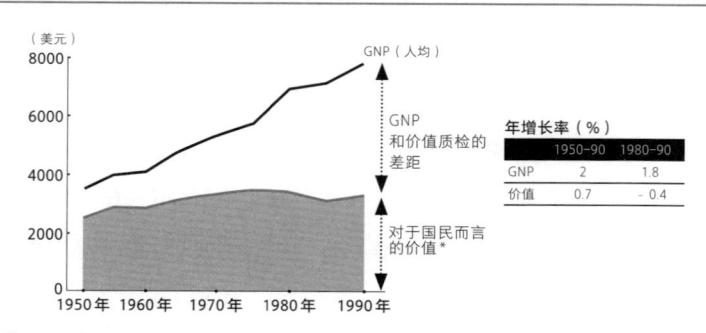

年增长率（%）

	1950-90	1980-90
GNP	2	1.8
价值	0.7	-0.4

出处：H. Daly & J. Cobb Jr: For the Common Good（1994）。

演习　附加价值分析

建筑材料制造商R公司是一家制造和销售建筑外墙表层加工材料的龙头公司，并且与建筑工程承包商和建筑公司都有紧密的联系。从很多年前开始，该制造商给生产建筑外墙嵌板的M公司提供生产嵌板需要的加工材料。现在考虑到未来市场和竞争环境可能发生变化，需要明确主要业务的相关战略。请参考以下信息，回答问题。

【参考信息】

· 表层加工嵌板的制作工程：制造加工材料→制造嵌板→将加工材料组装到嵌板。建筑工地的施工是由建筑工程承包商委托工人。

· R公司的销售人员通常会拜访建筑工程承包商和建筑公司推销产品。而对于M公司，只要收到订单就会给M公司供应加工材料。销售人员没有对这类公司开展拜访客户的工作。

· 关于M公司的组装嵌板作业主要在M公司的工厂进行。但是，R公司本身拥有加工技术，甚至可能提供比M公司更低成本的加工服务。另外，R公司没有嵌板加工技术。

· 最近，表层加工嵌板因美观、施工便利、成本优势等特点深受建筑工程承包商好评。承包商有意增加订单。对此，M公司以外的6家外墙材料生产商考虑加入外墙嵌板的市场。从现有的实力关系推测，M公司在该市场的市场份额将会由原来的100%降低到35%左右。

· R公司最初是根据M公司的订单提供加工材料，但是并没有和M公司签订除此以外的合作和股份协议。

· 业界有这样一种大胆的推测：未来将会改为由建筑工程承包商和嵌板生产商共同协商决定表层加工嵌板的使用。

【问题】

1. 请根据以下数据制作一个表层加工嵌板的附加价值构成图。

费用	M公司利润	R公司利润	施工费用	嵌板原料费用	加工材料原料费用
附加价值（日元）	3500	460	10640	1300	860
费用	R公司销售商品的费用和一般管理费	制造嵌板原价	制造加工材料原价	M公司其他费用	加工材料组装费用
附加价值（日元）	1250	2800	2450	6500	9000

2. 参考问题1，对于R公司的表层加工嵌板业务，请从以下方案中选出一个你认为最恰当的战略方案，并陈述理由。

· 方案一：收购M公司，进入表层加工嵌板市场。
· 方案二：继续发展加工材料组装业务，积极开展除了M公司以外的其他的嵌板生产商的合作。
· 方案三：维持现状，只给M公司提供加工材料。

6　CS／CE分析（价值分析）
从顾客角度提高当下和未来的价值

可以知道些什么？

　　对于顾客而言，产品和服务的价格就是"成本"。面对两个价格完全相同的产品，顾客会选择哪一个，取决于对于这件商品价值（value）的认知的"差"。也就是说，哪一个产品更能够满足自己需要的利用价值，以及这个利用价值能够超出价格（成本）多少，是顾客做出判断的主要参考项（图4-29）。

图4-29 对于顾客而言的CE和CS

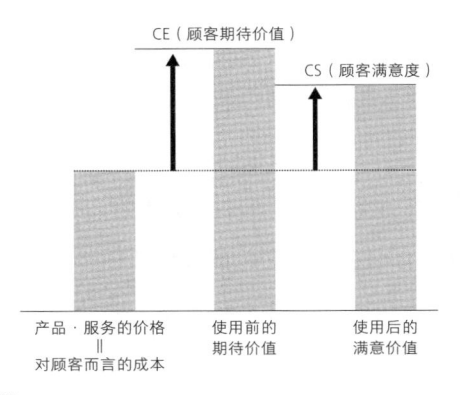

CE（顾客期待价值）
CS（顾客满意度）

产品·服务的价格
＝
对顾客而言的成本

使用前的
期待价值

使用后的
满意价值

CE : Customer Expectation
CS : Customer Satisfaction

CS（Customer Satisfaction）代表的是顾客使用产品和服务后所持有的作为实际感受的满意度。CE（Customer Expectation）是顾客实际购买产品和服务后、使用产品和服务前的期待值。"十分划算""物超所值"其实就是指CS/CE是否与自己支付或者即将支付的成本＝价格持平，甚至超出这个水平。

以福袋来举例。假设某家店正在销售标价1万日元的福袋。店员正在门口宣传："福袋里的商品价值4万日元"。也就是说虽然标价为1万，但是这个福袋的期待值却是4万日元。于是你花了1万日元买下这个福袋，打开后却发现里面竟然只有价值1万2000日元的滞销品。当然，你并没有什么损失，买之前也确实预想到了"万一里面只有价值2万左右的东西怎么办"这种风险，但还是会觉得很失望。

那么，明年你还会来这家店购买福袋吗？里面如果有价值3万5000日元的商品或者你还可以勉强接受，但是只有价值1万2000日元的话恐怕你再也不会有购买的欲望了吧。如果一开始就知道用1万日元可以买到1万2000日元的东西，或许你还会有一种赚了2000日元的感觉，或许明年也会再次购买……这是为什么呢？

CE高意味着提高顾客的期待值并提升了顾客的购买欲望，能够创造新顾客。而且，如果实际购买后的顾客的CS，也就是满意度与购买之前的CE等同，甚至是超越之前的话，顾客就会有超出预期的满意度。这样一来就可以吸引顾客，提高顾客的再次利用率。相反，即便努力提升CE来吸引顾客购买，但最后CS很低，不符合顾客的预期的话，那就会造成顾客的流失。

也许大家经常会在一些商业杂志上看到 CERM（Customer Relationship Marketing）、一对一营销，以及许可营销等词汇，这些其实都是企业为了能够长期维护顾客关系而采取的一些手段。这些手段都离不开一个重要因素，那就是企业原本提供的产品和服务的 CS 是否符合 CE。也就是说，无论企业怎样利用客服或邮件广告进行大肆宣传那些满意度低的产品和服务，都无法再次激起顾客的购买欲。这并不是 CS、CE 的先后顺序，或者哪个更重要的问题。而是，如果一项产品和服务不能让顾客感到满意，充满期待，那么顾客将不会继续尝试。这样甚至会导致公司失去发展前景（图4-30）。

图4-30 CE和CS的关系

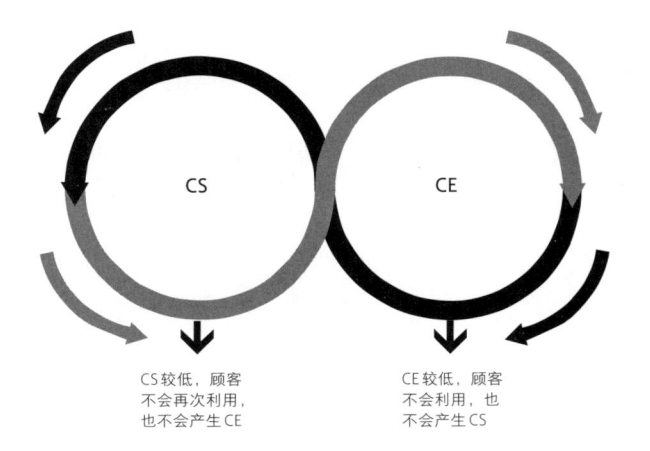

CS较低，顾客不会再次利用，也不会产生CE

CE较低，顾客不会利用，也不会产生CS

CS/CE 与 KBF 的关系

顾客在购买产品和服务时,并不只是单纯地判断其价格和功能,也会考虑企业的品牌形象,以及社会责任(是否公开相关信息和环境保护等)。因此,CS/CE 分析,并不是含糊地询问顾客的期待值和满意度,而是根据顾客的主要购买因素(KBF=Key Buying Factors)来实施。

主要购买因素,指的是顾客在选择产品和服务时最关注的因素。例如,作为家用电脑的附属品的打印机的 KBF,很多人会想到打印机的价格,以及饱和度、大小、重量,等等。但这并不是全部。回想一下自己使用的打印机的情况,就会想到打印机的连接情况、安装的方便程度、打印的速度、墨盒的容量、维修系统,等等。像这样,顾客所需求的事物能够扩展到企业的整个商务系统(图 4-31)。

图 4-31 家用打印机的主要购买因素(KBF)的案例

整体		
安装	产品本身	售后服务
• 企业的形象 • 连接电脑 • 安装的方便程度 • 说明书的充实程度 • 售后的易读性	• 价格 • 重量、大小 • 设计、颜色 • 饱和度 • 颜色种类 • 打印速度 • 墨盒容量的大小 • 打印时的噪音 • 耗电量 • 像素(照片·画报等)	• 墨盒的价格 • 墨盒是否方便替换 • 墨盒是否容易购买 • 其他的售后服务制度

惠普公司（HP）就是通过收集顾客的意见，成功提高了美国的家用打印机的市场销售额。家用打印机市场不同于办公室等地方设置的办公用打印机，是从"便宜没好货"的评价中逐步发展起来的。但是，随着电脑的普及，在家办公，以及回家也继续办公的人越来越多，人们所需求的小型打印机的功能也逐渐接近于办公用打印机。惠普公司就是看准了家庭用户中存在对打印机有不同需求的客户群体，并迅速做出反应。

首先，无遗漏地提取KBF的各个要素，并把这些要素归类到商品自身的魅力、销售能力、售后服务等商务系统的项目中。然后将KBF的重要项目具体对应到商务系统项目，从顾客重视哪些内容这个视角来评价各个项目的重要度。如果省略这个步骤直接评价的话，在面对数量庞大的需要改善的项目时，会无法判断应该优先解决哪些内容，从而导致方向分散。

分析的类型

CS/CE分析的类型，可以分为本公司的评价和标杆分析。

① 评价本公司的产品和服务

图4-32是某外资保险公司的调查结果。价值体系（顾客的角度看待的商业系统）被分为6个领域。如果重要领域的评价项目中，CS/CE都很高则为最佳。

调查结果显示，在"顾客有意向购买时，销售人员的应对能

图4-32 有关保险公司为顾客提供的服务的 CS/CE

与潜在客户的接触
+2 +1 0 -1 -2
- 让人印象深刻的人品(信任感/安心感)
- 送礼物
- 经由介绍人的信任/安心感
- 作为企业的信赖性/安心感
- 专业的印象
- 能够应对工作相关的咨询
- 有关LP*的业务的知识
- 对于LP*的使命感
- 提供人身保险相关的基础知识

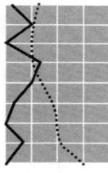

顾客有意向购买时应对能力
- 内容说明的易懂程度
- 用电脑修改方案很方便
- 方案的内容(保额等)十分明确且有理有据
- 说明风险管理的重要性
- 税务/会计的相关知识
- 竞争对手/行业的信息
- 人身保险/普通保险的相关知识
- 和竞争商品进行公平的比较
- 理解顾客的需求和疑问

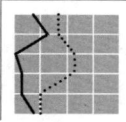

产品内容
- 应对老龄化社会的产品的种类齐全
- 灵活性(付清/转换)
- 能够灵活地应对顾客的生活方式的变化
- 低成本
- 能够根据顾客需求提供定制方案
- 丰富的产品线

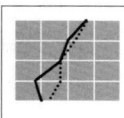

解除合同时的应对能力
- 提供赠品
- 简便的合同文件
- 亲手交付保险单(再次确认合同内容)
- 简要说明发生事故时的手续
- 说明解除已签订的保险合同的方法

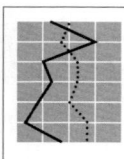

售后服务
- 提供对顾客的商务活动有帮助的信息(不仅限于保险)
- 精心准备的礼物
- 新产品的宣传
- 终身由指定的负责人应对
- 发生投诉时的沟通
- 生活方式发生变化时的应对
- 通过定期访问顾客来确定合同的内容

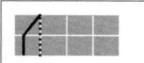

发生事故时的应对能力
- 保持能够经常取得联系的状态
- 应对保险受益人的咨询
- 迅速支付保险金和补助金

—— CE ······ CS
+2:非常满意/期待
+1:较为满意/期待
 0:二者都不好说
-1:不太满意/期待
-2:不满意/期待

*LP:Life Planner
资料:b-collabo 企业分析

力"，以及"售后跟踪服务"这两项中，CS/CE的差距非常大。也就是说，在"顾客有意向购买时的应对能力"中，"通过电脑修改方案"和"有关风险管理的重要性的说明"等项目是今后需要继续维持的重要指标。

此外，在"顾客有意向购买时，销售人员的应对能力"中的"对于顾客的需求和疑问点的理解程度"，以及"售后跟踪服务"中的"生活方式发生改变后的售后跟踪服务"的项目，即便顾客的期待（CE）很高，但是满意度（CS）非常低。在这种情况下，如果不尽快改善CS，中途解约的顾客会不断增加，也难以让现有客户介绍潜在客户。

新人或是成交率较低的销售人员经常会出现的状况就是虽然能够与潜在客户拉近关系，却无法签约。比如，"与潜在客户的交流"中，"送纪念品"这一项，CE虽然不高，但CS却略有增长。如果将其解读为顾客"虽然没有期待，但是得到礼品很高兴"，并且大范围发放纪念品，这种做法是不可取的。与其在并不重要且不被期待的地方花费力气，不如重点关注老顾客，扩大发现潜在客户的途径更有效率。

像这样，将重要领域中的CS/CE制作成矩形图，思考其中的含义是最有效的分析方法（图4-33）。尤其是，如果出现图表右下角那样的CE很高，CS却很低的情况，一定要尽快改善，维护顾客。

② 对本公司的业务进行标杆分析

在建立战略方案时，最让负责人头疼的就是分析竞争对手。

图4-33 产品·服务的CS/CE

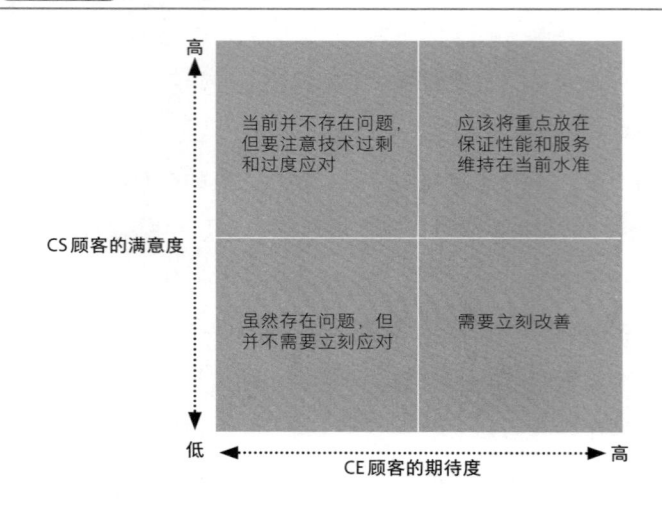

	CE顾客的期待度 低 → 高	
CS顾客的满意度 高	当前并不存在问题，但要注意技术过剩和过度应对	应该将重点放在保证性能和服务维持在当前水准
CS顾客的满意度 低	虽然存在问题，但并不需要立刻应对	需要立刻改善

如果不是持有POS等数据的消费品或业界同等水平的银行，很难获得竞争对手的数据。那么就只剩下直接询问顾客这个方法了。

某制造商G公司在业界持有绝对优势的市场份额。但是，一直位居第二的竞争对手——H公司，开始直接调查并访问拥有决策权的客户群体，企图增加持有的市场份额。而有危机意识的G公司开始针对不同的消费群体进行了包含自己公司在内的业界5家公司的CS/CE调查。结果显示，G公司的产品魅力和销售能力都受到消费者的好评。但是在H公司最关注的新型消费群体中，两家公司的CS/CE评价并没有明显的差别。不仅如此，甚至比H公司的评价还要低。因此，如果将来重新评定行业地位的话，G公司的地位下降的可能性非常高。

CS/CE调查，能够成为了解从顾客的角度看待与竞争对手之间的定位的重要信息来源。还有一个方法就是通过长时间的调查，按照时间顺序进行比较。

③ 调查公司员工的意识

顾客固然重要，但是如果员工没有以一个积极向上的姿态接触客户的话，无论采取怎样的措施也无法满足顾客的需求。CS/CE分析也可用于员工的意识调查。随着日本从年功序列制到实力主义的职业选择的转变，跳槽已经变成十分普遍的现象。业务能力越高的人越想跳槽，而不是坚守在当前的公司，导致离职率也变得越来越高。但是，如果一些需要特殊技能的岗位出现大量的人才流失，并且很难找到替补人员的话，则会给企业带来巨大的损失。因此，很多企业为了能够留住优秀的员工会采取各种各样的措施。最常见的方法就是展开员工意识调查。

如图4-34右下角所示，CE很高、CS很低的员工很容易会产生"在这里工作没有发展"的想法，近期辞职的可能性很大。相反，如果一个公司出现大量的CS过剩型（左上角），也就是CE过低、但CS很高的员工，也需要注意。因为这意味着很多员工抱有"在这里工作很舒服，先留在这里"这样的想法，他们并不期待企业的经营发展，只会消耗成本。如果公司出现为了应对社会环境的变化而不得不改变发展方向时，这些员工也丝毫没有紧迫感的话，这家公司是没有未来的。并且这些员工也不会有较好的发展。相反，虽然对现状不是特别满意，但是期待值很高，如右上角的象限显示的CS/CE型员工很多，那么这家公司是非常有潜力的。

图4-34 员工对于公司的CS/CE

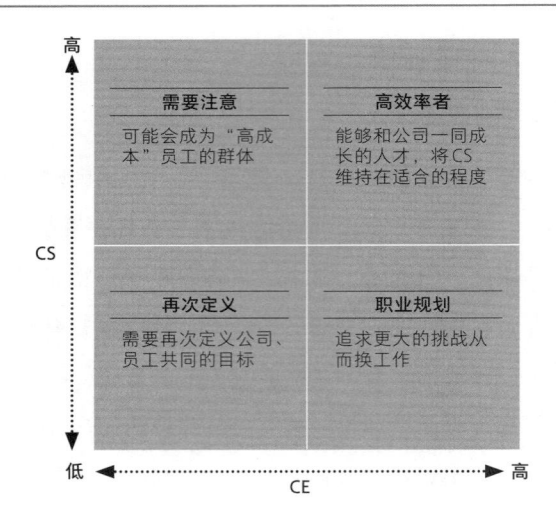

	需要注意	高效率者
CS高	可能会成为"高成本"员工的群体	能够和公司一同成长的人才，将CS维持在适合的程度
CS低	再次定义	职业规划
	需要再次定义公司、员工共同的目标	追求更大的挑战从而换工作

低 ← CE → 高

分析的应用

目前，CS/CE给企业的市场价值也带来了很大的影响。股价的形成就是现有的经济活动产生的现金流量。但是，这并不代表投资者只观察股价就会采取相应行动。比如，被称为优良企业的辉瑞公司、思科系统公司，以及美国通用电气公司（GE）的实时股票价值总额已经远高于现阶段能够看到的现金流量。据麦肯锡公司的推算，这个差值在思科系统公司大约为3倍，在通用电气公司大约为1.4倍（图4-35）。市场就是将超过现状的延长线，该企业将来能够产生的价值，即将来可能创造的现金流量的期待值列入评价系统。

图4-35 美国优良企业的市场价值

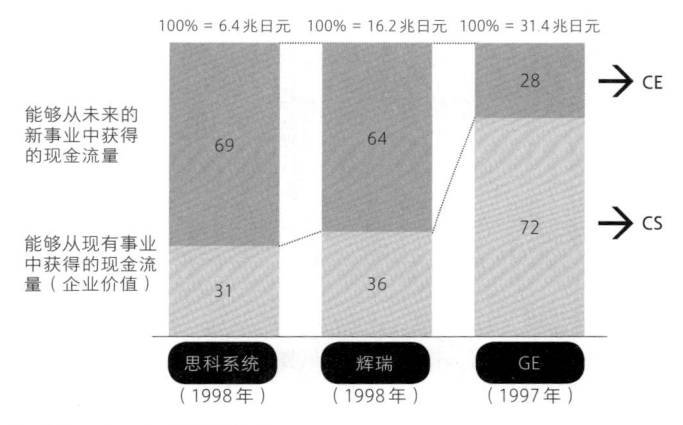

```
100% = 6.4兆日元    100% = 16.2兆日元    100% = 31.4兆日元
```

能够从未来的新事业中获得的现金流量: 69 64 28 → CE

能够从现有事业中获得的现金流量（企业价值）: 31 36 72 → CS

思科系统（1998年） 辉瑞（1998年） GE（1997年）

出处：The McKinsey Quarterly（1999年10月刊）

那么，日本企业的情况如何呢？泡沫经济时期的日本的高股价是企业以不直接产生利润的空地和账外收益为基础，进行融资努力扩大事业规模、改善生产所获得的结果。目前，除了索尼和NTT docomo等一部分企业之外，其他企业不仅无法拓展新领域，甚至只能在提升成本的利用率的视角下改良核心事业的业绩。在这种状况下，投资者将对日本企业失去信心。

但是，这其中也有只要彻底改革管理体制，就有可能成为拥有生产价值潜力的日本企业。这种企业，未来很可能被竞争对手收购或是成为M&A的目标。

演习　CS/CE 分析

从下列选项中选出 3 个选项，分别举出 CE 型、CS 型的具体案例。将你的假说分享给朋友、同事或者家人，讨论假说的合理性，并说明你的论点。

【定义】

CE 型：经常创造让人期待的东西，挖掘新需求的人、企业、自治团体

CS 型：不追求新的改革，但只要挑战新事物一定会让人感到满意的人、企业、自治团体

（1）报社或者电视台

（2）专业运动团队（棒球、足球等）

（3）汽车制造商或者家电制造商

（4）航空公司或者出租车公司

（5）旅游景点、游乐场（国内外皆可）

（6）国家（作为你永久居住地的国家）

（7）周围的人或者自身

第五章

把握深度，掌握问题的结构并将问题具体化

把握深度是指有逻辑地分解作为现象发生的事象的结构，抓住问题的本质。

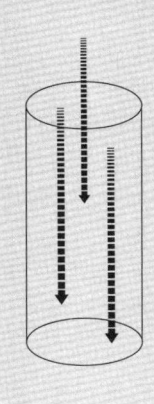

商务活动归根结底就是"成果主义"，用数字判断结果。在获得结果的过程中，无论怎样努力，如果最终没有反映在数据上，就无法获得认可。通过销售额、利润、市场份额等数字来被判断、被评价是商务活动的宿命。因此，在处理商务上的问题时，有必要评论这些数字的好坏，从而把握问题、解决问题。

但是，只看数字既无法发现本质性的问题，也无法真正解决问题。因此，在把握问题的扩展的同时，还要探求问题的根本。为了探求代表结果的这些表面数字的真正含义，需要进行有深度的分析。

数字问题，如将ROE偏低归结为一个原因的话，那么只要解决这一点即可。但是，在商务场合，很少出现100%必然且单纯的因果关系。这是因为我们所处的环境本身就是非常复杂的，存在大量的不确定因素，也非常不明确。其中，针对已经出现的结果，想要找出具体问题和课题的话，逻辑很重要。如果没有从逻辑上把握问题的结构，即便想要解决问题，也无法获得预期的结果。这样不过是一场没有计划的赌博。

即便依靠直觉获得了成功，却没有从逻辑上把握问题的结构，那么下次出现相同问题时，也只能凭一时的想法采取应对措施。总之，把握问题的深度，就是有逻辑地分解作为现象发生的事象的结构。

深刻的理论分析带来成功：黑猫雅玛多宅急便

经过长期与日本旧邮政省的斗争，日本雅玛多宅急便原会长小仓昌男创造了"宅急便"市场。他曾在著作《黑猫宅急便的经营学》中表示：提出并实现黑猫雅玛多宅急便，以及取得巨大成功的重要原因之一就是对这种逻辑的追求。

也就是说，在考虑宅急便的可行性时，必须确保收益要高于派送工作所消耗的成本。实现这一点的关键在于1天可以收集多少个包裹，以及收集和派送包裹的密度。这是用户的人口密度的函数，并且车辆的作业效率也会根据负责区域的范围而发生变化。这样一来，货物的需求密度很低，也就是市场还没有完全打开的情况下很可能会出现赤字。但是，只要经过一定时间，市场日趋成熟，包裹的需求密度达到一定规模，也就是只要达到一定临界质量，就能够扭转亏损的局面。经过这一番慎重思考后，原社长小仓先生便决定正式加入宅急便市场，并且在试错的过程中适当调整计划，同时说服反对这项计划的人，最终获得了成功。在这背后存在着思考并梳理事物的条理，并且坚持其合理性这种逻辑上的贯彻。

在逻辑上把握问题的结构绝非易事。但是，绝不能因为从逻辑上追求深度非常困难就选择放弃，这样是无法找出解决对策的。只有迎难而上，探寻那些与代表结果的数字背后紧密相关的问题和解决方案，才能看到出路。本章内容主要从不同的角度，探索追求深度所必需的逻辑。

1 逻辑
通过追求深度的逻辑，掌握因果关系

可以知道些什么？

运用逻辑实现结构化，深入挖掘问题，就是反复询问为什么，为什么，为什么？这是一项不断追问的工作。但是，有些人却很难做到。最常见的情况是在回答"为什么，为什么，为什么"这个过程中，会不知不觉将"为什么"变成了"于是"。

我曾在一次逻辑训练中深入挖掘"为什么少子化问题越来越严重"这个问题。有的人的逻辑展开是这样的："少子化问题越来越严重"→为什么。"越来越多的夫妻没有生育意愿"→为什么。"幼儿园等社会制度不够完善"→为什么。因为"孩子的人口数量偏少"。看起来这样的问答似乎并不存在问题。但是，在这过程中，"为什么"不知不觉被转化为"于是"。依照这个逻辑，正确的思路应该是："少子化问题越来越严重"→为什么。"越来越多的夫妻没有生育意愿"→为什么。"因为对于夫妻都工作的家庭来说，很难兼顾育儿和事业"→为什么。"幼儿园等社会制度不够完善，养育孩子的负担重"。

在最初的分析中，深入挖掘"少子化问题越来越严重"的其中一个原因时，答案最后变成了"孩子的人口数量偏少"。这样一来，从这里引导出的解决方案的方向性就会变成"孩子人数偏少"。仅凭这一点，能够找到解决少子化问题的线索吗？如果是这种情况，即便在解决问题的过程中意识到了需要加强幼儿园等社会基础制度的完善力度这个方向性，最终也会忽视这一点。

用相同的思考模式深入挖掘现状的问题。还没有找到具体的原因，如针对A商品等销售额低下的问题，只能够找出A商品的竞争力低下这个表面的原因。这样既看不到问题的本质，也无法提出具体的解决方案的方向性。

商务领域中的各类计划基本是对未来的预测。并且在商务上获得的成功，本身就是通过实施各类经济活动从而进行预测，这与成果是密切相连的。运用逻辑思维进行预测时，无论成功与否都能够在事后找出"为什么成功""为什么失败"的原因。总而言之就是能够有所收获。这一点与无法再现的直觉和一时的想法完全不一样。

分析的类型

认清风与木桶的关系

在日本的江户时代曾经有"刮风木桶就会畅销"的寓言。这个寓言的逻辑为刮风是原因，引发的结果是木桶畅销。这个寓言是由几个因果关系连接起来的（图5-1）。如果这个逻辑的条理合

图5-1 "刮风木桶就会畅销"的逻辑

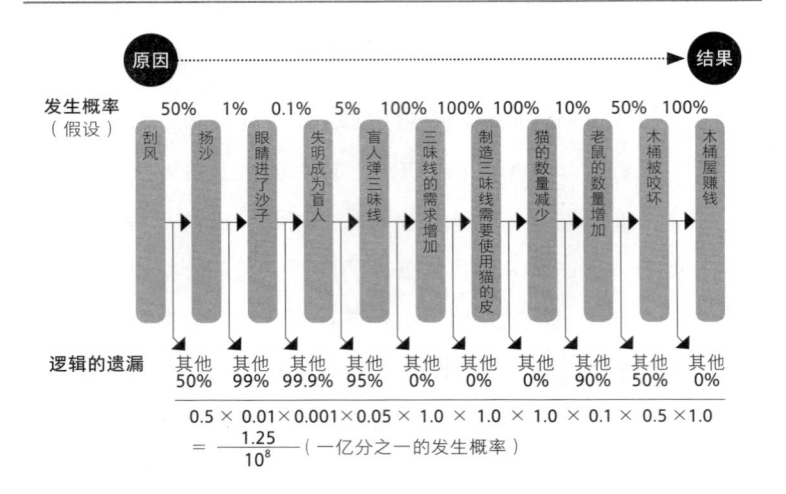

发生概率（假设）	50%	1%	0.1%	5%	100%	100%	100%	10%	50%	100%
	刮风	扬沙	眼睛进了沙子	失明成为盲人	盲人弹三味线	三味线的需求增加	制造三味线需要使用猫的皮	猫的数量减少	老鼠的数量增加	木桶被咬坏	木桶屋赚钱
逻辑的遗漏	其他50%	其他99%	其他99.9%	其他95%	其他0%	其他0%	其他0%	其他90%	其他50%	其他0%

$$0.5 \times 0.01 \times 0.001 \times 0.05 \times 1.0 \times 1.0 \times 1.0 \times 0.1 \times 0.5 \times 1.0 = \frac{1.25}{10^8}$$（一亿分之一的发生概率）

理的话，那么只要在经常刮风的地区开店，木桶店的老板便能够大赚一笔。如果大家都生活在江户时代，因裁员而失去工作，只剩下开木桶的分店赚钱这一条维持生活的道路，你会因为相信"刮风木桶就会畅销"这个逻辑，在经常刮风的地区开一家木桶店的分店吗？如果真的有人这样做了，或许能够证明这个逻辑在沟通交流方面的确有说服力。但我想表达的是，对于商务人士来说分辨这种逻辑的条理的好坏至关重要。

销售木桶赚到了钱，也就意味着会得到销售额上涨、市场份额提升、利润增加、股价提升这样的结果。但是，如果将无法提升销售额、无法获得利润、木桶屋没有盈利的原因归结于"没有刮风"，即便在强风地带设立木桶屋连锁店也无法解决任何问题。这是因为"刮风木桶就会畅销"这个逻辑已经在很多地方被切断了因果关系。例如，在江户时代，即便只是眼睛进了沙子会有多少人因此而失明呢？即便猫的数量减少了，又会增加多少老鼠呢？总而言之，即便刮风了，木桶店也几乎无法因此盈利。因此，在强风地带开设木桶店也不可能获得成功。

"刮风木桶就会畅销"的这个逻辑对于商务活动最重要的警示就是现实生活中其实充斥着像这样几乎没有因果关系、不过是诡辩的逻辑。感觉很有说服力，但一旦进入执行阶段后却毫无收获，这是因为逻辑的条理存在问题。商务场合中，在现象的层面上深入挖掘结果的问题时，如果找到的原因和结果之间不存在紧密的因果关系，即便解决了这个原因＝问题，也无法获得结果。由于商务环境本身十分复杂，原因与结果之间的有100%的联系的情况十分少见。以"刮风木桶就会畅销"为例，因为三味线的需求增加，所以猫皮的需求也随之增加。三味线是由猫皮制成的，因此这两者之间的因果关系是绝对的。总之，像这样明确的因果关系十分罕见。正因如此，在复杂的环境当中，尽可能地找出每一个逻辑成立的因果关系非常重要。

商务中的逻辑随时代变化

在商务场合中，还有一点非常重要，那就是与涉及自然规律的科学不同，商务中的因果关系会与时代环境一同变化。由于技术改革、消费者的喜好的变化、制度的强化与缓和等环境的变化，商务中的逻辑也经常会发生变化。迄今为止条理十分清晰的逻辑，很可能突然不适用。"以前的成功经验无法适用于现在"是因为环境发生了变化，过去的逻辑也产生了质变。如果过去的经验已经不适用，则可以分析受到怎样的影响，以及不适用的原因。在"刮风木桶就会畅销"这个逻辑中，刮风就会扬沙这个因果关系在江户时代是成立的。由于当时并不具备铺路的技术，所以刮风就会扬起沙尘。但是现在的道路基本都是修整过的，所以就算刮风也不会出现沙子乱飞的情况。也就是说，随着道路工程的发展，刮风就会扬沙这个逻辑或许已经无法成立。并且，现在的猫不需要捉老鼠。如果想进一步验证，可以在较大的房间内分别放入家猫、野猫、空腹的猫和吃饱的猫与老鼠，并分成几组，观察它们的状态。

用一个浅显易懂的商务案例，对"刮风木桶就会畅销"进行逻辑思考的练习，结果并不理想。这是因为，很多商务人士并不具备"思考原因、深入分析、开始行动"和"采取这种方式会获得怎样的结果"这种思考因果的基本逻辑思路。只是茫然地思考问题、采取行动，是无法训练逻辑思维的。

即便环境发生变化，这类商务人士，也只会因为上司的命令、周围人的建议，竞争对手采取的行动等理由而采取行动。拥有这种思考方式的商务人士，既无法成为第一，也无法成为唯一。

分析的应用

最佳方案和标杆分析是演绎法和归纳法的结合

演绎法的三段论（图5-2），是由"如果B就C，且如果A就B，因此如果A就C"这个逻辑构成的。如果将它和归纳法结合到一起，那就可以按照图5-3所示的逻辑思维进行推论。虽然看起来很难，但这是任何人在任何领域都能够使用的逻辑思维。在给演绎式假说下结论时，可以运用归纳式推论在普遍的大前提中加入已有的小前提。

图5-2 三段论的逻辑

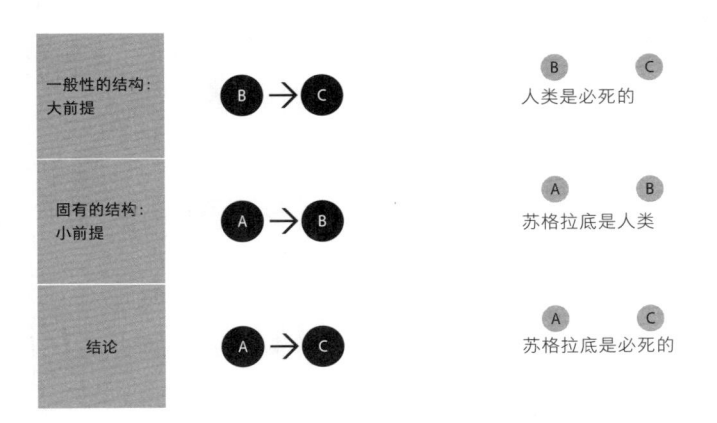

一般性的结构：大前提	B → C	B C 人类是必死的
固有的结构：小前提	A → B	A B 苏格拉底是人类
结论	A → C	A C 苏格拉底是必死的

图5-3 三段论的逻辑

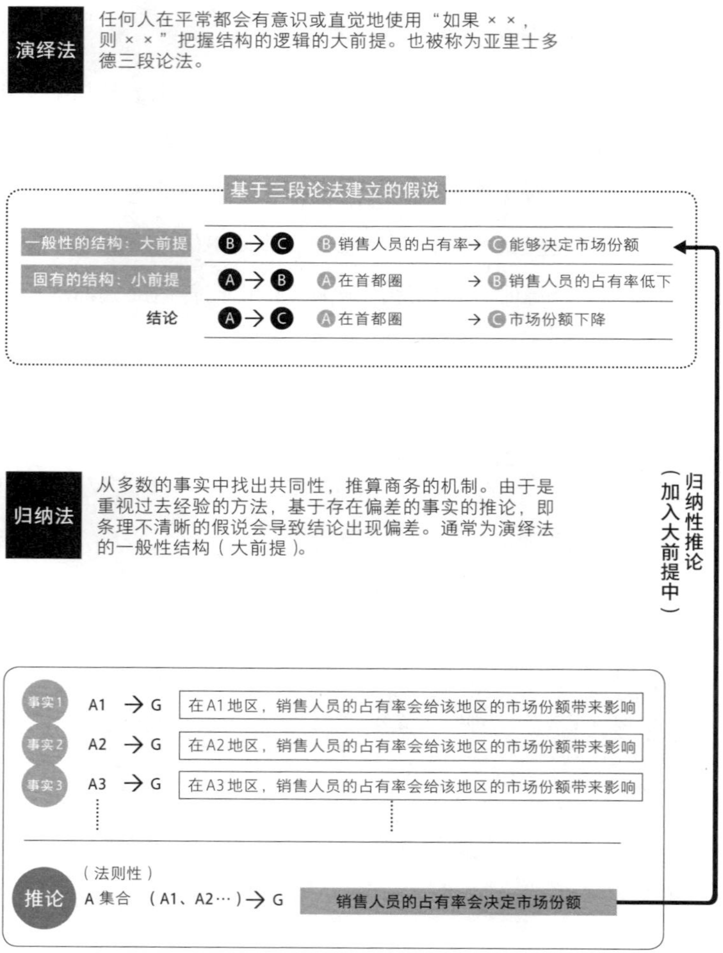

演绎法　任何人在平常都会有意识或直觉地使用"如果××，则××"把握结构的逻辑的大前提。也被称为亚里士多德三段论法。

基于三段论法建立的假说

一般性的结构：大前提	Ⓑ → Ⓒ	Ⓑ销售人员的占有率 → Ⓒ能够决定市场份额
固有的结构：小前提	Ⓐ → Ⓑ	Ⓐ在首都圈 → Ⓑ销售人员的占有率低下
结论	Ⓐ → Ⓒ	Ⓐ在首都圈 → Ⓒ市场份额下降

归纳法　从多数的事实中找出共同性，推算商务的机制。由于是重视过去经验的方法，基于存在偏差的事实的推论，即条理不清晰的假说会导致结论出现偏差。通常为演绎法的一般性结构（大前提）。

（归纳性推论（加入大前提中））

事实1	A1 → G	在A1地区，销售人员的占有率会给该地区的市场份额带来影响
事实2	A2 → G	在A2地区，销售人员的占有率会给该地区的市场份额带来影响
事实3	A3 → G	在A3地区，销售人员的占有率会给该地区的市场份额带来影响
推论	（法则性） A 集合（A1、A2…）→ G	销售人员的占有率会决定市场份额

演习　逻辑

1. 参照刮风则木桶就会畅销，尽量为经济不景气则家用咖啡需求量增加或者家用咖啡需求量减少设计有条理且符合逻辑的因果关系的故事。并且，思考经济发展状况与家用咖啡的需求量（在家喝的速溶咖啡和普通咖啡）之间是否存在因果关系。如果存在，需求量是增加还是减少？请说出你的结论。另外，如果在建立的因果关系的环节中有需要验证的地方，应该进行怎样的分析和调查？思考具体的分析和调查的方法。

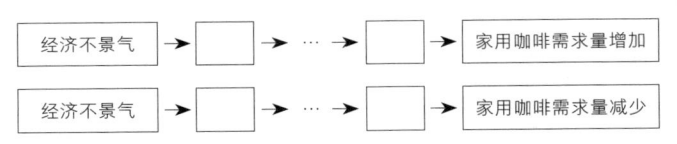

| 经济不景气 | → | | → | … | → | | → | 家用咖啡需求量增加 |
| 经济不景气 | → | | → | … | → | | → | 家用咖啡需求量减少 |

2. 看起来似乎并不存在因果关系，但仔细思考后则会发现其实存在连接原因与结果的因果关系，请试着举出几个身边这样的事例。

2 因果关系分析
从恶性循环中找出应该解决的真正原因

可以知道些什么？

在商务场合，当某个问题越来越明显且导致这个问题的原因十分复杂，如果在找出最根本的原因之前就贸然采取行动，不仅无法改善现状，反而会导致问题更加严重。当一项工作无法顺利推进时，通常是因为连锁反应，从而陷入恶性循环。因果关系分析（causality analysis）是指准确把握现象与原因之间的因果关系，找出存在于表面问题（现象）背后的根本原因的一种分析方法。

图5-4表示的是陷入负增长的某企业的恶性循环示意图。销售额一旦下滑，就会导致企业的固定成本率上升、利润下降。虽然利润包含股东的分红，但主要还是作为下一轮企业经营活动的原始资本。一旦原始资本不足，投入到研究开发、新产品研发、促销活动、生产设备更新等环节的资金就会受限。这会直接削弱产品竞争力，吸引顾客的能力也会随之降低。这样会导致销售额愈发下滑。

想要彻底切断这种负增长的恶性循环，首先需要做的就是削

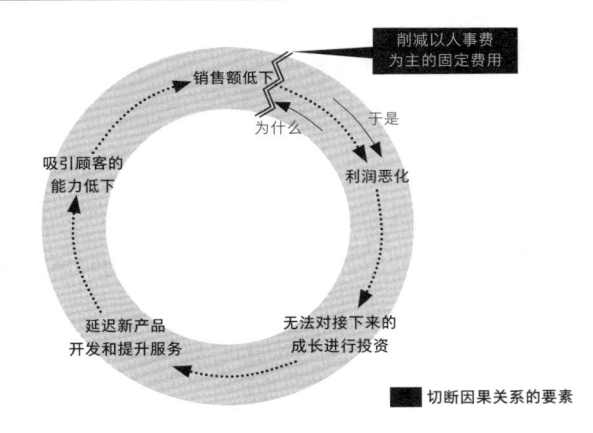

图5-4　因果关系分析：负增长企业的恶性循环

```
         削减以人事费
         为主的固定费用
    销售额低下 ⚡
  为什么         于是
吸引顾客的        利润恶化
能力低下
    延迟新产品    无法对接下来的
    开发和提升服务  成长进行投资

■ 切断因果关系的要素
```

减固定支出，尤其是人事费的支出。也就是说，暂时切断销售额降低和利润减少这二者之间的因果关系。通过这种方法，能够暂时扭转亏损局面，孕育能够迈入新的成长的良性循环。但问题在于找出引发这种恶性循环最本质的原因是什么。

深入挖掘销售额底下的原因就会发现这或许是愿景和战略方面的问题。如果没有明确地把握这一点，即便暂时切断恶性循环，也无法进入良性循环。也就是说，如果没有能够激发顾客购买欲的产品和服务，即便裁员也无法解决销售额下降的问题。反而可能会导致有能力的员工不断离职。

再举一个身边的例子吧。在本书的第一部分中提到的隐形糖尿病患者也是陷入恶性循环的人群。因为生活忙碌而导致作息不规律，逐渐形成压力→暴饮暴食→肥胖→运动不足→压力这个恶性循环。抛开遗传因素，最根本的原因是"没有节制的生活方式"。并且，造成这个现象的根本原因就是自我管理能力低下。只要服用营养品和维生素，或许能够暂时切断因果关系，但是，只要继续维持相同的生活方式是不可能从根本上预防糖尿病的。即便侥幸没有患有糖尿病，也难逃高血脂症、心脏病等疾病的困扰。

像这样，通过因果关系分析可以明确以下两点：

①应该切断构成恶性循环中的哪个因果关系的哪个部分？

②引发恶性循环的根本原因是什么？应该如何解决？

分析的类型

正如前文所述，所有商务方面的因果关系，都有相对应的"固有"的逻辑。因此，首先应该客观地认识每项商务活动中的因果关系。

正确认识因果关系主要有通过现状分析锁定恶性循环，以及运用良性循环分析现状这两种方法。但是，这并不意味着能够选择一种方法实施。因为如果没有准确把握恶性循环和良性循环这两方面，则无法找出原因和解决方案。

① 通过现状分析锁定恶性循环

在进行因果关系分析时，首先要找到引发现象发生的具体原因。接下来，用箭头符号连接若干个具体原因和当前发生的现象（问题）之间的因果联系。如果因果关系不成立，则有可能是缺少连接项，或者箭头的方向为反向。在重复这样的工作的过程中，因果关系会逐渐变得明确。最后,将表面化的问题(现象)整理成应该解决的原因,然后根据原因决定解决问题的先后顺序。

例如,在超市和CVS(便利店)的货架上我们经常可以看到需要维持鲜度的生鲜食品和饮料(啤酒和牛奶),这类商品在同类产品较少且竞争不激烈时,处于一种只要制造便能够销售出去的良性循环。但是,一旦消费者的需求和竞争的规则出现变化,零售商就会面对销路变差的状况(图5-5)。

首先,用"逻辑树"具体地思考"销路不佳"的这个问题(现象)的原因就会发现,问题似乎出在商品上(图5-6)。进一步挖掘原因,可以得知细致划分消费者人群,并且为了迎合不同的细微需求而增加商品种类这种做法适得其反。并且,在途库存存在重复现象,店铺中陈列着不新鲜的商品。更进一步深入挖掘的话,就会发现由于预测需求量的工作完成得较为敷衍,无法调

图5-5 新鲜循环型商品的因果关系分析

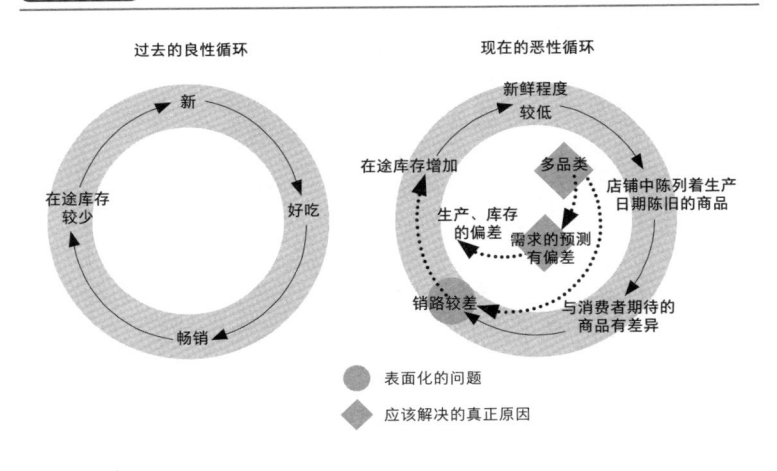

过去的良性循环:新 → 好吃 → 畅销 → 在途库存较少

现在的恶性循环:新鲜程度较低 → 多品类 → 店铺中陈列着生产日期陈旧的商品 → 与消费者期待的商品有差异 → 销路较差 → 需求的预测有偏差 → 生产、库存的偏差 → 在途库存增加

● 表面化的问题
◆ 应该解决的真正原因

图5-6 逻辑树的思考方式

逻辑树是在分析主要课题时，基于MECE的思考方式，
有体系地将结构和机制分解并整理成树状图。
是在深入挖掘问题点，使解决方案变得具体化上非常有效的技巧。

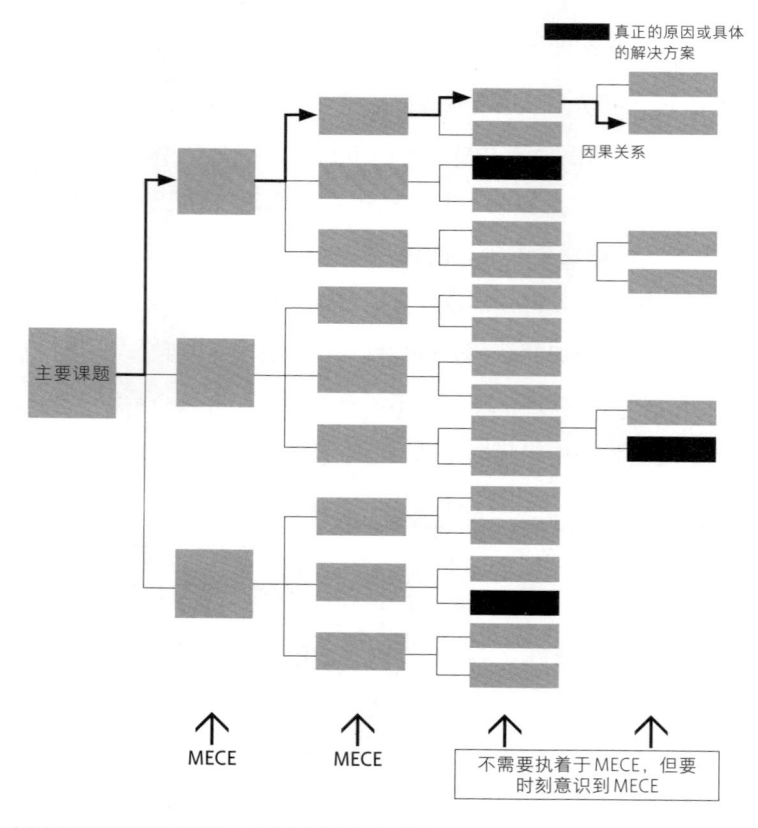

■ 真正的原因或具体的解决方案

因果关系

主要课题

↑ MECE ↑ MECE ↑ 不需要执着于MECE，但要时刻意识到MECE ↑

（注）在麦肯锡公司称为逻辑树，具体内容请参考《工作的原理·解决问题篇》。

整供需关系也是一个重要原因。

像这样，将所有能够考虑到的原因用表示因果关系的箭头符号连接起来，整理最根本的原因就能够发现最大的原因就是盲目地增加商品类，以及预测需求的准确度太低。这时，作为解决销售额下滑的方案而举出在途库存过多，提出"为了减少库存而加强库存管理"等方法，则完全是偏离主题。表面上调整库存，即便能够暂时减少在途库存，工厂的库存也会持续增加。

进行因果关系分析时最重要的一点就是要在梳理因果关系的过程中坚持追求"真正原因"。如果中途实施了一些貌似有效的解决方案，只选择眼前的对症疗法来推迟解决问题，随着时间的流逝，事态的恶化程度也会越来越严重。

② 运用良性循环分析现状

当工作毫无起色时，只是一味地挖掘引发这种现象的原因的因果关系并非有效手段。观察周围发生的良性循环（最佳方案）的案例，比较二者之间差异也是一种有效的方法。

负责人身保险等解决问题型工作的销售人员的成功模式（良性循环）和失败模式（恶性循环）究竟有何不同？图5-7中，用圆点标示出来的重点部分代表了二者的特征。

也就是说，成功模式的重要特征在于"引出顾客的需求和问题点"以及"售后跟踪服务"，而失败模式的特点就是"轰炸式电话访问"和"强行推荐方案"。也许有人会认为只要改掉这些地方就可以了。但是，一直无法成功销售商品的销售人员无法立刻

图5-7 解决问题型销售的良性循环和恶性循环

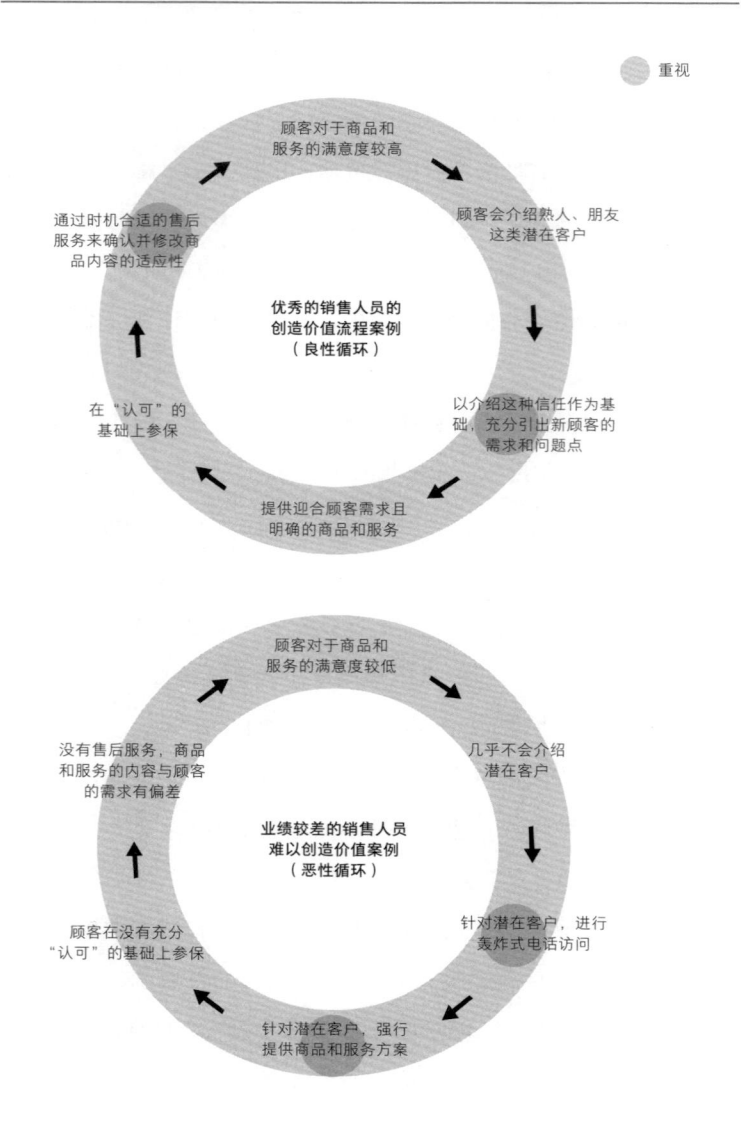

○ 重视

优秀的销售人员的创造价值流程案例（良性循环）

- 顾客对于商品和服务的满意度较高
- 顾客会介绍熟人、朋友这类潜在客户
- 以介绍这种信任作为基础，充分引出新顾客的需求和问题点
- 提供迎合顾客需求且明确的商品和服务
- 在"认可"的基础上参保
- 通过时机合适的售后服务来确认并修改商品内容的适应性

业绩较差的销售人员难以创造价值案例（恶性循环）

- 顾客对于商品和服务的满意度较低
- 几乎不会介绍潜在客户
- 针对潜在客户，进行轰炸式电话访问
- 针对潜在客户，强行提供商品和服务方案
- 顾客在没有充分"认可"的基础上参保
- 没有售后服务，商品和服务的内容与顾客的需求有偏差

成为提出出色方案的销售人员。仔细阅读图中恶性循环的表达方式就能发现其内容和良性循环图中的内容正好相反。这绝非偶然。陷入恶性循环的原因，正是因为当事人并没有意识到自己正不断重复与良性循环完全相反的行为。

如果只是因一时的权宜之计而切断因果关系，是无法进入良性循环的。检查自己制作的恶性循环图是否具备整合性，最简单的方法就是将恶性循环图中的表达方式全部反过来。

例如，以前文中提到的企业负增长的案例为例，就是将销售额下滑改为提高销售额，将利润下降改为增加利润，等等。如果反过来看，因果关系的逻辑是成立的话，那么良性循环也应该会成立。相反，如果因果关系不成立，那则说明最开始的因果关系只是根据随意的逻辑强行拼凑在一起的，逻辑并不合理且存在错误。

分析的应用

在上一节中，我介绍了恶性循环和良性循环的分析方法。接下来，我将会介绍结合这两种模式，并且成功运用到考察企业的竞争战略的案例。

目前，最能够切身感受到全球化所带来的威胁的就是金融机构。无法摆脱原有的护送船队式的经营方式的日本金融机构的根据地中，涌入了高举市场原理大旗的国外金融机关。在这种环境下，如果二者竞争会变成怎样的状况（图5-8）？在此之前，无论

图5-8 伴随国外先进企业进入日本国内市场的竞争状况（金融机关案例）

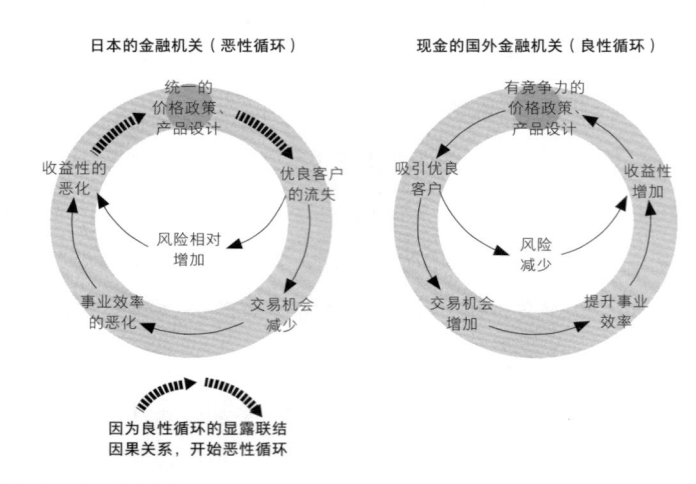

日本的金融机关（恶性循环）

- 统一的价格政策、产品设计
- 收益性的恶化
- 优良客户的流失
- 风险相对增加
- 事业效率的恶化
- 交易机会减少

现金的国外金融机关（良性循环）

- 有竞争力的价格政策、产品设计
- 吸引优良客户
- 收益性增加
- 风险减少
- 交易机会增加
- 提升事业效率

因为良性循环的显露联结因果关系，开始恶性循环

资料：b-collabo企业分析。

选择哪一家银行，情况都差不多，日本的消费者并没有意识到日本金融机构的做事方法是一种"恶性循环"。由于并没有比较的对象，所以消费者认为现有的银行服务就是这样。但是，在此之后就不一样了。国外的金融机构能为客户提供多样化且有利的金融商品，因此当消费者意识到国外金融机构的良性循环后，日本金融机构便开始陷入了恶性循环。

总而言之，拥有良性循环商务模式的企业在进入到传统的领域后，过去适用的陈旧的商业模式就会开始陷入恶性循环。

泡沫经济崩坏后，日本的金融机关被大额的不良债券困扰，至今仍然无法在方向上做出大的调整，正是因为深陷恶性循环的泥潭的缘故吧。

> **演习**　因果关系分析

　　采取连锁经营方式经营汉堡包的W公司，将店铺运营全权委托给名为特许经营人的独立所有人。最近，难以留住能够完成店内工作的人才，店铺的经营状况十分严峻，公司经常接到特许经营人的咨询。以下是从围绕该话题进行会议讨论的特许经营人会议的会议记录的一部分。请阅读这部分会议记录并回答以下问题。

【该会议的主要发言内容】

· 和过去不一样，现在没人觉得在快餐店打工是件非常值得骄傲的事情。临时工跟我说现在快餐店打工就是脏、暗、苦。

· 过去只有3种汉堡包，现在有很多种类。现在的工作既复杂又麻烦，离职的临时工和正式社员非常多。

· 不应该开设新店。应该管理好现有的店铺，将员工派往位置较好的店铺。

· 遇到临时工辞职，很难立刻找到人手接替，导致店铺里的员工十分繁忙。刊登招人广告需要花钱，还要进行面试。并且也不是任何人都可以，非常麻烦。

· 操作指南规定了很多事项，是否应该有一些自主判断的空间？最近的年轻人没有独立思考的能力，也不会随机应变，让人头疼。

· W公司的区域经理人虽然经常来到店里，但基本上只听我们的抱怨，从来不提供任何解决方案。这样还不如帮我们工作。

· 据说竞争对手Z公司的每小时的工资比我们高100日元，从我们这里辞职的员工很多都去那里了。未来孩子的人口数量会越来越少，如果经营汉堡包的商家之间竞相招揽员工的话，我们恐怕很危险。

【问题】

1. 根据以上发言，请描绘该公司特许经营店铺的人员流失问题的恶性循环图。
2. 指出这个问题的根本原因，并提出如果想要将恶性循环转换为良性循环应该怎样做？请提出解决方案的假说。

3 相关性分析
从相关关系推测商务上的因果关系

可以知道些什么？

相关关系是指当一方发生变化另一方也会随之变化的这种相互影响的关系。比如，当销售人员的访问次数增加，销售额也会增加，则表示访问次数与销售额之间，存在一方发生变化另一方也发生变化的关系，所以两者互为相关关系。再比如，为了提高某产品的生产量，每件产品的成本就降低了，这种情况同样属于相关关系。这时，如果将一方的变数增加，另一方也增加的情况称为"正相关"，一方变数增加而另一方减少的情况称为"负相关"。以前面的例子来说，访问次数和销售额的关系是正相关，生产量和成本之间的关系是负相关（图5-9）。

由于商务上的问题本身受各种复杂因素的影响，所以想要找出因果关系中的原因比较困难。因此，需要基于假说找出与现象有相关关系的因素，并从中找出因果关系成立的真正的原因（图5-10），不断地重复这个过程，这才是相关分析的目的。

相关性分析通常用Y轴代表销售额、成本、利润、市场份额等现象，用X轴代表可能与其有相关关系的因素，如访问次数、

图5-9 相关性分析

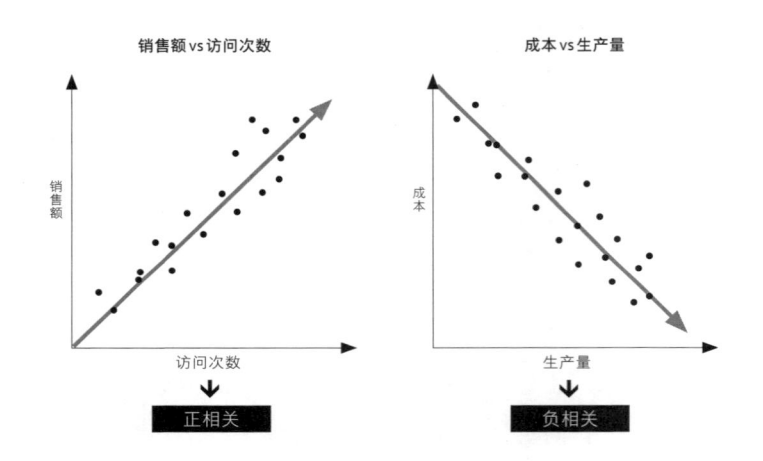

销售额 vs 访问次数

↓
正相关

成本 vs 生产量

↓
负相关

图5-10 相关关系和因果关系

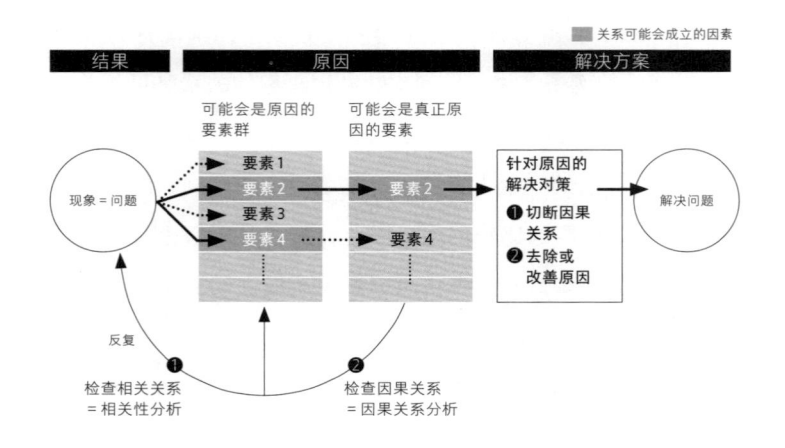

关系可能会成立的因素

结果	原因	解决方案

现象＝问题

可能会是原因的要素群：
- 要素1
- 要素2
- 要素3
- 要素4

可能会是真正原因的要素：
- 要素2
- 要素4

针对原因的解决对策
❶ 切断因果关系
❷ 去除或改善原因

→ 解决问题

反复

❶ 检查相关关系 ＝相关性分析

❷ 检查因果关系 ＝因果关系分析

商品的认知率、生产量等，然后用图表或是分散图等形式将数据表示出来。如果相关关系成立，那么数据会聚集在右上走向或右下走向的直线上，但是实际上会出现凹凸不平的现象。这时，从数据群的相关直线观察偏离度的方法就叫回归分析（regression analysis）。如果代表偏离度的回归系数 r 的值无限接近 1，那么这就表明直线回归的偏离度较小，换句话说，这些数据的 X 轴和 Y 轴的相关性很高。相反，如果数据之间偏差很大则表示相关性低（图 5-11）。在统计学中，r 值只有达到 0.9 以上，才能够认定相关关系，但是经营领域并不寻求科学的正确性，因此用趋势来看待相关关系。只要 r 值 = 0.7 以上就表示相关关系成立。但是，即便是同一个 r 值所代表的数据也可能不在同一条直线上，要注意这一点。

图 5-11 相关关系的成立

相关　　　　　　　　　　不相关

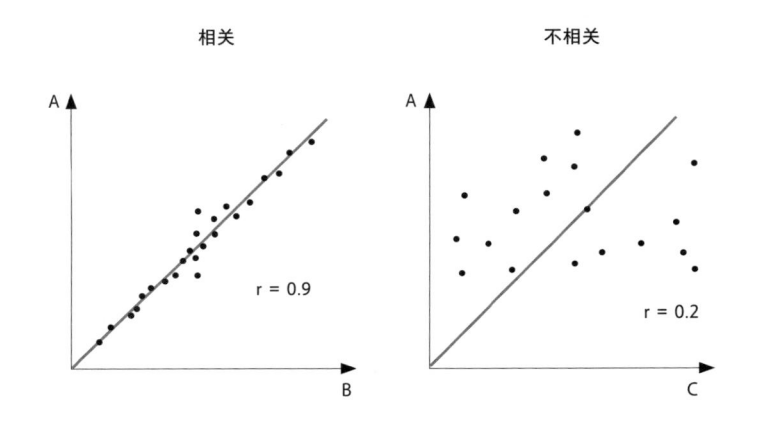

r = 0.9　　　　　　　　　r = 0.2

如果存在因果关系，则相关关系成立

在本书的第一章和第二章中曾提到，解决商务方面的问题，就是深入挖掘产生表面化的现象的原因，然后针对从中找到的原因执行改善措施。这里的原因指的是与表面的现象有因果关系的某个要素。那么，成立因果关系需要满足的条件具体有以下3种：

① 现象与原因二者之间存在相关关系。
② 因果（原因与结果）的顺序在逻辑上和时间上不可逆。
③ 现象与①的要素之间有其他要素介入的情况下，这个要素必须同时满足条件①、②。

如果某个现象与要素之间存在因果关系，那么其相关关系也必定成立。但是反过来，相关关系成立，并不代表一定存在因果关系。以本章节开头的案例来说，访问次数和销售额之间虽然存在相关关系，但并不一定存在因果关系。即便访问客户，但是如果没有进入到与客户公司的拥有决定权的负责人面谈，根据对方的需求介绍产品、价格交涉的环节，则和销售额没有任何关系。在访问到购买的过程中存在大量的因果关系的成立条件第3条的不同因素，如果这些要素之间不存在因果关系，那么即便相关关系成立，也不存在因果关系。

另外，在商务场合，被视为问题的因果关系只是解决问题的工具而已。不能只是单纯地讨论是否存在因果关系，应该不断询问除去影响（原因）后能够在何种程度上解决问题，并做出回答。如"蚊子多导致GDP上升""经济不景气，（赛马）马票畅销"等，当原因与结果同时涉及微观和宏观事项时很容易成为问题。宏观的结果是由无数个微观的原因引起的。GDP的增长是各种经济活动的累积和相互作用的结果。蚊子的增多，或许可以促进杀虫剂和止痒剂的畅销，以及提高接种日本脑炎的疫苗等医疗费，但必须要考虑这些费用占GDP的百分之几。如果只是提出了0.001%的有影响的事项，那么即便讨论二者之间是否存在因果关系没有任何实际的利益。

分析的类型

① 通过相关性分析，找出因果关系较强且灵敏度较高的轴

清凉饮料是以销售额定成败的世界。在批量购买的情况下给予20%～30%的折扣，销售额就会明显上升。并且购买的家庭就会成为主要消费者和回头客，也确保了利润（图5-12）。一些超市和折扣店之间之所以会出现几家公司进行价格战的现象就是出于这个原因。

图5-13显示的是某家超市的瓶装饮料降价后的销售情况。该图表根据业界龙头公司J公司通过不同的价格设定与竞争对手K公司进行价格战时售出的饮料瓶数制作而成的。随着J公司降价幅度增大，销售数量也有所增加。但是当价格降低到265日元的

时候，销售量反而开始减少。但从数字上来看，可以解读为"随意降价并没有意义"，也可以解读为"价格低于265日元，销售量就会下滑"。那么，这些分析能够表示真正想要传达的内容吗？是否运用相关性分析证明了促销的有效性？

图5-12 清凉饮料的降价促销的效果

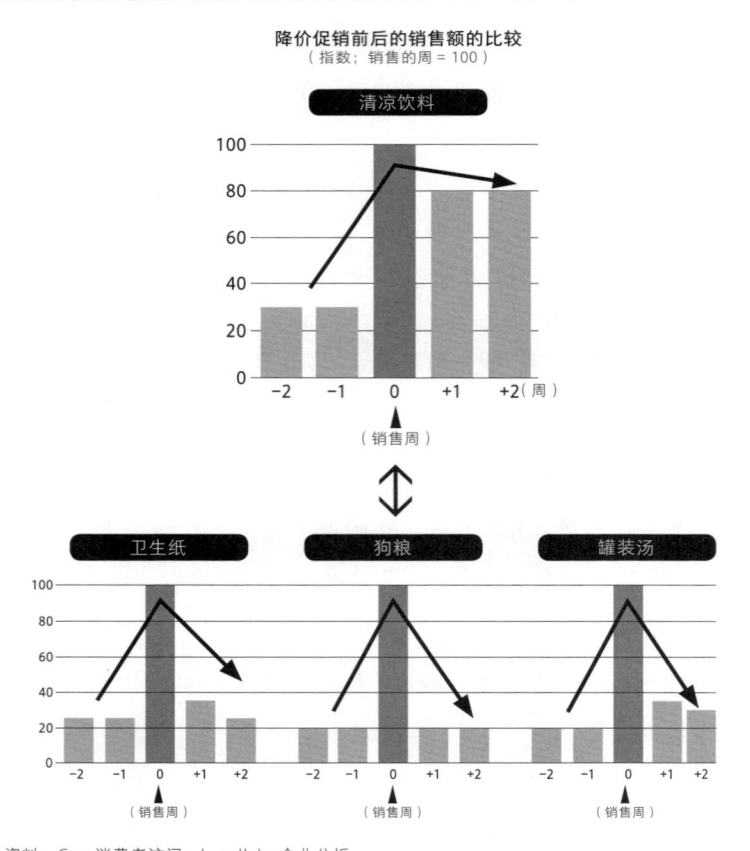

降价促销前后的销售额的比较
（指数；销售的周 = 100）

清凉饮料

卫生纸　　狗粮　　罐装汤

资料：Gms消费者访问，b-collabo企业分析。

图5-13 J公司的零售价格和销售额的相关关系

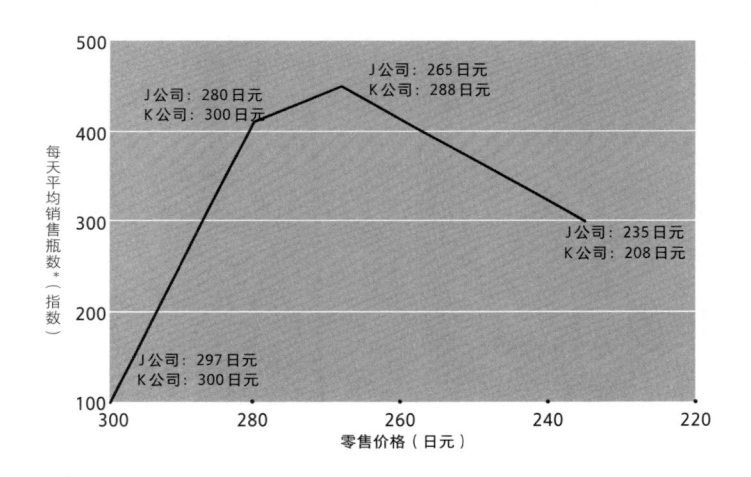

[图表：横轴为零售价格（日元），从300到220；纵轴为每天平均销售瓶数*（指数）。

- J公司：297日元，K公司：300日元
- J公司：280日元，K公司：300日元
- J公司：265日元，K公司：288日元
- J公司：235日元，K公司：208日元]

＊将297日元时的瓶数以100作为指数　　资料：b-collabo企业分析。

　　像这样，在相关关系并不明显的情况下，可以尝试变换一些能够想到的轴，并尝试分析会有几种模式。但是，仔细观察图5-13，就会发现J公司的销售数量之所以会减少，是因为K公司再次调整的定价要低于J公司。对价格感知度较高的主妇，在商品品质相同的情况下，会优先选择便宜的商品。并且，在这幅图表中，虽然能够看到J公司的销售数量，却不知道K公司的销售数量。如果是这样的话，这场价格大战中最关键的胜负则成了未知数。

　　图5-14的X轴表示J公司和K公司的价格差，Y轴代表两家公司的相对市场份额（两家公司的销售总额为100%时的市场份额。也可以说是"胜率"。关于"胜率"请参照"市场份额分析"）。由图可知，与竞争对手的价格差会直接反映在市场份额

上。因此，在这种情况下，与J公司饮料的销售瓶数有相关性的并不是定价，而是与竞争K公司的价格差。并且，价格差与市场份额的增减之间也很可能存在因果关系。

前文中曾提到，相关性分析的关键在于不断重复假说思考和验证分析。然后从中选取灵敏度较高且"重要"的轴。因为盲目地制作大量图表只会浪费时间，并且执着于一些灵敏度不高的轴，也无法找到那些因果关系较强的轴。

图5-14 J公司与K公司的相对市场份额和价格差的相关关系

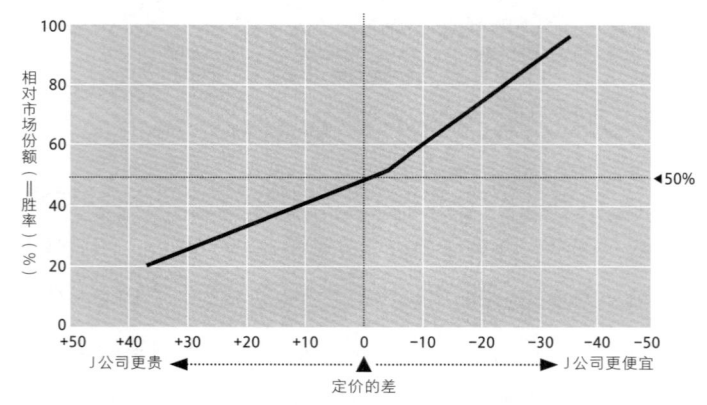

资料：b-collabo企业分析。

② 运用相关关系导出解决对策

对于顾客而言，如果价值不变，降低价格能够提高产品对顾客的吸引力。将这种相关关系制作成图表就是需求的价格弹性曲线，图5-15是根据麦当劳的"汉堡包"绘制而成的图表。由图可知，降低价格，能够提升竞争力，增加销售额。如同在"附加价值分析"中介绍的那样,麦当劳在维持相同的价值时,通过控制原材料的成本实现了低价格。

但是,像修鞋服务那样,即便降低价格,顾客数量也并没有发生变化,甚至利润也减少了(图5-16)。为什么会出现这种情况呢?那是因为降低对顾客而言的价格(成本)的同时,也降低了对顾客而言的价值(value)。像这样,只根据需求的价格弹性的值来降价,也有可能带来风险。在解决问题时,考虑不同的商务特性和企业性质,也要兼顾对顾客而言的价值和收益性之间的"相关"。

分析的类型

在进行相关性分析时,也会出现在正相关的点开始呈现负相

图5-15 汉堡包的需求的价格弹性曲线(根据麦当劳推测)

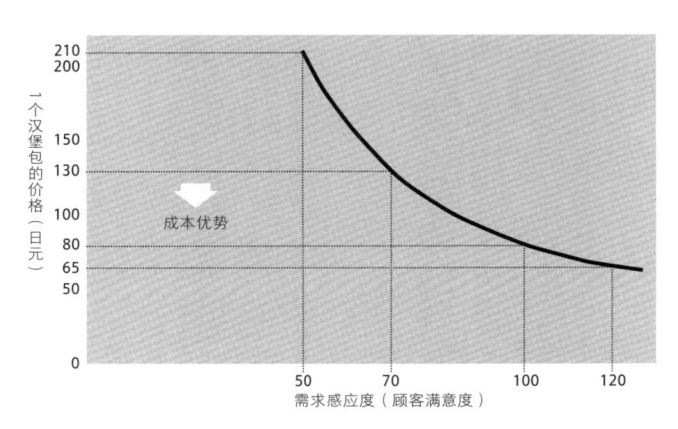

出处:日经流通新闻(1998年7月16日)。

图5-16 修鞋服务的需求的价格弹性和收益

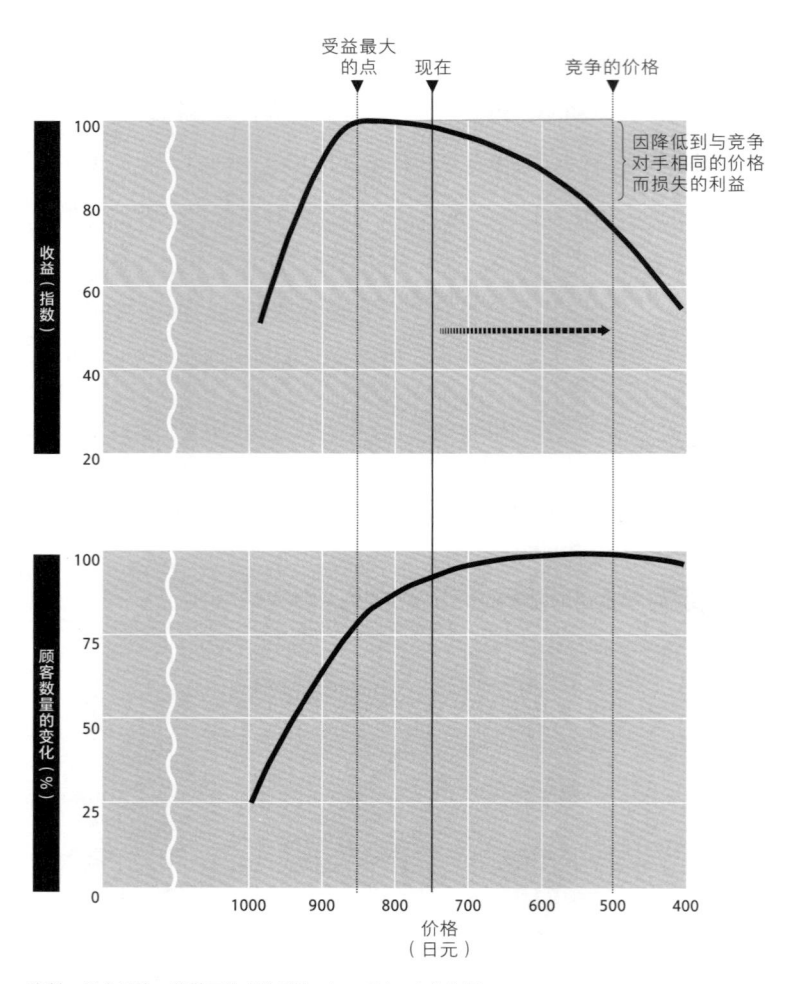

受益最大的点　现在　竞争的价格

因降低到与竞争对手相同的价格而损失的利益

收益（指数）

顾客数量的变化（%）

价格（日元）

资料：用户采访，修鞋工作者的采访，b-collabo企业分析。

关，或与之相反的情况。在这里，我简单介绍一下趋势分析的应用，即相关关系的变形模式。

用X轴表示销售额（或者市场份额），Y轴表示销售利润率，将所有行业参与者制作成图表后，图表中会呈J字曲线，也被称为"J曲线的陷阱"（图5-17）。它反映的是夹在规模较大的业内龙头企业与规模虽小、却提升利润的利基参与者之间，并不属于任何一方的中坚参与者的利润率日渐低迷的趋势。

这时，中坚参与者要么参与较大的市场，与龙头企业竞争，要么就重点发展某个产品种类，以独创性为卖点。当然，如果继续保持中间位置并提高利润，这样当然是最好不过。从这个案例来看，接下来的课题应该是探讨如何彻底打破与Y轴的销售利润率低迷有相关关系的灰色地带局面。

图5-17 J曲线的陷阱

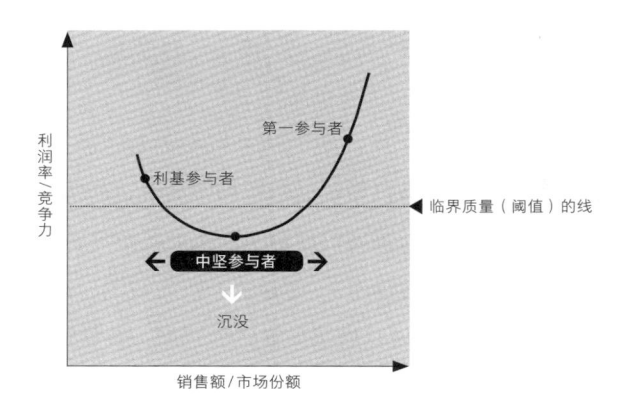

演习 相关分析

最近，各个行业的朋友主动找你商量事情。为了改善他们的工作成果，请针对下列各项案例，各提出3个你认为与结果有相关关系的因素，并说出一个你认为最有可能与结果有因果关系的因素。并且，思考一个验证其因果关系的调查和分析方法。

（1）消费者借贷：使用者不断增加。因为利息较高，所以可预见的收益也很可观。但是，拖欠还款的情况非常多，催款、回收成本很高。应该如何管理？

（2）手机公司：新型手机的销售循环正在加快。因此，每当推出新型号时需要给批发商渠道支付奖金、降低销售价格，但是这样仍然无法阻止消费者购买龙头企业的产品的趋势。目前，每名用户的利润也呈亏损状态。应该如何实现盈利？

（3）国内航空公司：与龙头公司的竞争而加入市场，结果亏损严重。即便尽可能地削减多余的成本，但是乘客数量不稳定。机票的价格已经是最低的水准，无法继续降低。是否有办法改善顾客的使用率？已经开始考虑转让。

（4）运输公司：迄今为止一直专注于构建全国运输网络。目前，货车和乘务员都存在重复的情况。我认为削减固定开支、提高工作效率是关键，是否有其他办法？

4　市场份额分析

运用逻辑与定量化的联动，深入挖掘结构

可以知道些什么？

当遇到市场份额太低这个问题时，你会如何分解原因的结构呢？是否会凭感觉认为是地域问题或者竞争非常激烈之类的原因呢？如果只是得出这样的结论，那你依旧不知道应该如何解决问题，甚至不知道何时能够恢复市场份额，以及恢复到何种程度。

市场份额分析是将市场份额分解成两个构成要素：①公司的"市场覆盖率"，②与对手竞争时，包括商品和销售能力在内的"胜率"，并明确这两个要素的结构。但是，本节并不局限于讲解"市场份额分析"。养成进一步深入思考作为结果而出现的各种数据的结构和机制这样的习惯，在进行分析市场份额时十分重要。

简单来说，"市场覆盖率"和"胜率"是指像薯片和家用洗涤剂等商品。无论去哪里，去怎样规模的超市和便利店都能够买到这类商品，并且可以直接进行比较，其市场覆盖率几乎是100%。这种情况下，可以把市场份额视作各个店铺的库存份额。也就是说，对于店铺内部同类产品的争夺市场份额的竞争结果，即店内的库存份额，我们也可以称之为"胜率"。但是，没有商品目录就无法购买的邮购，以及面向企业法人的业务、上门销售等情况，将这些市场份额分解为顾客的覆盖率和竞争时的胜率的话，能够更加深入地挖掘其结构。

分析类型

以邮购为例（图5-18）。在这个案例中，该公司所占的市场份额为32%，而竞争对手所占的市场份额为68%。该公司的市场覆盖率为50%，竞争对手公司谓90%。因此，我们可以把竞争对手没有覆盖的10%的市场覆盖率当作无竞争获得的市场份额。接下来，与竞争对手争夺的市场为 50 + 90 − 100 = 40%，而该公司

图5-18 市场份额分析的思考方式

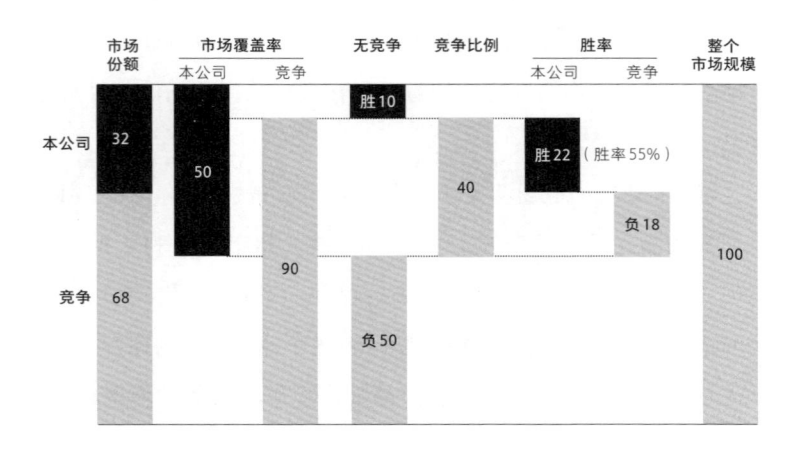

	市场份额	市场覆盖率 本公司 / 竞争	无竞争	竞争比例	胜率 本公司 / 竞争	整个市场规模
本公司	32	50	胜10	40	胜22（胜率55%）/ 负18	100
竞争	68	90	负50			

的市场份额为32－10＝22%。如果将这个数字换算为胜率，即与竞争对手直接竞争的获取率为22÷40×100＝55%，也就是说100次的竞争中，该公司能够获胜的次数为55次。

那么，如果该公司想进一步提高市场份额应该怎么做呢？假设现在的目标是将市场份额提高到50%。那么，如果市场覆盖率固定的话，想要将胜率提升到100%，这就意味着必须提高产品的吸引力和销售能力。相反，如果想保持获胜率不变，而提升市场覆盖率，那么覆盖率在83%就可以了。总之，想要针对遗漏的顾客采取销售对策的话，这样可以立即展开行动。因此，在这个案例中，应该将提升市场覆盖率作为优先课题（图5-19）。

图5-20是某租赁公司的案例。实行区域管理的P公司，在区域内有多少家合作企业（市场覆盖率），以及每家企业的租赁数量（胜率）是市场份额的两个基本内容。将这些数据制作成图表，就能够明确各个营业所应该将重点放在市场覆盖率还是胜率上。如图所示，A营业所应该通过开拓新客户提高市场覆盖率，而J营业所则应该通过增加每家企业的租赁数量，从而提高企业内部市场份额的胜率。

向前文中提到的直接销售的情况，市场＝终端消费者，但对于那种存在流通渠道的商务活动，可以认为市场＝渠道。以某住宅设备仪器生产商为例，当独栋楼房或者是新公寓开始施工时，由于需要安装设备，除了一部分开发商外，大部分设备都在施工店铺这个渠道。开发商不同，施工的方式也不同。因此施工店铺通常都会按照自己的习惯来安装。也就是说，住宅设备仪器市场＝施工店

图5-19 市场份额分析：为了达成50%的市场份额的目标设定

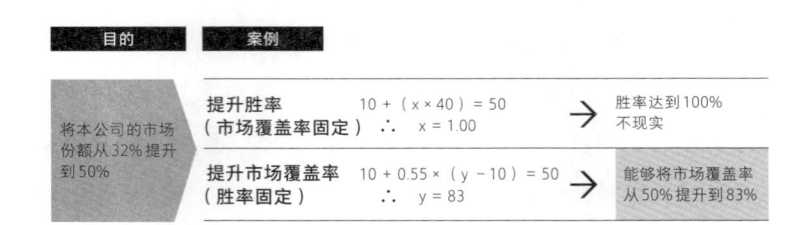

目的	案例	
将本公司的市场份额从32%提升到50%	提升胜率（市场覆盖率固定）　10 +（x × 40）= 50　∴ x = 1.00	→ 胜率达到100%不现实
	提升市场覆盖率（胜率固定）　10 + 0.55 ×（y − 10）= 50　∴ y = 83	→ 能够将市场覆盖率从50%提升到83%

图5-20 P公司销售上的课题

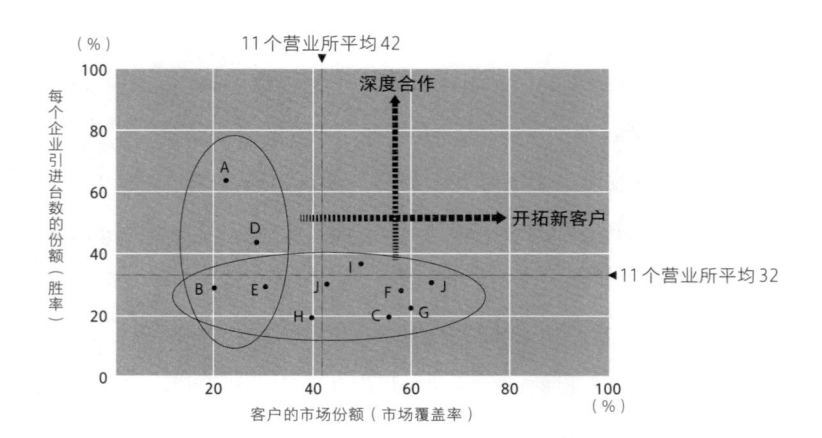

（图表：纵轴为"每个企业引进台数的份额（胜率）（%）"，横轴为"客户的市场份额（市场覆盖率）（%）"。11个营业所平均42（纵轴），11个营业所平均32（横轴）。标注"深度合作""开拓新客户"。散点标记A、B、C、D、E、F、G、H、I、J等。）

铺。图5-21是住宅设备仪器生产商A公司的各个地区的市场份额示意图。由图可知，地区Ⅲ、Ⅳ等市场需求量大的城市的区域内施工店铺的胜率，即店铺库存份额较低是薄弱环节。

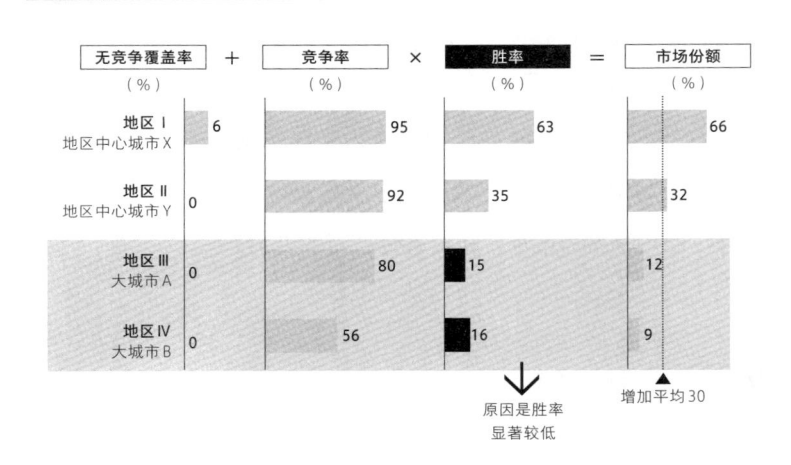

图5-21 A公司施工店铺渠道的市场份额分析

	无竞争覆盖率(%)		竞争率(%)		胜率(%)		市场份额(%)
地区Ⅰ 地区中心城市X	6	+	95	×	63	=	66
地区Ⅱ 地区中心城市Y	0		92		35		32
地区Ⅲ 大城市A	0		80		15		12
地区Ⅳ 大城市B	0		56		16		9

↓ 原因是胜率显著较低　　▲ 增加平均30

分析的应用

接下来，我将介绍一个深入挖掘现象上的数据，从结构上把握问题发生的机制的应用案例。以某大型公司B公司的人事战略为例。重点录取有工作经验者的B公司为了掌握录取工作的工作效率，只观察用报名人数÷录取人数＝"社会招聘录取率"这个指标。但是，随着行业改革，优秀人才的争夺战也愈发激烈，该公司的录取率陷入低迷。尽管该公司的人事部长号召"提高录取率"，但是招聘负责人仍然不知应该如何做。

主要原因就在于管理指标。这个数据是以采用人数、招聘人数等从该公司自己的视角收集的数据构成的。因为这些数字根本就没有反映出被录取者的动向，所以才会出现面对录取率降低，负责招聘的员工不知如何应对这样的情况。想要明确在招聘过程中的问题点，需要加入应聘人数和采用人数的指标，进一步挖掘社会招聘录取率（图5-22）。分析结果显示，合格率虽然一直保持稳定，但是应聘率显著低下。如果招聘方式本身没有问题的话，那么不设法增加应聘人数，录取率将无法得到改善。最后B公司开始将招聘工作委托给猎头公司，并且投放大量招聘广告。没有选择主动挖掘潜力市场，积极宣传公司的魅力。

图5-22 分解社会招聘录取率的结构

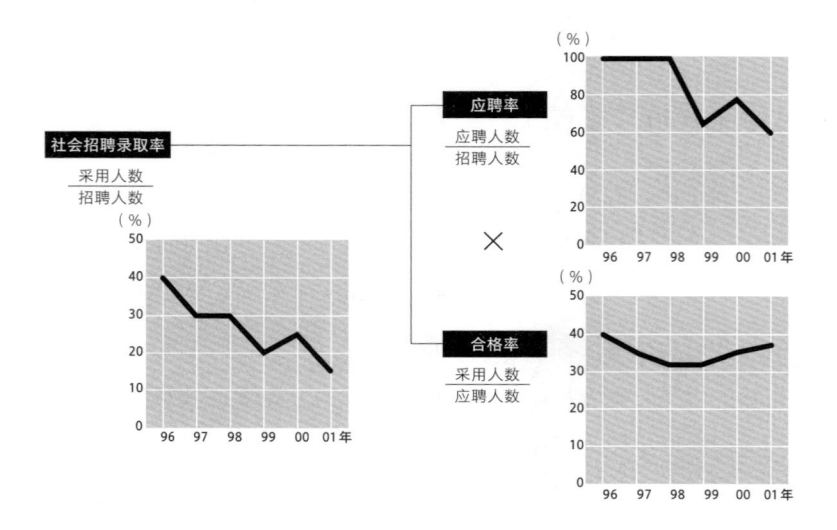

经常能看到像这样制作没有与市场接轨的"自我满足"型指标，并且在统计和目标管理上浪费大量精力的企业。虽然应该及时停止这种完全没有意义的工作，但如果无法立刻停止，也应该深入挖掘、明确问题，将其改善成能够与接下来的行动有关的指标。

演习　市场份额分析

　　Q公司在全国范围内展开美容沙龙业务。凭借其先进的脱毛、瘦身技术，短期内获得了成功，加上细致的服务品质广受消费者的好评，发展非常迅速。但是，最近各个店铺之间的工作效率出现了差异，该公司至今也没有找出问题的具体原因。

　　你被Q公司的总经理任命为改善店铺工作效率的负责人。最开始的工作是构建一个能够定量把握各家店铺之间差异的框架。请根据以下信息回答问题。

【参考信息】

·Q公司通过电视、杂志广告、宣传单等方式宣传免费体验。首先，让顾客感受Q公司等先进技术和服务水平，然后确认体验者的现状，开展向顾客说明适合的商品的"咨询服务"，最后诱导顾客购买10次的消费券。

·各店铺的效率指标是Q公司规定的"成交率"。这是用咨询服务的次数除以消费券的销售额得出的数据。

【问题】

1. 为了弄清楚每一家店铺需要解决的课题，请将成交率再细分为2个指标。

2. 下表是5家主要店铺的数据。将问题1中你设定的指标放入表中，指出各家店铺存在的问题。

	A	B	C	D	E
销售金额（万日元/月）	3500	6600	4800	2600	1800
咨询服务的次数	25	38	58	32	20
到店率	80%	76%	77%	82%	83%
解约率	10%	7%	9%	10%	5%
签约人数	34	47	49	21	20
等待时间（分）	15	28	9	12	21

第六章

设定重要性

设定重要性，确定解决问题的优先顺序的重要性，
是指为了有效利用有限资源，
判断并评估应该重点关注哪个问题和对策。

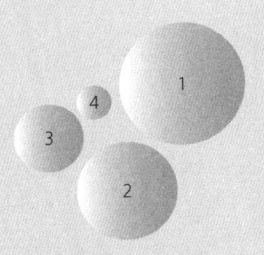

把握扩展和深度，能够明确地看到应该解决的问题的整体面貌和结构。但是，解决问题并不是指能够同时解决所有问题。因为解决问题所需要的时间，以及包含人力、物力、财力在内的经营资源都是有限的，所以必须分析问题的重要度，设定问题的重要性，如判断该问题是否紧急，是个别问题，还是多个问题交织在一起的复杂问题，对需要解决的问题进行取舍。

总而言之，设定重要性就是明确有战略性地重点分配资源的问题。

有时，即便需要解决的问题已经明确，并且已排列好优先顺序，也无法顺利解决问题。特别是涉及多个部门，并且无法具体共享问题时，最容易出现这种情况。问题分为一个部门能够解决的问题，整个公司的问题，以及涉及多个部门的问题，等等。

并且，即便掌握了问题的"扩展"与"深度"，并设定了"重要性"，在组织中的立场（position）的不同，也会导致看待问题的方式出现偏差。仅从"重要性"来看，对于A部门而言的"重要度"和对于B部门而言的"重要度"也并不一样。另外，是从企业角度看待问题，还是从部门角度看待问题，视线高度的不同，看待问题的方式也会有所不同。在具体的层面上共享问题时，并不只是单纯地共享是否存在问题，而是要共享这个问题所含有的意义，以及重要性，这一点非常重要。

立场不同常常会引起无法共享的现象发生。例如，在讨论"市场份额下降，什么是问题"时，经常会出现销售部认为"商品魅力不行"，产品开发部则认为"销售能力很差"这样的情况。针对"市场份额下降"这个问题，没有把握"深度"就强调自己的立场，只是议论表面的数据这样的情况也十分常见。只是这样的话，无法解决任何问题。如果是产品的问题，则明确问题出在哪里，如果是销售的问题，则明确问题出在哪里，像这样锁定出现问题的部分，然后设定每个问题的重要性，这样才能从根本上改善市场份额下降的问题。

一旦进入到设定问题的"重要度"阶段，会再度出现因立场不同而引起的差异，以及认知的偏差。但是，这时只要回顾"发现问题的4P"，参照具体的评价轴即可。无论如何，在没有共享设定问题的重要性的情况下，即便执行解决问题的方案也无法顺利进行。

在商务活动中要排列优先顺序，即设定"重要性"的理由可以总结为以下3点：

（1）根据处于企业的组织、部门和阶层等立场的不同，在看待问题的方式，以及判断问题的重要性上也有很大的不同。因此，如果不锁定应该解决的问题，即便是针对同一个主题，也会出现问题点不同，解决方案的方向过于分散等情况。

（2）企业面临的问题是独一无二的这样的情况十分少见，很多时候是许多问题和课题错综复杂地交织在一起。

（3）为了解决所有问题而导致资源和时间过于分散，有可能会降低各个解决方案的执行程度。考虑到竞争对手，以及对顾客的吸引力，如果没有超过临界物质的话，这种分散资源的解决方案是起不到任何作用的。

总之，在商务上需要解决的问题不可能只有一个。需要把握问题的"扩展"与"深度"，将问题具体化，但是分解得越具体，就越会出现大量的细微问题。当然，解决问题本身就需要花费时间和资源，应该选择最有效、最具冲击力的课题就变得至关重要。这就是设定"重要性"。

1 敏感性分析

评价因素对结果产生的振幅，设定问题的"重要性"

可以知道些什么？

敏感性分析是指当某个影响因素（变动因素）成为原因，并且对结果产生影响时，那么这个影响因素的振幅会让结果产生何种程度的改变，分析这样的灵敏性（sensitivity）。也就是说，分析针对这个原因的结果的影响程度（灵敏性）。

例如，秋千在摇晃这个结果，是因为（受外力）摇动这个原因造成的。敏感性分析是指，根据摇动这个秋千的力度大小，分析秋千的摇晃方式（影响度、敏感度）会发生何种程度的改变。当然，能够影响摇晃方式的影响因素中，除了人的摇动力度之外，还有轴承油的量，乘坐秋千的人的体重，以及风的状态，这些因素综合起来会对以结果的形式存在的振幅产生影响（图6-1）。因此，需要针对每个影响因素的最大、最小的振幅对结果产生的影响进行敏感度分析、设定问题的"重要性"。

另外，通过改变各类影响因素，分析其对结果的影响程度，从而找出究竟哪个影响因素会对问题带来最大的影响。这时，对结果产生最大影响的影响因素十分重要，也会成为判断的轴。

第六章 设定重要性 259

图6-1 敏感性分析的思考方式

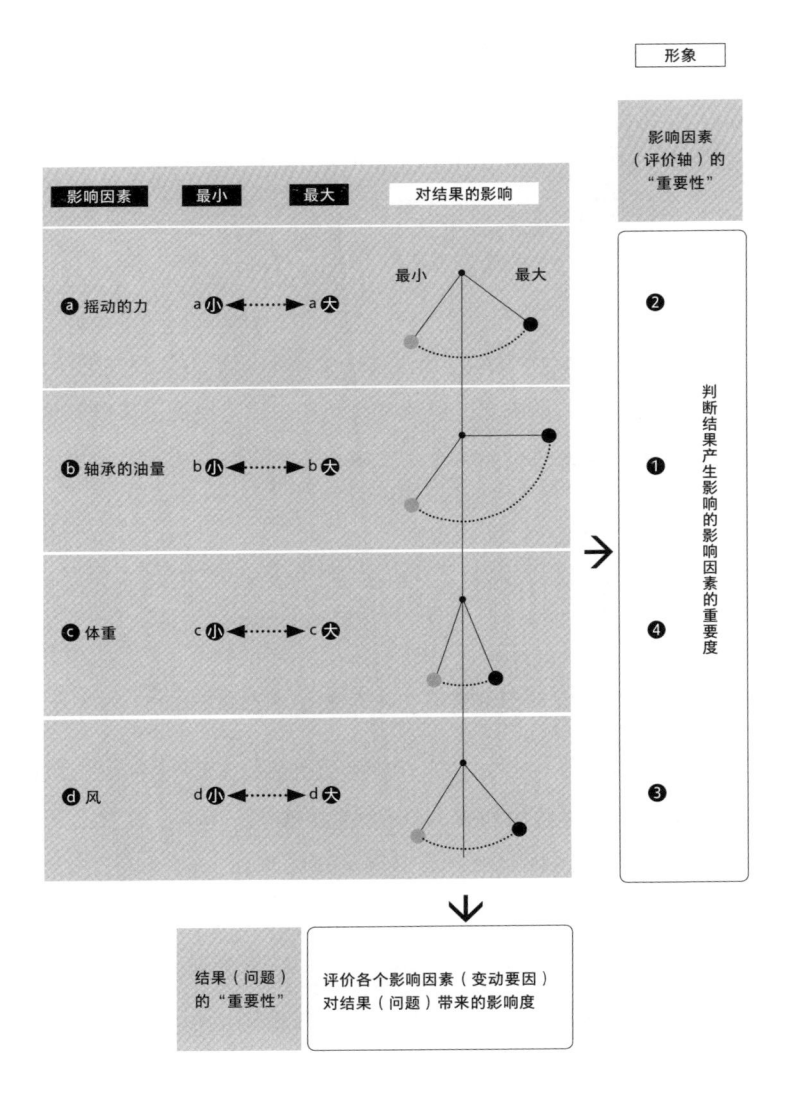

在商务活动中，敏感性分析主要在以下3个方面会发挥作用。

a 根据未来可能会发生的变动因素，定量评估给销售额和利润等结果带来的影响与风险。
b 判断并评价最能对结果产生影响的要素（＝评价轴）。
c 在评价战略方案时，分析组成方案的各项因素之间会怎样互相影响，从而能够预测销售额、利润。

这个分析最有用的地方在于让某个影响因素与其产生的结果之间存在的因果关系成立。也就是说，从逻辑上明确因果的结构，并且各种影响因素发生的概率与水平都处于一个不确定的状态。

分析的类型

① 定量评价外部变动因素的变化产生的影响和风险

外部变动因素是指，让农作物和石油等资源的供给平衡产生变动，并让其产生价格和成本上的风险的要素。例如，汇率浮动、天灾、战争、政治性原因，以及激烈的竞争环境的变化，等等。这时，不要抱怨"无法知晓未来的事情""随意分析的话，数字就失去了意义"，首先应该找出看似与这一结果存在因果关系的要素，针对各种要素变化产生的振幅，进行敏感性分析。以身边的事为例。分析购房时应该选择固定利率贷款，还是选择浮动利率贷款。因为现在的贷款利率低，所以选择浮动利率比较划算，但是考虑到利率会随着通货膨胀等因素发生变化，以及试想这些因素会产生的影响，很可能最后还是会选择固定利率。

图6-2是因汇率浮动，A业务和B业务分别受到了何种程度的影响的分析图。当前的汇率是1美元＝100日元，如果今后按照这个趋势发展的话，B业务的收益更好。如果假设汇率发生变化，分别计算1美元＝120日元和1美元＝80日元的情况，于是可以发现A业务受到汇率浮动的影响很小，而B业务在遭遇极端的日元升值时可能会面临收益为负的风险。因此，如果汇率稳定的情况下，B业务的收益较高，但是受正负振幅影响的风险非常大。总之，在管理B业务的时候，一个关键的指示器，即主要指标就是"汇率浮动"。

图6-2 汇率变化对事业的冲击

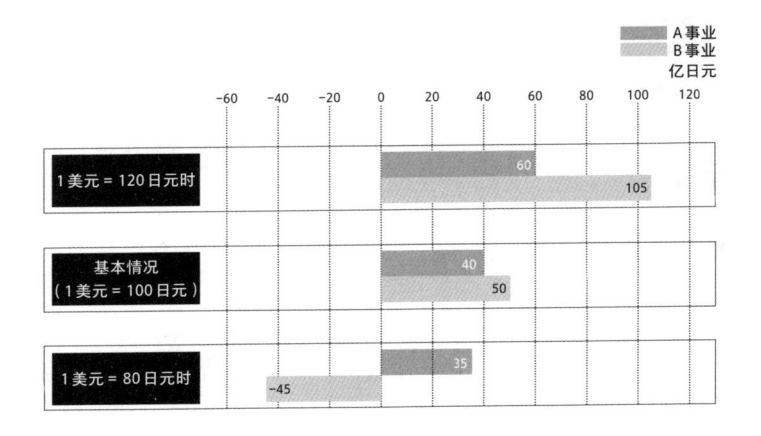

	A事业	B事业
1美元 = 120日元时	60	105
基本情况（1美元 = 100日元）	40	50
1美元 = 80日元时	35	-45

（单位：亿日元）

② **判断并评价最能够对结果产生影响的要素（＝评价轴）**

敏感性分析，在把握对结果产生的最大影响的要素（评价轴）时十分有效。建立几个变动因素的假说，然后计算振幅就可以了。例如，尝试思考如果想要将 X 公司的价格、浮动费用、销售量，以及固定费用等各改善 1%，能够增加多少销售利润（图 6-3）。价格变动对利润的敏感度非常高，只要提高 1% 的价格，营业利润就增加了 11%。另一方面，对销售额增长的敏感度仅为 4%。许多企业都认为，提升销售额才是改善利润最有效的办法，但是有时候未必如此。这个案例的结果正好相反，如果消费者对于该公司的商品价值和价格的敏感度并不高的话，那么从利润的

图 6-3 对 X 公司的销售利润的冲击

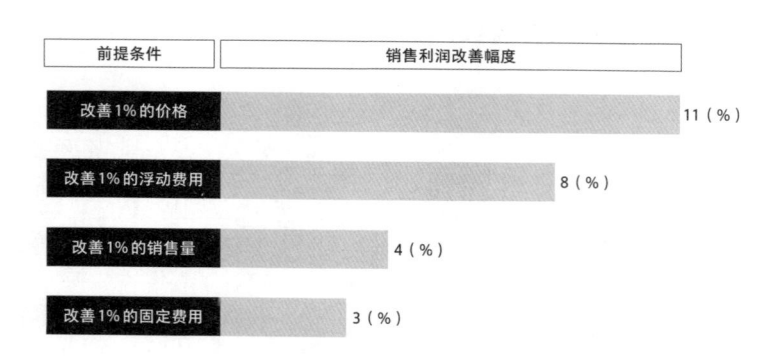

前提条件	销售利润改善幅度
改善 1% 的价格	11（%）
改善 1% 的浮动费用	8（%）
改善 1% 的销售量	4（%）
改善 1% 的固定费用	3（%）

出处：钻石哈佛商务（Dec-Jan, 1993）。

角度来看，为了完成当前的销售目标而加入价格战这种做法是没有任何意义的。但是，麦当劳，以及凭借高通话品质和多样化的服务吸引大量消费者并战略性下调价格的 NTT docomo，则是巧妙地管理价格的成功案例。

敏感性分析就是改变会给想要监测的结果造成影响的要素，并将对于结果的影响度定量化，分析振幅。这种分析方法在明确对结果造成较大影响的要素时十分有效。从而能够明确应该控制哪些要素这样的管理的方向性。

③ 对战略方案和改善方案做出评价

这一部分综合了前文中1和2的内容。也就是说，排列设有前提条件的多个战略代替方案，然后推算销售额、利润，乃至企业价值会有怎样的变化。图6-4显示的是，在基本情况下和在悲观情况下，制造商C公司的企业价值情况的模拟对比图。正常情况下C公司的企业价值为1800亿日元，但是如果按照方案改善销售利润率和投资回报率的话，产业价值将下降30%～35%，对股价也会造成重大影响。

此外，敏感性分析还可用于投资判断。例如，某电子机器制造商D公司，通过敏感性分析看准投资时机这一变动因素能够对企业价值产生重大影响，比预期提早加入大规模投资（图6-5）。在产品的生命期极其短暂的电子机器领域，进入市场的速度在很大程度上能够影响成败。D公司正是因为定量验证了投资时机，才做出了这样的决定。

图6-4 制造商C公司的各个变动要素的下行风险

变动要素	基础情况的前提条件	悲观的情况	对事业价值的冲击（%）
销售成长率	年平均增长10%	年平均增长8%	-12
销售利润率	目前现状持平（7%）5年后为10%	维持7%的水准	-30
设备投资	用10年改善25%的资产效率	维持当前水准的有形固定资产的周转率	-35

基础情况 1800亿日元

图6-5 D公司的投资和企业价值

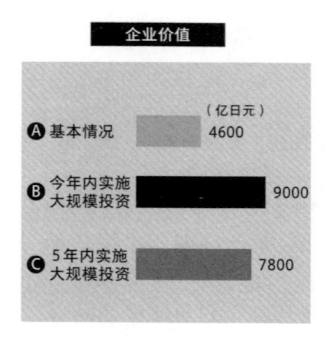

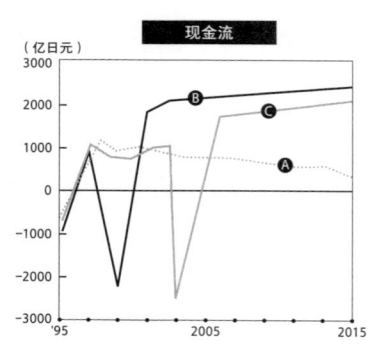

企业价值（亿日元）
- Ⓐ 基本情况：4600
- Ⓑ 今年内实施大规模投资：9000
- Ⓒ 5年内实施大规模投资：7800

现金流（亿日元）

分析的应用

通过敏感性分析得出“敏感度很高”这个结论，需要设定一个有根据的变动因素的振幅。比如将存货周转率、固定支出等项目一律优化5%，有些要素连1%的变化都没达到，而有些要素则因10%的订单出现了变动。在这里，介绍一个运用80%振幅的思考方式的“龙卷风（Tornado）分析”案例。

80%振幅是指十个当中只有一个会超出这个水准，即概率为10%，而低于这个水准的概率也只有10%，通过两个极端的数值来分析敏感度。总而言之，就是除去理论上，或者现实生活中不可能出现的值的10%的部分，余下的80%即为概率范围（100% －10%×2）。然后，分别计算振幅两端的数值所对应的结果。如图6-6所示，排列每一个变动要素在正常情况下的数值和

图6-6 龙卷风分析的案例

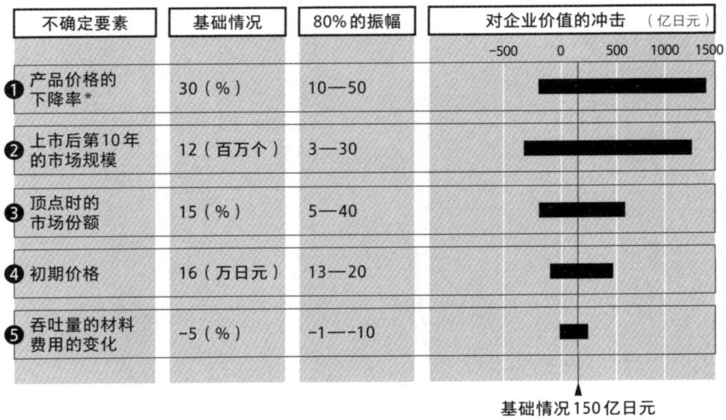

不确定要素
基础情况
80%的振幅
对企业价值的冲击 （亿日元）
-500 0 500 1000 1500
❶ 产品价格的下降率*
30（%）
10—50
❷ 上市后第10年的市场规模
12（百万个）
3—30
❸ 顶点时的市场份额
15（%）
5—40
❹ 初期价格
16（万日元）
13—20
❺ 吞吐量的材料费用的变化
-5（%）
-1—-10
基础情况150亿日元

*CAGR：Compound Aunual Grauth Rate.

出处：笼屋邦夫《新事业的决策管理》钻石哈佛商务1992年7月刊。

振幅的数值，并用区间范围的方式表示对企业价值的影响度，这样一来图表就像一个龙卷风（Tornado），所以由此得名。

虽然在正常情况下，该公司的企业价值为150亿日元，但是由图可知，对企业价值影响最大的是产品价格的下降，10年后的市场规模，以及销售黄金期的市场份额。像这样，通过加入对作为关键指标的主要变化因素的概率性的思考方式，就能够提高敏感性分析的可信度。

演习　敏感性分析

下表是某汽车制造商的相关数据。请根据表格中的数据画出收支平衡点的图,分析应该分别优化固定费用、浮动费用、销售额的百分之几才能达到收支平衡。另外,假设销售额中的出口比例为40%,对美元的汇率为110日元,请计算出日元贬值到什么程度会达到收支平衡点。

	基础数据 (10亿日元)	必要的改善幅度 (10亿日元)	必要的改善率(%)
销售利润	-50		
固定费用	1,000		
浮动费用	3,000		
销售额	3,950		
收支平衡点			
对美元汇率	110日元		

＊提示:由于汇率浮动仅对销售额产生影响,所以只要计算占销售额的40%的出口份额这部分达到何种程度的变化能够让赤字部分上升即可。

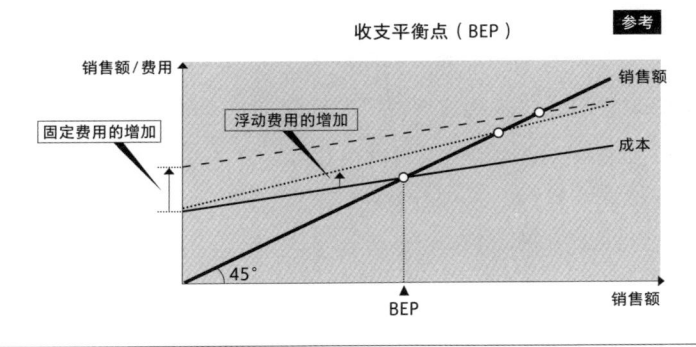

收支平衡点(BEP)　　参考

2　帕累托分析（80/20定律）
是否应该根据贡献度进行差别化管理

可以知道些什么？

　　帕累托分析法是以意大利经济学家帕累托的名字命名的一种分析方法，针对整体的结果，观察贡献度较高的要素的集中程度和偏向。从经验上来看，输出的80%的内容都来自20%的输入内容，这条规则又被称为"二八定律"。

　　例如，运用这个分析方法能够证明经济学中的贫富差距。顺带一提，全世界80%的财富掌握在全球20%的人手中，这个事实是帕累托在研究工业革命时期的英国时发现的，这个趋势到现在也没有改变（图6-7）。另外，从南北问题这个角度来看，约占全球16%的人口的发达国家使用着全球60%以上的能源（图6-8）。

　　对于经营来说，资源与利润如果集中在某些特定部分或存在不均的现象的话，这就代表在资源分配上并不效率。但是，在商务中，追求单纯的均衡化、平均化并不一定是应有的状态。

分析的类型

在经营资源的入口（input）和出口（output）最容易出现集中现象。因此，帕累托分析法在分析投入资源的生产率和出口的商品，以及在顾客等收益的贡献度上十分有效。

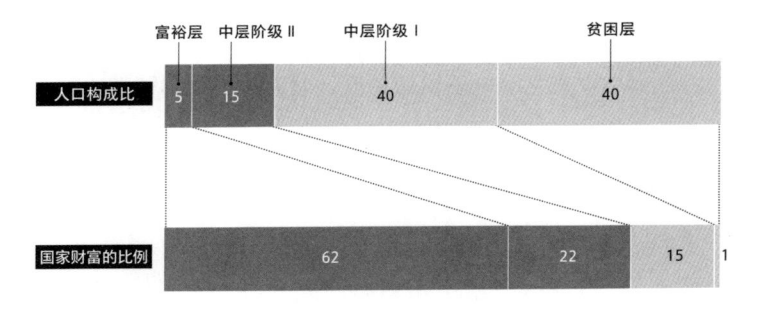

图6–7 帕累托分析：人口比例中看到的国家财富的集中程度（美国案例） （%；1997）

	富裕层	中层阶级 II	中层阶级 I	贫困层
人口构成比	5	15	40	40
国家财富的比例	62	22	15	1

出处：E.Wolf" Recent Trends in Wealth Ownership"（1998）。

图6–8 世界人口和能源消耗量

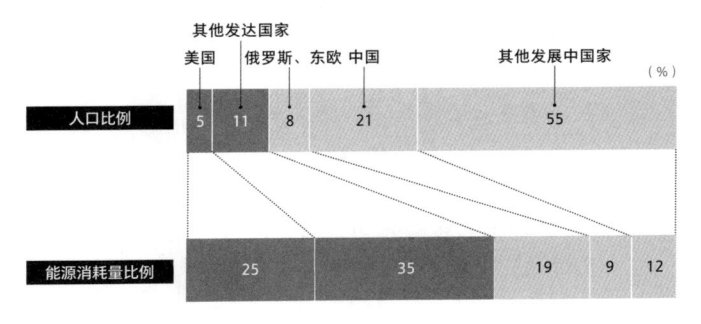

	美国	其他发达国家	俄罗斯、东欧	中国	其他发展中国家
人口比例	5	11	8	21	55
能源消耗量比例	25	35	19	9	12

（%）

出处：世界银行；国际能源机构。

① 观察投入资源的生产率

如果想利用有限资源获取最大的效益，就必须提高生产率。但是，如图6-9所示，现实中销售人员的工作效率经常存在偏差的现象，结果造成仅有20%的销售人员为公司的销售额和利润做贡献。那么，问题就在于公司应该重点培养业绩为中下游的销售人员，还是努力培养原本就业绩出色的销售人员，让他们成为超级销售人员。

哪种做法的资源效率更高是由对于投入资源的敏感性的高低决定的。如果没有判断敏感度的高低，就无法决定哪种做法更好。

图6-9 销售人员的人数和对于毛利的贡献度

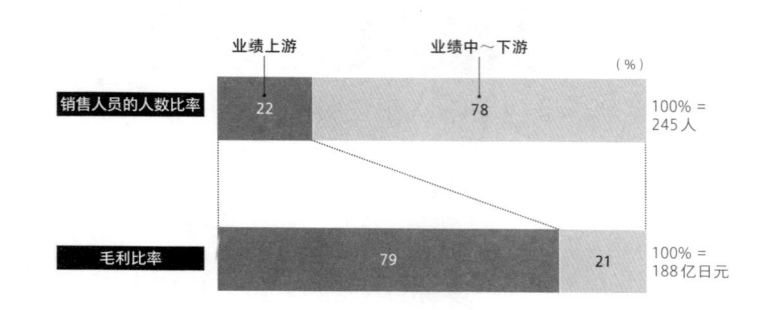

	业绩上游	业绩中~下游	(%)
销售人员的人数比率	22	78	100% = 245人
毛利比率	79	21	100% = 188亿日元

② 观察各类产品对销售额、收益的贡献度

即便是产品种类繁多的公司，真正能够产生效益的只是其中的一小部分产品而已。举个例子。图6-10显示的是某家具制造商的桌子的销售集中度。除了一部分常备款式之外，还会根据客户

图6-10 桌子的模型数量和销售的集中程度

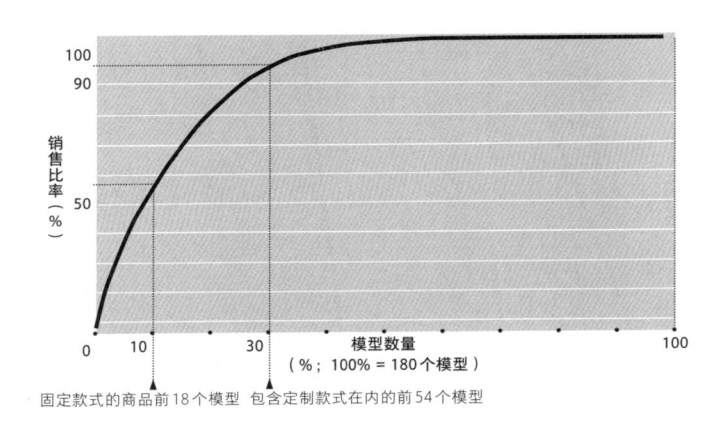

[图表：横轴为模型数量（%；100% = 180个模型），纵轴为销售比率（%）。固定款式的商品前18个模型约占销售的50%，包含定制款式在内的前54个模型约占90%以上。]

需求生产一些定制款。制造商原本是为了满足客户需求而增加了定制服务，但是由于这样做耗费的精力较大，不仅无法提高销售量，也无法为效益做出贡献。

图6-11是德国机械制造商中的优良企业和普通企业的对比图。由图可知，优良企业凭借有限的产品种类赢得了市场，仅用普通企业的20%的产品种类就完成了普通企业同等水平的销售额。但是，即便是优良企业也没有完全停止提供定制服务。他们只是将零部件和生产线规格化和通用化，并将应对定制服务的工程部分维持在最低限度。认真倾听顾客的真正需求，在最具影响力的方面满足顾客的定制需求，这种工作态度与前文提到的家具制造商形成了鲜明的对比。

图6-11 德国机械制造商的产品种类和销售额

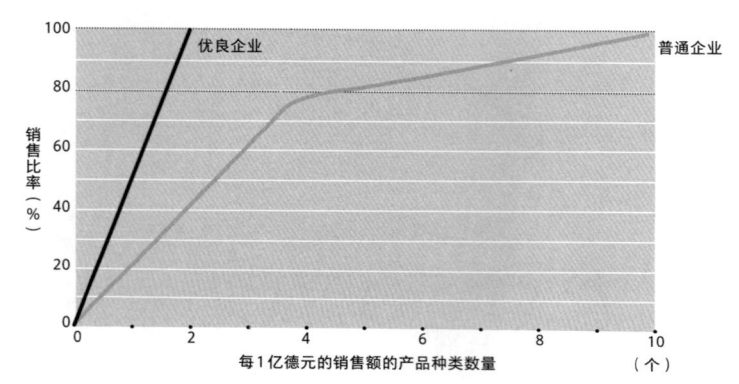

[图表：纵轴为销售比率(%)，横轴为每1亿德元的销售额的产品种类数量(个)。优良企业曲线陡峭上升，普通企业曲线平缓上升。]

出处：The McKinsey Quarterly（1994.9）。

帕累托分析是思考如何设定要素的重要性

由帕累托分析法得出的一个重要的信息就是，把容易均一化的资源、商品、销售人员，以及顾客服务，根据各自的贡献度进行差别化管理。通过图6-12来思考一下这句话的具体含义。这个图的含义主要为以下3点：

① 维持高贡献度：进一步投入大量资源给贡献度较高的商品和顾客，提高生产率和满意度。
② 改善低贡献度：虽然现阶段贡献度不高，但是可以加大对未来有潜力的商品和顾客的资源投入，改善收益性。
③ 清理低贡献度：清理那些潜力较低的商品和顾客。

图6–12 帕累托分析的基础思考方式

高贡献度
（前20%）

低贡献度
（后80%）

（%）

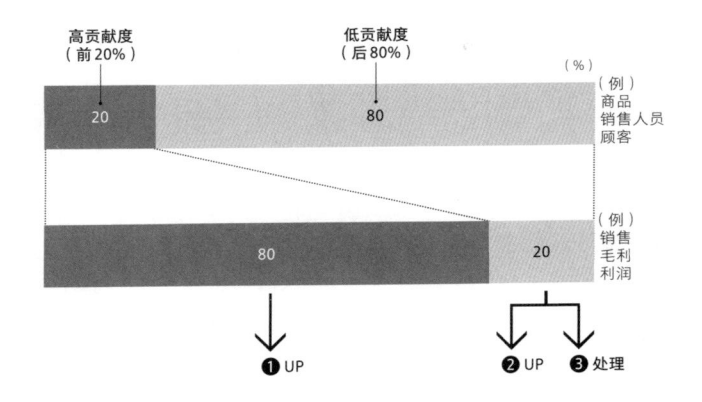

| 20 | 80 | （例）
商品
销售人员
顾客 |

| 80 | 20 | （例）
销售
毛利
利润 |

❶ UP　　❷ UP　❸ 处理

①的意图非常清晰易懂，因为维持高贡献度工作本身就是高效率工作，如果对方是顾客，那么就只要提供更加细致周到的服务，以此来维持与顾客之间的良好关系，保持顾客资源不被竞争对手抢走。

②在扩大高贡献度群体的范围这一点上非常重要，但是实际操作起来需要花费一定的精力。首先，需要深入分析为何现阶段仍处于低贡献度的阶段，然后预测需要投入多少资源才能提高低贡献度层的效率，以及可行性。同时搜集大量重要信息，设定并监测需要改善的目标，并判断一定期间内的完成度。

最应该注意的是③。理论上，"不盈利→废除"这种思维模式看似成立，但是如果盲目执行很可能会带来巨大风险。想要大刀阔斧地清理低贡献度层，首先必须逐个判断以下构成要素。

1）用毛利之外的指标来看，情况如何？

2）过去的动向如何？未来发展趋势如何？

3）像产品线一样，虽然属于低贡献度层但是作为高贡献度群的商品和产品线是否能产生协同效应？

即便是没有为毛利做出贡献的顾客，如果其本身人脉较广，那么他也很可能会带来许多高利润贡献客户。

分析的应用

① 思考组织的唯一性——蚂蚁团队

图6-13显示的某化妆品批发公司的销售人员近几年的生产率的情况。虽然这家化妆品零售公司在1995年辞掉了30%的不作为的销售人员，但是5年后，该公司依然存在利益贡献者集中的情况。这里出现了一个疑问，是否存在只由统一的、高效率成员构成的组织？

生物学中经常会引用蚂蚁团队的例子。关于蚂蚁群的构成，其中高效率的工作者——工蚁仅占全部蚂蚁数量的20%，还有50%的蚂蚁只是偶尔工作，而剩下的30%是根本不劳作的低效率工作者。某研究人员曾经做了一项实验，将蚂蚁团队中的低效工作者隔离，再观察这个蚁群的情况。结果，剩余的70%的蚂蚁中的30%转化为低效率工作者。

图6-13 销售人员的生产率推移 - 人数基础　　　　　（1995—2000；%）

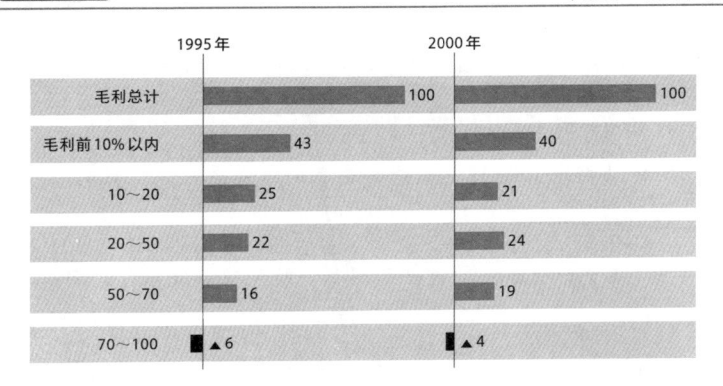

	1995年	2000年
毛利总计	100	100
毛利前10%以内	43	40
10～20	25	21
20～50	22	24
50～70	16	19
70～100	▲6	▲4

你的周围也一定存在这样一种人。虽然销售业绩不理想，但是却很擅长指导新人，或者策划促销活动，又或者只要一起相处就觉得心情很好。虽然这种特长无法直接反映在销售额、利润等数字上，但是对于一个组织来说也发挥了某种"作用"。在管理一个组织时，必须在仔细观察谁在什么地方发挥了怎样的作用后，再决定对待他的方式，这一点非常重要。但是，如果低效率者只是发挥拖高效工作者的后腿这样的"作用"的话，那就必须要清理了。

② 建立多个评价轴——经典书VS畅销书

如果仅用销售额来观察集中度的话，很容易出现判断失误的情况。图6-14是美国某家书店的案例。通常人们会认为书店的利润主要来自畅销书，但事实上并非如此。从销售额的角度来看确实如此，但是从利润来看的话畅销书带来的利润仅占25%。该店主曾表示："不被季节和流行趋势所左右、一直畅销的书才是关键。"

③ 80/20定律不仅可以用于分析，也可用于思考方法

  a 80%的成果源自于投入时间的20%

  b 你从书本、资料中必须要获取的80%的信息，只占整体的20%

  c 只集中解决20%最重要的问题，就能够解决80%的问题

  因此，如果想要提高生产率，就应该将20%的劳动时间集中投入到20%的最关键的课题上。只要阅读收集到的1000页的资料的200页左右就足够了。会议也是如此。一场2小时的会议，或许其中只有20分钟的讨论内容对你有帮助。因此，只要集中关注这20分钟就可以了。

图6-14 美国国内书店的销售额、利润集中程度

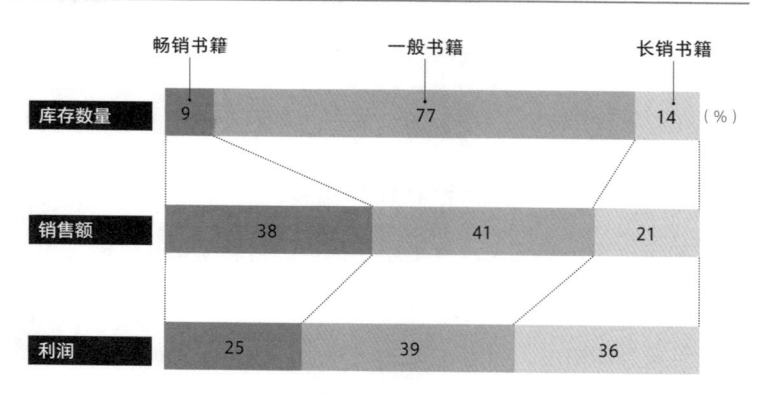

	畅销书籍	一般书籍	长销书籍
库存数量	9	77	14 (%)
销售额	38	41	21
利润	25	39	36

资料：b-collabo企业的出版相关人士采访。

演习　帕累托分析

请根据你身边或者是商务方面的案例，举出3个符合80/20定律的现象并回答以下问题。

1. 如果你例举的现象可以定量化，那么在把握数据的基础上，对其进行分析，并且判断你的假说是否正确。如果你例举的现象无法定量化，那么请与你的同事、家人或者朋友讨论这个假说是否合理。
2. 针对这些现象，思考其意义，并指出问题所在。

3 ABC分析
在关键领域排列优先顺序

可以知道些什么？

ABC分析是指为了合理地分配资源，而将关键部分排列出ABC这样的先后顺序。在做帕累托分析时，ABC分析通常作为商品管理、顾客管理的一个环节出现。也就是说，ABC分析法是按照销售额和利润的贡献度从高到低的顺序排列商品和顾客，整理低贡献层的方法。

另外，在策划销售区域战略时，为了设定目标和分配资源，也经常会排列优先顺序。ABC分析，其实就是将帕累托分析从单一轴转移到复数轴，然后单纯地按照优先度较高的顺序排列的一种操作。

在这里，我除了介绍单轴顺序排列法，还会介绍另外一种依据复数轴进行排列的方法。

分析的类型

① 单一评价轴的排列顺序

在帕累托分析的部分中曾提到，销售额和利润会集中在一定的商品数量和顾客人数。像这样，根据集中度排列优先顺序的过程，就是ABC分析的初级阶段。图6-15表示的是顾客人数对应的销售额的集中程度。将图中提供总销售额的60%的顾客分为A类，提供总营业额61%～70%的区间的顾客分为B类，将提供销售额71%～80%的区间的顾客分为C类。然后再参照这个排序，决定负责的销售人员的配置。

这里必须注意的一点是确定排序标准的方法。虽然决定标准十分容易，但如果这个标准是作为合理分配资源和设定目标的基

图6-15 顾客的ABC分析案例

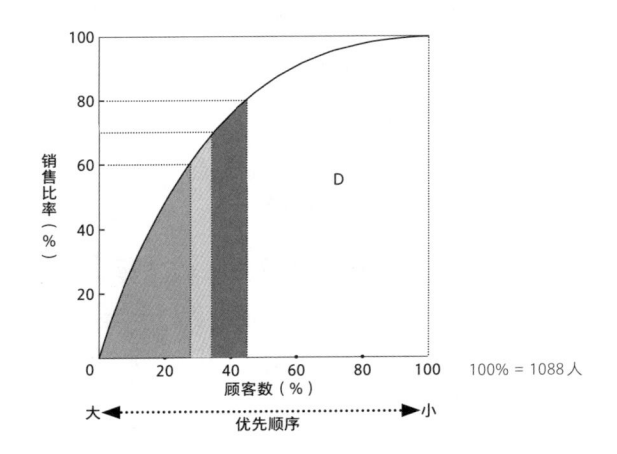

础的标准，则需要明确为什么60%是合理，而不是55%或者70%的理由。

② **复数评价轴的排列顺序**

在从多个角度评价分析对象，并将其反映在排列顺序时，ABC分析法也十分有效。但是，在使用复数轴时，各个轴之间应该是相互独立的关系。

a. 设定销售区域的先后顺序

图6-16是通过市场的吸引力，以及该公司的顾客获得率这两个坐标轴，排列销售区域的资源分配的优先顺序的。市场的吸引力的轴是由个别区域的市场增长率和市场规模这两个要素所构成，而该公司的顾客获得率则是由相应地区的商品适合度和竞争程度构成的。因此，严格来说这个图表有4个评价轴。

如图所示，市场吸引力较大、顾客获取率高的地区，其销售额的目标为最高的A类，而市场吸引力和顾客获得率较低的区域则归为C类，资源分配上的顺序也最低。

b. 排列研究开发项目的优先顺序

研究开发属于难以把握性能价格比的领域，在管理过程中，需要慎重考虑每个项目的进展状况，以及上市之后的经济效应，并决定接下来应该继续推进（判断GO），还是停止投资（判断NO GO）。特别是研究开发的课题数量较多的制药企业，及时

图6-16 ABC分析：排列销售区域的优先顺序的框架

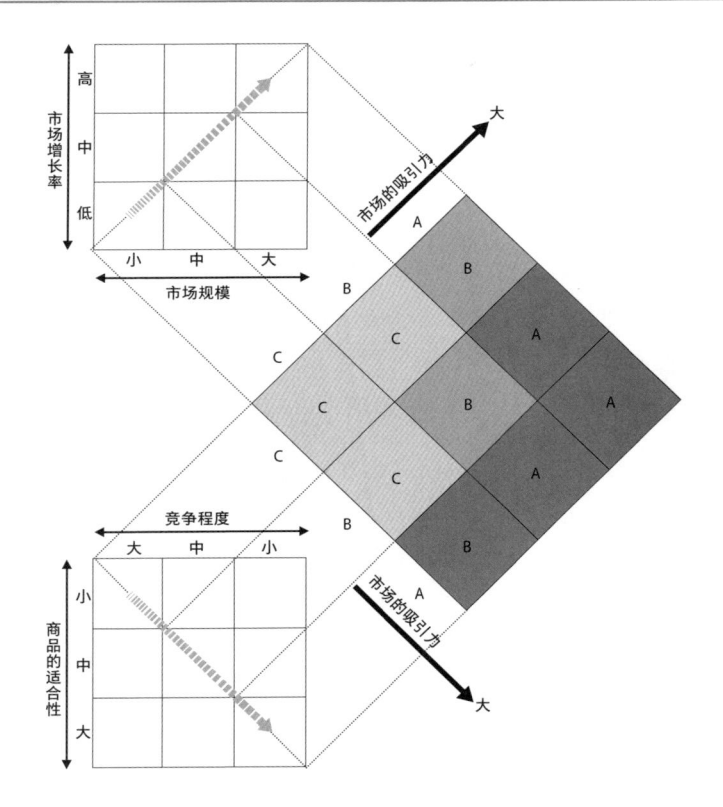

且准确地排列出优先顺序至关重要。图6-17正是其中一个案例。图中，Y轴表示的是技术方面、事业方面的吸引力，而X轴代表的是该公司的开发成功概率。每个轴与①销售区域的优先排列一样，由多个评价轴构成。也就是说，Y轴代表的是市场吸引力和技术吸引力，X轴代表的则是事业成功概率和临床技术成功概率。

在这个框架中，应该优先推进右上象限的科研项目，并中止开发左下象限的项目。并且,针对那些成功概率很高,但缺乏吸引力的药剂研发项目,可以考虑在收支平衡的情况下有针对性地研发,也可以考虑转让许可。另外,针对左上角的吸引力较高,但开发成功概率较低的项目则可以尝试与其他公司共同开发。

c.排列顾客的优先顺序

在金融机构的领域,顾客的与贷管理非常重要。因此,在进行与贷管理时,根据多个评价轴来排列顾客的优先顺序。例如,可以参考财务的健全性和事业的成长性这两个轴判断法人顾客。前者是根据总资本金经常利润率、自有资本比率、外部债务依存率等数值做出综合性的判断,而事业的成长性则是由市场的增长性和竞争的优越性,以及销售额的增长率来决定的。

图6-17 设定研究开发项目的优先顺序

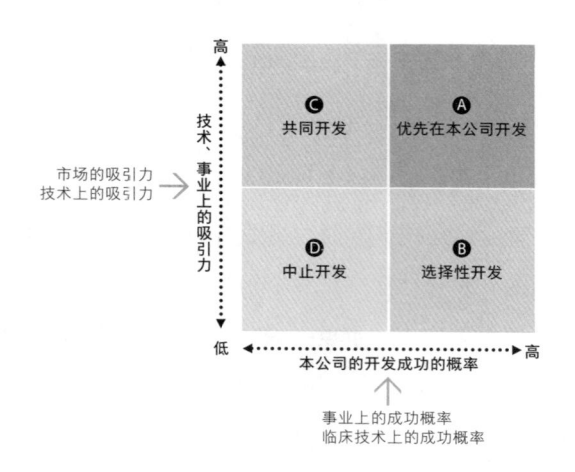

	本公司的开发成功的概率 低 → 高
技术、事业上的吸引力 高	C 共同开发 / A 优先在本公司开发
技术、事业上的吸引力 低	D 中止开发 / B 选择性开发

市场的吸引力
技术上的吸引力

事业上的成功概率
临床技术上的成功概率

像这样，利用复数轴进行评价的这种做法，具有能够为做出复杂的判断提供详细结果的优点。但是，如果评价轴过多、过于复杂，再加上设定每个轴的重要性，会让判断过程更加复杂。数据过于准确可能反而会降低对于评价结果的信任度，这一点需要注意。

分析的应用

① 评价事业组合

ABC分析法的目的就在于将性质不同的课题和事业组合制作成图表，显示它们各自代表的意义，以及接下来应该专注的领域。接下来，介绍一个将ABC分析法应用到根据矩阵图设定事业的位置的案例。最经典的方法就是"BCG的PPM"="波士顿矩阵"（图6-18）。X轴代表相对市场占有率，Y轴代表市场增长率，主要用来观察公司的资源分配问题。比如，对于那些相对市场占有率高、市场增长率也高的"明星型业务"，应该大量投入资源。而对于相对市场占有率高、市场增长率低的"现金流型业务"的投资已经完成，可以将其产出的资金投入到未来市场增长率高的"问题型业务"。

虽然这个矩阵图简单易懂，但是许多实际使用过这种分析方法的企业则认为："坐标轴过于简单，容易导致判断失误"。于是，出现了一种能够大幅提升准确度的新的组合分析法，即GE矩阵。

图6-18

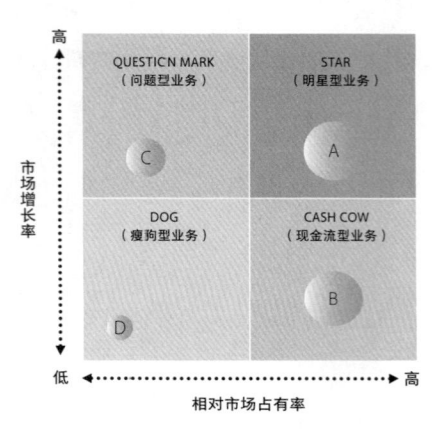

```
              高
              ↑
              │ QUESTION MARK    STAR
              │ (问题型业务)      (明星型业务)
    市场       │      C              A
    增长率      │
              │ DOG              CASH COW
              │ (瘦狗型业务)      (现金流型业务)
              │      D              B
              ↓
              低 ←――――――――――――――→ 高
                    相对市场占有率
```

注：球的大小代表事业的销售规模。

该公司的事业组合始终坚持把经营资源集中在"第一或第二的事业"，运用公司竞争力和市场吸引力这两个坐标轴，判断应该维持的业务，值得投资、帮助其发展的业务，以及需要舍弃的业务。看起来这是一个简单的坐标轴，但是实际上它将业务相关的各个方面都列入了考虑范围。图6-19表示的就是GE矩阵分析法中的业务组合与评价标准的案例。

② 评价风险投资的投资案例

风险投资（VC）方在思考投资案例时使用的评价轴属于各个公司特有的操作方式，并没有公开化，但通常会设置5个评价轴。

首先，产品市场的规模、增长率，以及初期投资所需要的资金是两个的二段选拔线。也就是说，在未来的5～10年里，即便

图6-19 GE矩阵和评价标准案例

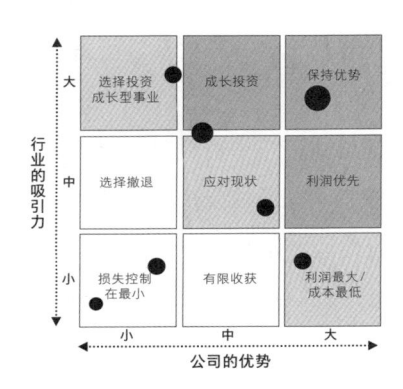

优先顺序
■：高
▨：中
□：低

行业的吸引力（大/中/小） × 公司的优势（小/中/大）：

	小	中	大
大	选择投资成长型事业	成长投资	保持优势
中	选择撤退	应对现状	利润优先
小	损失控制在最小	有限收获	利润最大/成本最低

	评价标准	指标
行业吸引力	❶ 市场规模	● 3年达到平均的行业规模（美元价格）
	❷ 市场成长率	● 10年的实质年平均市场成长率
	❸ 产业的利润性	● 策略事业单位，以及3大竞争对手的3年平均销售利润率（ROS）；名义、通货膨胀调整后
	❹ 循环性	● 从销售额的趋势值来看的年平均率
	❺ 通货膨胀的对应	● 对于价格变化率和生产变化率之和的通货膨胀引发的成本变化率，5年平均
	❻ 非美国市场的重要性	● 对于国际市场的整个市场的比例，10年平均
公司竞争力	❶ 在市场的地位	● 市场独占率（整个市场），3年平均 ● 市场占有率，3年平均 ● 相对市场占有率（SBU对3大竞争对手），两年平均
	❷ 竞争中的地位	● 在以下的点中，相比竞争对手，是处于优势，同等，还是劣势 • 品质 • 技术上的领导能力 • 制造/成本的领导能力 • 物流/市场的领导能力
	❸ 相对收益率	● 3年的战略事业单位的销售额 ● 利益率为负的平均销售额 ● 利益率（对比3大竞争对手平均）；名义、通货膨胀调整后

出处：伊丹敬之、加护野忠男《研讨经营学入门》日本经济新闻社·1993年。

市场规模不断扩大，也仍然无法达到500亿日元的业务，或者初期投资额超过50亿日元，这样的案例都应当被归入D类，成为二次选拔的对象。市场规模・增长率之所以会备受重视，是因为如果市场迅速成长扩大，即便经营管理团队缺乏相关技能，或是经营根基中并不存在能够在竞争中造成差异化的因素，只要业务进展顺利，大概率会获得满意的成果。而关于初期投资，应该根据业务发展计划，阶段性地增加投资额，这才是明智之举。

清理好二次选拔线的业务后，就可以按照ABC的顺序排列其余的3个评价轴。第一个评价轴是用来评价商业模式的战略性价值。这其中包含企业的愿景，对战略方案的基本3C（市场、竞争、公司本身）的把握，是否具备能够成为产品竞争优势的核心能力，以及收益情况，等等。第二个评价轴则是为了实现这样的商业模式所必备的商业计划书的具体性和可行性，特别是让事业运转的商务系统，以及建立商务活动，确立竞争优越性时的关键操控杆，以及检验与目标数值之间的关联性的重要指标。第三个评价轴，也是最重要的一个轴，则是风险投资企业的管理团队的管理能力。

对于尚在启动阶段的企业来说，要满足如此多的要求似乎有些残酷，但是与银行等机构不同，对于那些直觉上认为"这个可行"的方案，风险投资人一定会支援企业改善其问题点。即便是最开始被归类C类业务，只要用心推进就能够获得商机。这也正是风险投资中使用ABC评价的益处。

演习 **ABC分析**

零部件制造商D公司目前一共生产3000种零部件。其中有10种零部件被查出是次品，被D公司召回。以下是该零部件的每组的次品率。该公司以ABC分析法为基础，将次品率占总次品率的70%的产品归为A类，占总次品率71%～90%的产品归位B类，91%以上的产品归位C类，其目的是为了执行改善次品率计划。请指出以下各种产品分别属于哪一类。

另外，每一组产品的商品数量为1万个，这次回收的商品组数是每种商品各10组。

商品号	每组的次品率（%）	商品号	每组的次品率（%）
NX-1	9.7	BA-34	12.0
NX-6	3.6	BA-62	9.1
NX-18	13.5	TP-2	6.0
BM-69	7.2	TP-18	18.2
BM-79	8.1	TP-55	6.8

4 峰值分析
商业活动应该集中化还是平均化

可以知道些什么？

随着季节和时间段的不同，产品的需求量会出现高峰值或者低峰值的差距。这对于在有限的资源范围内开展生产经营活动的供应方来说，效率是非常低的。特别是在高峰期，市场需求远远大于供货量的时候，供应方的工作不仅会出现混乱，还可能会因断货问题造成巨大的机会损失。最典型的案例就是银行分店的客户窗口，综合医院的候诊室，以及首都高速公路的堵塞等，高峰期的"排长队"的现象。

但是，从需求方的角度来看，在这个时间段的活动比较集中是很自然的现象。如果供应方仅从自己的逻辑出发，强行管理高峰期的供应，有时可能会导致解决问题的方向性出现错误。

峰值分析就是观察时间轴上的量的变化，尤其是要着眼于峰值，然后讨论应该将资源集中分配在哪个环节，是趋势分析和帕累托分析的变形。峰值分析的关键点在于，充分理解供应方和需求方的结构的基础上，判断资源应该投入高峰段，让其继续增长，还是应该将高峰段的资源分散、平均（图6-20）。

图 6-20 峰值管理的基本思考方式

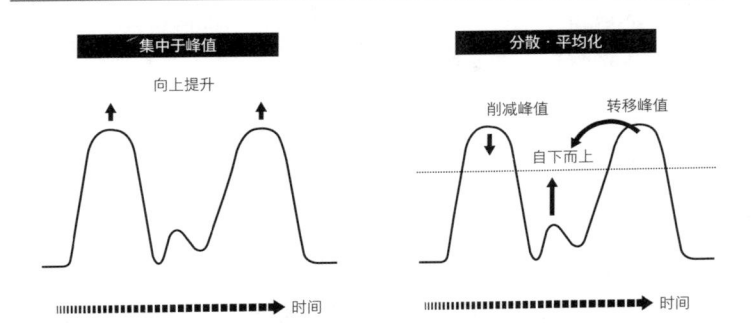

集中于峰值　　向上提升

分散·平均化　　削减峰值　转移峰值　自下而上

分析的类型

下面具体介绍以下两个案例。

①在峰值期集中资源的情况
②峰值期把资源分散、平均化的情况

① 在峰值期集中资源的情况

a. 灵活应对，防止遗漏

图 6-21 显示的是某销售店铺一天的业务量变化情况。这家店铺位于商务区，最初每个时间段都配置了固定人数的店员。于是就发生了在工作日的白天，客人很少，店员无事可做，而到了中午，客人增多，店员超负荷工作，顾客等待时间很长这样的情况。

在这种情况下，一旦每个时间段的工作模式趋于固定，就可以根据时间段来灵活分配店员人数。也就是说，增加高峰期的店员人数，减少低峰期的店员人数。

快餐店和加油站，就经常会出现因营业时间的设置不合理，因在高峰期关店而造成机会损失的情况（图6-22）。这时，可以根据高峰期合理调整营业时间，防止机会损失。

峰值分析最重要的一点就是不能因为存在高峰期就强行诱导顾客选择其他时间段，或者毫无计划地增加人手，以及单纯地依靠机械化的思考模式。特别是在操作上，虽然看起来某个时间段的工作集中且混乱，但这并不代表整体业务量增加了。真正的原因是供应方负责的任务和业务流程的设置存在问题，导致业务处理的效率不高。

因此，如果遇到精通业务操作的人提出"工作量太大，需要增加人手"这样的要求，一定不要立即答应，应该认真观察并分析实际的工作情况，找出真正的"问题"，持有这样的态度非常重要。

b. 根据需求周期，有效进攻

根据事业的不同，有时会出现季节性高度集中的情况。其最典型的案例就是便利店的（CVS）加热或加湿销售的肉包和关东煮。由于商品的特性，其全年销售额的70%～90%集中在秋季到初春这半年的时间。为了提高淡季的销售额，很多生产商到了淡季就迫不及待地开展宣传促销活动，或者推广有趣的新款商品，力图快速且持久地吸引消费者的关注。而另一方面，冰激凌可以

第六章 设定重要性 291

图6-21 销售店铺的一天的业务量的变化案例（累计业务量）

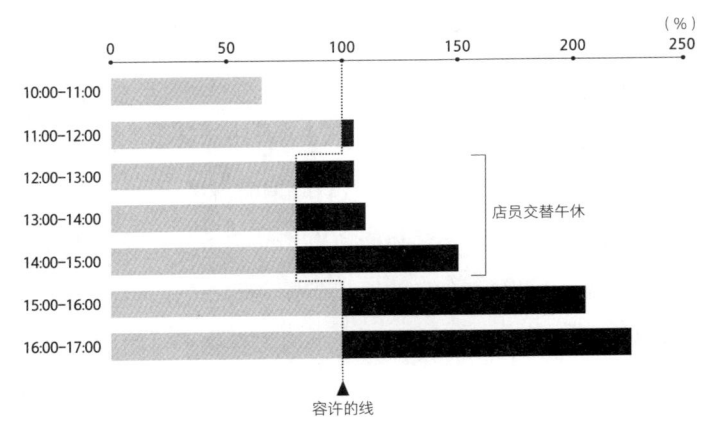

时间段	
10:00–11:00	
11:00–12:00	
12:00–13:00	
13:00–14:00	店员交替午休
14:00–15:00	
15:00–16:00	
16:00–17:00	

容许的线

资料：b-collabo企业分析。

图6-22 不同时间段的加油站来店车辆的数量（工作日平均）

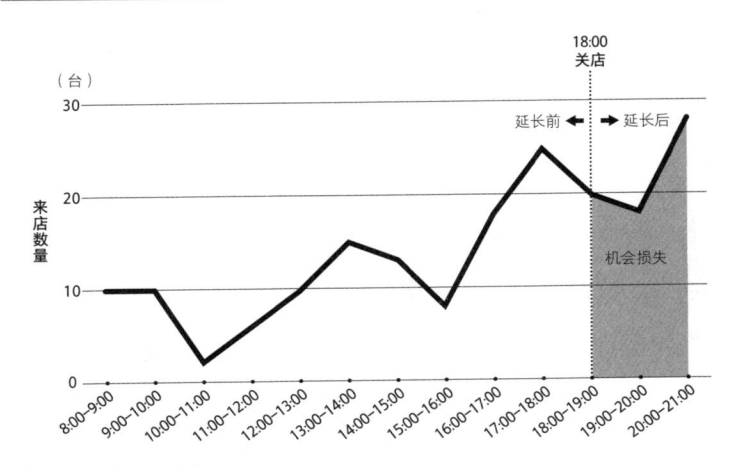

18:00 关店
延长前 ← → 延长后
机会损失

资料：b-collabo企业分析。

说是成功实现从夏季商品转型为全年商品，成功分散高峰期的商品。例如，在圣诞节时推出冰激凌蛋糕，播放在温暖的屋子里吃冰激凌的广告，并且根据季节提供符合季节特色的产品等措施，这样一来冰激凌成功地转型为一种连冬天都能畅销的商品。当然，虽然冬季的销售量和夏季的销售量还是有明显差距，但是确实也存在通过唤起消费者的需求，分散高峰期的市场。

然而，这种方法并不适用于所有产品和市场。观察图表时考虑到公司的资源效率，会自然地想要提高低谷的数值。然而，需要注意的是之所以会出现高峰值，是因为在这个时间段，消费者的活动最为活跃，并不是无故出现的现象。因此，应该大量开展推广活动，提升低谷的数值，以及如何才能有效地提升数值，需要从顾客的角度慎重考虑。

再介绍一个案例。拥有10万女性销售员的S公司，是一家以家庭主妇为对象，销售家庭生活用品的外资企业。在此之前，该公司每两个月定期举行一次促销活动，一年共有6次活动。但是，由于市场日渐成熟，竞争也变得日益激烈，销售额增长缓慢。管理层为了消除销售额的低谷，毫无计划地开展促销活动。这样做不仅没有改善低峰期的销售额，包括之前的促销活动在内的全年销售额和利润也出现了下滑（图6-23）。为什么会出现这样的情况呢？

在成熟产业的情况下，销售人员和消费者都在固定的周期内活动。如果开展和平常不一样的活动，势必会打乱双方的节奏，自然无法获得理想的效果。促销活动本身就是以短时间内提高销售额为目的，迎合目标人群的活动周期，暂时性地增强目标人群

图6-23 销售店铺的一天的业务量的变化案例（累计业务量）

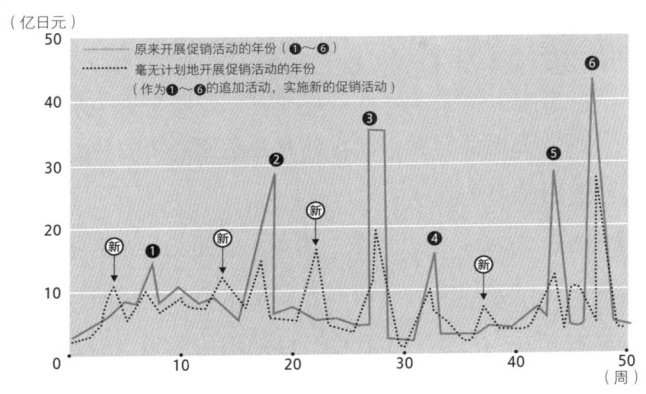

资料：b-collabo企业分析。

的购买动机是促销活动的关键。因此，最有效的方法应该是在销售额较高的时期开展高峰期的促销活动，进一步提升销售额。可口可乐等清凉饮料生产商就是一直坚持这种销售模式。在超市中批量购买现象增多的时期通常是发工资的前后一周，他们就是看准这个时机果断进行20%～30%的让利促销活动。

相比S公司的案例，不考虑任何背景，就想盲目地将低峰值的销售额提高到平均水平。这种不思考本质，只在设定表面上的问题为课题的做法本身就是错误的。

② 峰值期把资源分散、平均化的情况

a.通过价格和服务的多样化分散诱导

出现灾害时，或是周末的傍晚，手机经常会暂时地出现通话不顺畅的情况，相信很多人都有过这样的经历。这是由于用户在某个地区、某个时间点集中性使用电话，导致高峰期电波容量超载，线路瘫痪。因此，通信公司通常会增加无线基地的容量和数量来应对高峰期，同时还会迎合通话量、时间带等用户的使用模式提供各种业务通话套餐。其目的就是运用经济效应，诱导用户多在低峰时期使用电话。

过去 NTT docomo 的"周末"套餐，就是为了唤起通话量少的深夜时间段，以及周末的通话需求而推出的一款战略性商品。虽然这种套餐存在无法在工作日白天段使用的限制，但是低廉的费用让这项服务备受消费者的关注。但实现这种独特的服务的是其独特的成本分配方法。也就是说，只要将整体成本分配到高峰时间段，那么无论顾客在低峰时间段如何使用手机都不会消耗成本，理论上来说这种观点是成立的。

除了电话通讯之外，电力、道路交通政策等公共服务也会受到季节和时间段的影响，从而出现使用高峰期。为了稳定且公平地提供有限的资源，思考如何平衡资源分配是每一个公司的必修课。

b. 由高峰段向低峰段转移

通常，综合医院的护士一天的工作会出现两个明显的高峰期。第一个是工作时间段，第二个就是加班时间（图6-24）。加班的主要工作是整理申请患者的看护记录，以及输入医疗费用等单据等事务性工作，其中有将近70%的时间用于"回忆"白天已经发生过的问题。如果想要减少加班时间，就必须尽可能在白天的工

图6-24 综合医院护士的一天的工作量的变化

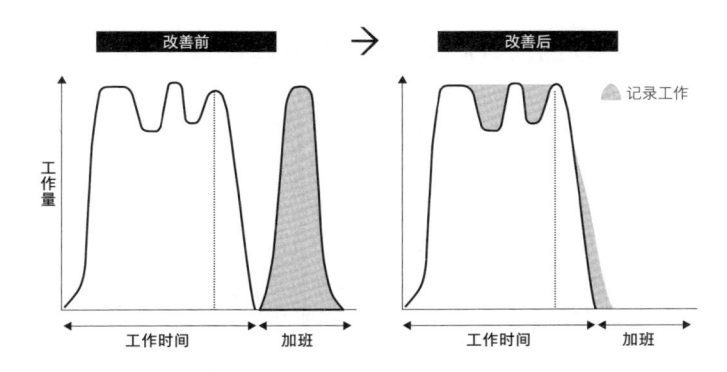

作间隙完成记录工作。于是，医院给每名护士发放"便签纸"让她们可以随时随地记录并贴到护士台的墙壁上，或者使用录音笔记录，等等。目前很多医院都采取这种方法来减少一个工作高峰。

分析的应用

峰值分析最开始是以在时间轴上出现的高峰段为分析对象，也可以用于管理因价格区间和顾客群体而出现的高峰段。针对代理店铺和销售员实行奖励制度就是最典型的案例。最初，某汽车代理商采用的是每销售一台汽车给予员工相应提成的奖励制度，没有达到每个月销售5台汽车的绩效标准的销售人员也同样能够享受福利（图6-25）。改善后，这家店铺在保持奖金的支付总金额不变的情况下，将奖金的峰值转移到绩效标准以上。这样一来，不仅为那些销售业绩好、贡献度高的销售人员提供更好的待遇，还能诱导那些没有达到领取奖金资格的销售员为了获得奖金而努力工作。

像这样,运用峰值分析法的思考方式,能够战略性地判断应该在哪个层级上创造自己公司的业绩高峰,以及应该提高哪个低谷的业绩等。

图6-25 奖励制度的改善

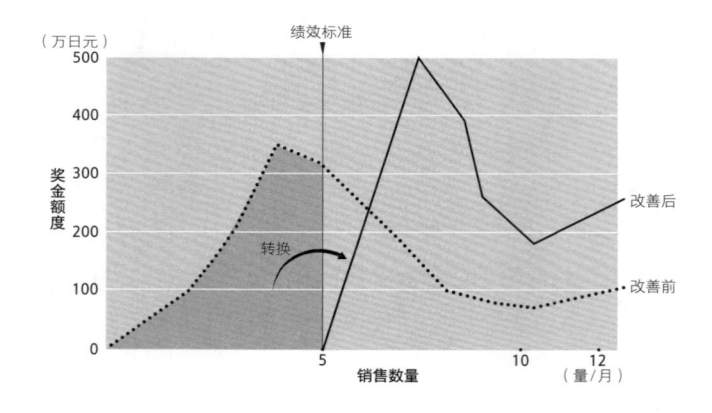

> **演习** 峰值分析

（1）请例举3个日常生活中或者商务场合中出现高峰期的现象。每个现象在各自合适的时间轴中的哪个时间段、怎样发生了高峰期，在假说的层级上制作图表，并指出问题点。

（2）在把握每个现象发生的背景结构和机制的基础上，参考峰值管理的基本思路，具体思考解决方案的假说。

5 风险与期待值分析
在不确定的情况下做出决策

可以知道些什么？

　　商务世界就是不断地做出决定。尤其在自由经济体系下，"选择"被视为商务领域中最高的价值。人生也是如此。升学、就业、结婚这种大事自不用提，日常生活也时刻面临着"今天午饭吃什么""周末去哪里玩"等选择题，需要做出某种决断。但是，无论在什么情况下都会让人感到苦恼的就是决定本身就带有"不确定性"。

　　如果在所有事情都会以100%的概率发生的世界中，一定会由一个成为原因的行动引发一个固定的结果。例如，今年大学毕业的A成功进入B公司工作，并且"只要进入B公司工作，A就会成为总经理"这个结果一定会发生。但是，在现实社会中有关未来的设想经常是不确定的。当然，这里并不是完全否定A成为B公司总经理的可能性，也许A直到退休一直担任部长一职，也有可能之后会被调往分公司。最坏的可能是在A入职的第二年，这家公司就倒闭了。像这样，在一个充满不确定性的世界中，某个行为可能会引起多个结果。至于具体会产生怎样的结果，则是由当时的"情况"决定的（图6–26）。虽然人类能够掌控自己的行为，但是状况是无法控制的变数。

图6–26 不确定性的世界

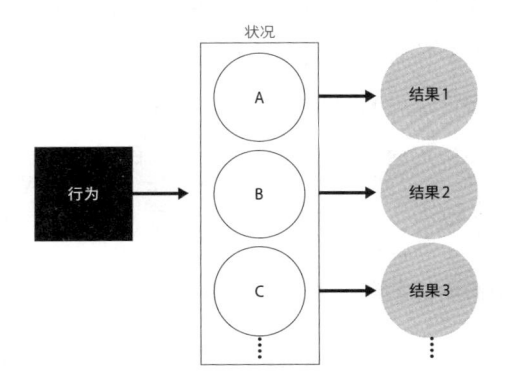

出处：酒井泰弘《风险经济学》有斐阁1996年。

"决定带有不确定性"是表示在关于能够左右行为结果的状况会如何变化这一问题上，每个人并不持有100%绝对准确的信息。因此，在不安的驱使下，决策者会尽可能收集大量信息，从而降低不确定性所带来的风险。

尽管如此，我们还是不得不做出选择。那么，是否能够预测从某个行为中产生的各种结果的出现概率？或者说，是否存在一种方法，能够避免出现最不想看到的情况？能够满足这种需求的就是风险与期待值分析，一种为决策提供某种判断标准的方法。

分析的类型

这个分析方法的对象是在不确定的情况下可能会发生，对于当事人来说期待或者不期待的事情，它能将发生概率定量在0到100%之间。在这里，我们将期待发生的事情称为"期待值"，将不期待发生的事情称为"风险"。期待值与风险的计算方法如图6-27所示，是可预想的结果乘以发生概率的数值的总和。

风险与期待值通常可以分为两种。一种可以掌控和回避，而另一种则无法控制。

① 通过控制影响因子降低风险，或提高期望值

通常情况下，想要了解风险与结果的发生机制，那么就需要

图6-27 风险与期待值的计算方法

风险与期待值（E）= $\sum$（预期的结果（X_i × 发生概率 P_i））
$= X_1 \times P_1 + X_2 \times P_2 + \cdots\cdots + X_n \times P_n$
但是，$\sum P_i = 1$ 概率的总和为1（100%）

（例）骰子的期待值

越是摇动骰子，出现的数字的平均值就越无限接近于3.5

期待值 $= \sum_{i=1}^{6} X_i \cdot P_i$（1～6的数字的发生概率为$\frac{1}{6}$）

$= 1 \times \frac{1}{6} + 2 \times \frac{1}{6} + 3 \times \frac{1}{6} + 4 \times \frac{1}{6} + 5 \times \frac{1}{6} + 6 \times \frac{1}{6}$
$= 3.5$

找到作为原因的影响因素（风险因素或期待因素），控制因素的产生。这个范畴包括降低风险的控制和提高期待值的控制这两个类别。

a. 降低风险的控制

如果能够控制某种疾病的环境因素（风险因素），就能减轻症状，减少发病率。生活习惯方面的疾病，以及成人病都是这类情况的典型案例。肺癌的风险因素就是吸烟，而吸烟者的发病风险是非吸烟者的4倍。另外，慢性的缺乏运动很可能会成为糖尿病、胆结石、高血压等疾病的诱因（图6-28）。因此，想要规避这些疾病的发病风险，最有效的方法就是禁烟，以及养成运动的习惯。

如果糖尿病的潜在患者人群能够降低10%的肥胖率，那么

图6-28 生活习惯和疾病风险

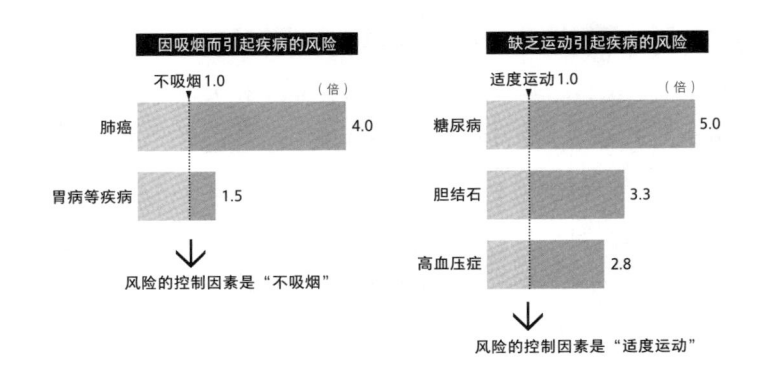

因吸烟而引起疾病的风险	（倍）
不吸烟	1.0
肺癌	4.0
胃病等疾病	1.5

↓
风险的控制因素是"不吸烟"

缺乏运动引起疾病的风险	（倍）
适度运动	1.0
糖尿病	5.0
胆结石	3.3
高血压症	2.8

↓
风险的控制因素是"适度运动"

3年后,糖尿病发病率就能从45%降低到20%。相反,如果增加10%的肥胖率,糖尿病的发病率会从45%上升到55%。注意到这一点的是因巨额的医疗费用支出而陷入赤字的企业的健康保险组合。目前,医院与医疗咨询机构合作,其目的就是对加入工会的职员提供健康指导。

同样,这种控制风险因素的方法同样适用于生产流水线上的次品率和成品率的管理。

b.提高期待值的控制(诱导)

市场销售和广告宣传领域的环境因素(期待值),其实就是指"仅凭一时兴起购买商品的消费者的购买欲"。其关键就在于如何刺激消费者的购买欲,并且诱导其进行符合企业意图的购买行动,这种情况下成品率也可以称为"期待值"。

直效行销(DM)的期待值是由接收方的反应(response)率来评定的。这个数字会因直销方式的不同而产生0.001%到3%左右的差距。一般的明信片广告很难激发顾客的反应,其数值仅保持在0.05%左右。那么,应该如何改善呢?在美国,采用直效行销方式的美国证券交易所(AMEX)和DIY专门超市家得宝,采取了以下三个措施。

第一,通过电视广告和杂志等传媒广告和直接邮寄广告相结合的方式,提高顾客对品牌和商品的认知度。第二,尽量设计能够吸引顾客注意力的信封和商品目录。第三,在重复多次交易的同时,根据收集的顾客资料对顾客进行分类,并根据顾客类别，有针对性地提供产品信息。最终，顾客反应率成功提升了4%～10%（图6-29）。与此同时，顾客回头率也不断增加，而且每一单生意的销售额有所提升，所以通常的销售利润率从原来的1%左右上升到现在的7%～12%。

此外，奖励本身也是一种诱导他人朝着自己期待的方向活动的强有力的手段。由于这是一种以金钱作为交换条件，操控对方行动的行为，所以奖励方案本身必须简单易懂，并且具有可预见性。如果这个方案设计得足够合理，那么很可能大幅度提升期待值。

图6-29 改善直效行销的期待值的效果

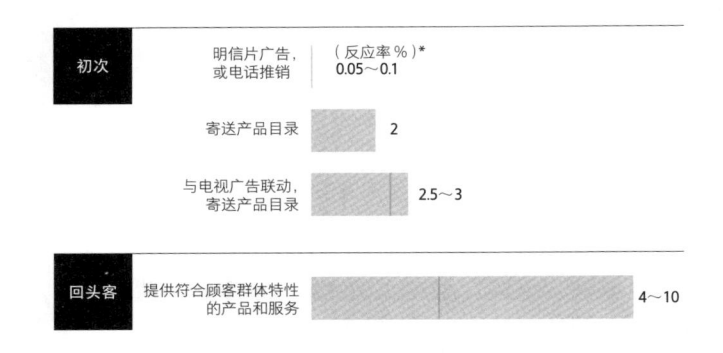

		（反应率%）*
初次	明信片广告，或电话推销	0.05～0.1
	寄送产品目录	2
	与电视广告联动，寄送产品目录	2.5～3
回头客	提供符合顾客群体特性的产品和服务	4～10

*包含外部订单部分。

② **掌握信息，避开风险**

即便足够了解风险的发生概率，也很可能会遇到难以控制状况的案例。这时会面临一个选择，究竟是放手一搏？还是小心谨慎地回避呢？

假设现在有100万日元，需要提出这笔资金的使用方案。1年后的经济情况变好或者变坏的可能性各占50%。通常关于资金使用方法有定期存款、公司债券，以及股票三种途径，问题就在于要如何选择（图6-30）。假设将100万资金以定期存款的形式存入银行，年利率为3%，那么无论一年后的经济状况如何，都会得到103万日元。而公司债券的市场价格是由经济情况决定的，经济情况较好时，市值为150万日元，不好时仅为70万日元。另外，股票的市场价格很容易出现变化，如果用于购买股票，一年后的市值将在200万日元到40万日元之间不定。

在这种情况下，最简单的方法就是计算平均收益，选择购买股票。如果选择股票，那么虽然根据市场情况，可能会出现60万日元（100万－40万）的亏损风险，但是因为股票的平均收益是最高的，所以才要冒险一搏。

图6-30 100万日元的资金的使用方法

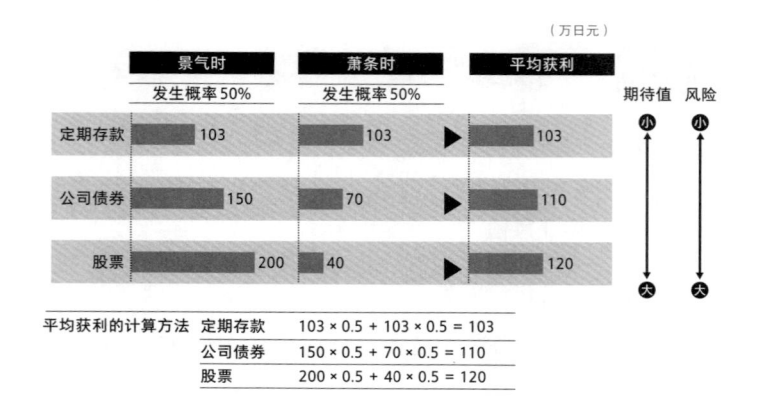

（万日元）

	景气时 发生概率50%	萧条时 发生概率50%	平均获利	期待值	风险
定期存款	103	103	103	小	小
公司债券	150	70	110	↕	↕
股票	200	40	120	大	大

平均获利的计算方法
- 定期存款　103 × 0.5 + 103 × 0.5 = 103
- 公司债券　150 × 0.5 + 70 × 0.5 = 110
- 股票　　　200 × 0.5 + 40 × 0.5 = 120

但是，也会有人选择公司债券和定期存款的方式。无论平均收益有多高，股票仍然存在50%的亏损风险。如果能够用自己的意识控制经济发展的话则另当别论，但是这几乎是不可能的。因此，应该选择最安全的方法。他们是出于这样的考虑。这样一来，风险的判断标准就不是唯一的。如果存在定量化的信息，提示"股票的收益更高"，也还是会说"还是再看看吧"。这样的选择方式就是"风险规避"。

在你周围，一定也存在这样的人：即便发生交通事故的死亡率很高，也还是会选择开车出行，反而不愿意乘坐死亡概率较低的飞机。像这样，主观的意见和情感是做决断时的一个重要参考"信息"。

③ **支付风险溢价，未雨绸缪**

正如前文中提到的，普通人会努力寻求各种方法试图回避或降低风险。也就是说，如果期待值是相同的，则会尽可能地选择更稳妥的方式。比如，面对年收入有50%的概率为1000万日元、50%的概率为0日元的工作，和一份固定年收入为500万日元的工作，很多人会毫不犹豫地选择后者。即便年收入只有480万日元，也还是会有很多人做出一样的选择。因为变动收入的期待值为1000万日元×0.5＋0×0.5＝500万日元，与固定收入的480万日元相差不大（图6-31）。换句话说，变动收入的期待值与固定收入的期待值相差20万，20万相当于为了将变动收入变更为"固定收入"而支付的金额。这个金额就叫作"风险溢价"。

图6-31 风险溢价

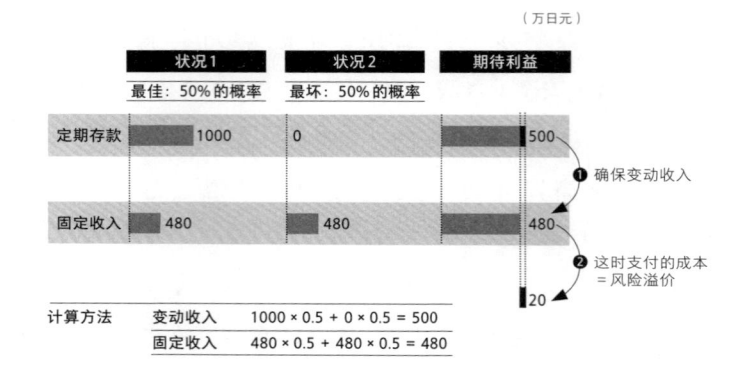

（万日元）

	状况1 最佳：50%的概率	状况2 最坏：50%的概率	期待利益
定期存款	1000	0	500
固定收入	480	480	480

❶ 确保变动收入
❷ 这时支付的成本 = 风险溢价
20

计算方法
变动收入　1000 × 0.5 + 0 × 0.5 = 500
固定收入　480 × 0.5 + 480 × 0.5 = 480

假设某名年销售额为1亿日元的销售人员的年薪是1000万日元。本来完成了1亿日元的销售额，减去开支，他可以获得5000万日元的报酬。这个销售人员为什么还会任职于这家公司呢？答案是因为他考虑到了"风险溢价"的问题。即便平均收入的金额较少，但独立创业的话就会有从零开始开拓客户资源的风险，商品进货渠道不稳定的风险，以及业绩不佳销售额下滑到2000万日元的风险，等等。综合考虑这些因素，即便需要支付一定的风险溢价，他也会选择与公司签订聘用合同，为公司服务。

企业在做出战略性决策时，为了确保企业的利益，企业价值的期待值，以及成果，评定风险溢价至关重要。

假设某轮船公司遇到大规模的海难事故的概率为10年一次。不遭遇事故的情况下，这家公司的年收益是1000亿日元，而遭遇事故的话则为50亿日元。由于事故发生的概率为10%，所以这家公司有90%的概率获得1000亿日元的收益，10%的概率获得50亿日元的收益。那么，收益的期待值就是1000亿×0.9＋50亿日元×0.1＝905亿日元。假设有一家保险公司愿意提供赔偿所有海难事故损失的保险服务，那么，只要加入这样的保险，无论是否有海难事故的发生，公司都能获得1000亿日元的年收益。问题就在于保险的费用。在这个案例中，风险溢价就是不参加保险的情况下损失的95亿日元和保险费用之间的差额。如果保险费用为100亿日元，那么这家公司是否有必要加入保险？

答案是YES。虽然加入保险每年会固定损失100亿日元，但不加入就有10%的概率蒙受950亿日元的损失。在没有加入保险时预期损失只有95亿日元，一旦遭遇海难事故的话收益会下滑到50亿日元，这是毁灭性的打击。

在日本，能够做出这种有习惯且有逻辑判断的企业非常少。企业经营并不是赌博。经常有一些经营者认为"反正将来的事情无法预料，那就听天由命吧"，盲目地做出判断。但是，这种轻视未来风险的做法其实是极度不负责任的。

引发水俣病事件的根源就在于对氮的判断失误，这个案例非常具有参考意义。这家公司长期将含有甲基汞的污水排放到水俣湾。如果在初期能够倾听当地住民的诉求，安装水银的沉淀槽和废水处理装置，就能够预防事故的发生。只要支付4亿日元以下的费用就可以解决这些问题。但是这家公司认为"这并不是重要的事情"，这种不屑一顾的态度最终让他们付出了必须支付317亿日元的惨重代价。

分析的应用

在当今社会，风险与超出需求的期待值增加的话，会导致对于信息的需求也越高。任何人都想尽可能地将不确定性引发的振幅控制在最小的范围内。

比如经营二手商品的拍卖市场等次级市场，对于消费者来说其中流通的商品价格低廉是一大特色，但产品质量也是风险。因此，商品评价这样的客观信息非常重要。

在过去的二手车市场，"便宜没好货"十分理所当然，很多消费者被强行推销如同报废车辆一样的二手车。为了让消费者能够放心购买二手车，有很多如 *Car sensor* 和《二手车信息》等专业杂志以提供二手车的信息为特色。目前，二手车店铺也学习这种方式，积极向消费者提供信息。

并且，近年来市民的信息需求不断高涨的还有医院。迄今为止，持有国家许可证的医生深受市民的信赖与尊敬，但是由于近期医疗事故的频发，导致治疗行为变成了"风险"。于是，书店出现了《医院排行榜》和 *Pill Book* 等杂志，这也恰好反应了人们想回避风险的危机意识。

随着信息的公开化进程的加速，每个人都需要自主判断事物的风险和期待值。品牌、学历、资格能够成为期待值，同时也伴随着风险。因此，无论是企业还是个人，都应该积极且公正地公开信息，这样才是获取人们信任的捷径。

演习　风险与期待值分析

软件公司 M 公司因其独特的产品而备受好评，从而持续迅速成长。该公司最近制订了新的战略方案，根据产品的销售额的增长率的不同，企业价值也会出现较大的差。请根据以下数据回答问题。

	销售额的增长率（%）	发生概率（%）	企业价值（亿日元）
乐观情况	18	25	500
基础情况	5	50	200
悲观情况	1.5	25	-150

【问题】

1. 综合考虑以上三种情况的发生概率，计算出该公司企业价值的期待值。

2. M 公司的总经理想避免企业价值变成负值这种悲观情况。于是命令经营策划部长"找到一个熟悉市场发展动向的专家，和他探讨一下降低销售额增长速度减缓的风险的方法"。部长经人引荐，结识了精通软件行业市场和技术动向的专家 Q 氏。Q 氏认为，如果能够导入某种附加性的技术，就能够阻止竞争对手的反击，也能够将悲观情况的发生概率控制到 0。但是，作为回报，M 公司必须支付"与风险溢价相同金额的报酬"。那么，M 公司应该向 Q 氏提供多少报酬较为合适？

后记　解决问题者之路

提高解决问题的领导能力

当解决企业经营方面的问题时，如果涉及到咨询、战略设想技术、培训等内容的话，有时会遇到非常优秀的解决问题者。或许每个人的情况不同，如果团队解决一个主题的问题，有时会获得显著的成果。

另一方面，虽然团队有很多优秀的解决问题者，但依旧无法获得理想的结果。原因之一就是将所有事物都加在一起，再除以2这种求平均值式的"调节作用"。另一个原因就是被强行施加感情上有说服力的"主张"，得出了毫无逻辑的、看似结论的结论。这时，经常能够看到格式整齐，但缺乏具体内容的战略计划。

像这样，如果团队合作反而起到消极的作用，不如脱离团队，开始个人工作。这样更能够整理思路，提出更加有创意的想法。

如果团队合作，共同解决问题的效果更明显，那么在控制"调节作用"的同时，也不要被感情上的主张左右，尽可能地从多个角度思考问题。为此，团队成员要做到从零开始，客观且公正地对待课题，在共有的目标下，团结一致地解决这个课题。并且，针对问题的思考需要具备扩展、深度和重要性这三点。这样一来，就基本建立了团队的解决问题的思路。

在这个过程中,在组织的立场上的等级制度和部门意识已经形成,并不存在事不关己这种毫无责任的态度,所有团队成员都能自由发言,并且积极听取他人的意见。相比个人解决问题,像这样对于解决问题的责任意识较高的团队,能够大幅提升解决问题的质量,也更能激发团队解决问题的动力。

相反,如果团队解决问题只是浪费所有成员的时间,无法提升解决问题的质量,则是反面案例。这样的团队并没有深入思考会出现这种问题的"WHY?"(为什么?)只是依靠过去的经验和常识去解决问题。如果在开始实现共同的目标之前,过于执著自己在组织中的立场,消极地看待他人的思考方式,罗列各种无法执行的理由……这样的团队无法创造有助于解决问题的、积极的团队活力。

充分激发团队动力最重要的因素就是摆脱组织的等级制度和立场的束缚。也许很难实现完全的脱离,但为了从零开始发现问题、解决问题,抛开涉及利益关系的"立场"来思考问题非常重要。

想要创造新的价值,创造下一个改革热潮,需要团队和组织具备为了解决问题的积极的团队活力。我将其称为"解决问题的领导能力"。这并不是说某个人作为领导者,其他人是执行者。而是团队所有成员都能够在"发现问题的4P"框架下,运用Purpose(目的轴)、Perspective(空间轴)、Position(立场轴)、Period(时间轴)这4个P把握现状,设想应有的状态,努力解决问题。发现问题的4P对于发挥"解决问题的领导能力",孕育积极的团队活力，领导整个组织改革时会起到很大帮助。

如果诸位读者能够在各种场合中与他人分享自我、团队、企业的4P，并且让交流双方正在解决的课题变得更加明晰的话，我将深感荣幸。

客观且公正地看待现实

在本书中反复强调了设想应有的状态的重要性。当然，这是非常重要的事项。但是，在我已经快要写完这本书时，环顾四周，我依旧深感不安。这是因为，时代的暗流是沿着间断且不稳定的脉络变化，因此"现实"也并不明确，无法预测的不确定性也在不断扩大。并且，在这种情况下，没有认真审视现实，跳跃式地提出应有的状态，不经深思熟虑就朝着应有的状态前进的案例正在逐渐增多。

这就是歪曲"改革的重要性""不能拘泥于过去""必须打破过去的框架"等观念后的模样。当然，我自身日常也在强调改革的重要性，费心于拆除原有的框架，主张创造新价值的必要性。但是，这并不是指不需要审视现状。正是不明确、不得不摆脱过去的延长线时，才更应该客观且公正地，并且持有无遗漏的全局观来看待现状。否则，就只会逃入空想世界里的应有的状态，而事实上这种应有的状态很容易成为纸上谈兵。

我曾在前作中提到"假说思考"的概念。"假说思考"＝依靠有限的信息，在有限的时间内做出结论。这种解决问题的方法有时会导致"无视现状，凭借一时兴起就采取行动"。或者误以为需要用"零基思考"的方式看待所有事物，在缺乏客观且公平的"无知"状态下开始执行解决方案。这并不是在解决问题，而是在制造混乱。假说思考并不依靠臆想，零基思考也不意味着无知。为此，我在本书的第三部分介绍了诸多分析方法。这是客观、公正地把握现实，并且与他人共享时最有效的工具。

假说思考与分析是相辅相成的，换句话说就是"设想应有的状态"和"直面现实"是相辅相成的。本书中提到的"发现问题"所必需的设想能力和分析能力，不仅是个人在发现问题和解决问题时的指南，同时也是企业整体的发现和解决问题的指南。如果这能够帮助想要改变现状，且有积极能量的人提高其技能和能力，我将感到荣幸。

最后，我要感谢舟崎隆之先生和木村充先生。在我执笔之际，他们在分析案例方面给予了我诸多帮助。并且，也非常感谢钻石商务评论杂志编辑部的上坂伸一主编和出口知史先生，非常感谢两位给予我的宝贵建议，在此深表谢意。同时，我也要感谢读过拙作《工作的原理·解决问题篇》，以及《策略思考的技术》，并寄来读者卡片的读者们。非常感谢你们直率且宝贵的意见，这也让我受益良多，同时也让我获得了迎接新挑战的勇气。请恕我无法一一提名感谢，借此机会谢谢所有支持我的人。

Business Collaboration 株式会社

法人代表　斋藤嘉则

2001 年初秋

© 民主与建设出版社，2020

图书在版编目（CIP）数据

工作的原理. 发现问题篇 /（日）斋藤嘉则著；魏维译. -- 北京：民主与建设出版社，2020.07（2022.5重印）

ISBN 978-7-5139-2891-5

Ⅰ.①工… Ⅱ.①斋… ②魏… Ⅲ.①工作方法—通俗读物 Ⅳ.①B026-49

中国版本图书馆CIP数据核字(2020)第014489号

MONDAI HAKKEN PROFESSIONAL · "KOSORYOKU TO BUNSEKIRYOKU"
By YOSHINORI SAITO
Copyright © 2001 YOSHINORI SAITO
Chinese(in simplified character only) translation copyright © 2020 by Ginkgo(Beijing) Book Co.,Ltd.
All rights reserved.
Original Japanese language edition published by Diamond,Inc.

本简体中文版版权归属于银杏树下（北京）图书有限责任公司。

版权登记号：01-2019-5981

工作的原理·发现问题篇
GONGZUO DE YUANLI·FAXIAN WENTI PIAN

著　　者	［日］斋藤嘉则
译　　者	魏　维
责任编辑	王　倩
特约编辑	李雪梅
封面设计	棱角视觉
出版发行	民主与建设出版社有限责任公司
电　　话	（010）59417747　59419778
地　　址	北京市海淀区西三环中路十号望海楼 E 座 7 层
邮　　编	100142
印　　刷	北京盛通印刷股份有限公司
版　　次	2020 年 7 月第 1 版
印　　次	2022 年 5 月第 3 次印刷
开　　本	889 毫米 ×1194 毫米　1/32
印　　张	10.25
字　　数	210 千字
书　　号	ISBN 978-7-5139-2891-5
定　　价	45.00 元

注：如有印、装质量问题，请与出版社联系。